U0075518

基督教文明保守主義

王志勇—著

目錄

余杰序：為保守主義奠定穩如磐石的根基　　　　　9

自　序：基督教正統神學與保守主義　　　　　　15

第一章　基督教文明保守主義與個人自由　　　　37

　　一、基督教文明保守主義的界定　　　　　　38

　　二、基督教文明保守主義五大特徵　　　　　41

　　三、心靈自由、宗教自由與政治自由　　　　47

　　四、珍惜自由，捍衛自由　　　　　　　　　52

　　五、濫用自由，蒙羞受辱　　　　　　　　　54

　　六、基督徒的自由與深度靈修　　　　　　　55

　　七、基督徒的自由與秩序　　　　　　　　　57

第二章　加爾文與保守主義　　　　　　　　　　63

　　一、人文主義者　　　　　　　　　　　　　66

　　二、經學家和律法師　　　　　　　　　　　71

　　三、基督教公共知識分子　　　　　　　　　78

　　四、加爾文與改革宗神學的特色　　　　　　81

　　五、加爾文對二十一世紀中國知識分子的挑戰　90

第三章　清教徒與保守主義　　　　　　　　　103

　　一、清教徒與威斯敏斯德會議　　　　　105

　　二、清教徒神學與清教徒運動　　　　　121

　　三、清教徒神學的主要特徵　　　　　　128

第四章　新加爾文主義與基督教世界觀　　　151

　　一、新加爾文主義代表人物　　　　　　153

　　二、新加爾文主義思想特色　　　　　　157

　　三、新舊加爾文主義對比　　　　　　　172

第五章　凱波爾與杜伊維爾論領域主權　　　177

　　一、領域主權的原則　　　　　　　　　178

　　二、上帝的直接性統治　　　　　　　　179

　　三、絕對主權與相對主權　　　　　　　180

　　四、領域主權中兩大秩序的平衡　　　　181

　　五、領域、法域與意義　　　　　　　　182

　　六、世界的統一性、連貫性與多樣性　　183

　　七、領域主權論四大建構性原則　　　　185

　　八、領域主權與政教並立　　　　　　　186

　　九、一種恩典，兩種運行　　　　　　　188

　　十、領域主權與聖約神學　　　　　　　189

　　十一、律法面與主體面　　　　　　　　190

　　十二、領域主權論的重要性　　　　　　192

第六章　美國重建主義與神法論　　　　　　195

　　一、重建主義與神法倫理　　　　　　　198

二、范泰爾及其思想貢獻　　　　　199

三、魯斯德尼及其思想貢獻　　　　206

四、諾斯和邦森的貢獻　　　　　　211

五、重建神學五大特色　　　　　　213

六、美國重建神學反思　　　　　　217

第七章　歐美保守主義與基督教文明論　　225

一、歐美保守主義的界定　　　　　228

二、基督教神學與文化保守主義　　230

三、西方基督教大學和神學院的分隔　　231

四、秩序情結與中庸心態　　　　　233

五、埃德蒙‧柏克（1729-1797 年）　　234

六、列奧‧施特勞斯（1899-1873 年）　　240

七、埃里克‧沃格林（1901-1985 年）　　245

八、拉塞爾‧柯克（1918-1994 年）　　258

九、當今歐美保守主義的根本問題　　265

十、保守主義與自由主義異同辨析　　268

第八章　美國南方農耕傳統與自然文學　　275

一、農耕傳統與鄉鎮生活　　　　　278

二、關愛地球與生態意識　　　　　280

三、治理全地與環保問題　　　　　281

四、杰弗遜與重農主義　　　　　　282

五、維沃與美國南方文化　　　　　283

六、農民先知伯瑞　　　　　　　　290

七、重農主義與清教徒神學　　　　291

八、環保倫理與自然文學　292

第九章　社群主義與基督徒生命共同體　295

一、保守主義與社群主義　296

二、個人位格的尊嚴　298

三、三大生命性的社群　303

四、地方性與自發性社群的重要性　305

五、個人的實現與群體的建造　308

六、友愛、和諧與生命共同體　312

七、基督徒社群與新民族的塑造　314

「在一個腐敗的社會，
或許只有這樣一個人，
在他身上，靈魂燃起宇宙之火，
他活在對神法（divine nomos）的熱愛中。」

——桑德斯，《沃格林革命：傳記性引論》，
徐志躍譯（上海：2012 年），154 頁

余杰序
爲保守主義奠定穩如磐石的根基
——序王志勇《基督教文明保守主義》

　　2020 年 11 月，美國大選出現有史以來前所未見的全國性舞弊。媒體、國會與最高法院等監督機構全面失效。2021年 1 月，美國民眾自發聚集在首都抗議選舉舞弊，並一度衝入國會大廈——國會大廈本來就是林肯所謂的「民有民治民享」政府的三個分支之一，民眾佔領國會並無不可。在台灣太陽花學運中，學生和民眾就曾經佔領國會議場數十天。然而，美國左派卻將此事件定義爲暴動和叛國，至今還在利用司法機器迫害參與抗議活動的公民，並試圖以此剝奪川普的基本人權和自由。美國憲制遭遇南北戰爭以來最大的危機。

　　民主黨及深層政府利用中國武漢病毒達成了將川普趕出白宮的陰謀，其代理人拜登在白宮中胡作非爲，造成國內物價飛漲，民不聊生，在國際上美國的威望蕩然無存，阿富汗的潰敗及普丁悍然出兵烏克蘭，中國繼續耀武揚威，世界又進入新一輪的動蕩不安。在保守主義的這次重大挫敗中，很多自稱保守主義者的民眾、教會和基督徒，陷入巨大的沮喪、絕望甚至抑鬱症的陰影之下，有人宣揚陰謀論，有人哀歎世界末日來臨。面對此一社會政治危機和精神信仰危機，王志勇牧師奮筆疾書，以《基督教文明保守主義》一書大聲疾呼，爲困惑者解惑，爲灰心者鼓勵，更爲保守主義奠定穩如磐石的根基——眞正的保守主義者，不會將焦點定睛於川

普、共和黨或最高法院大法官身上，而是定睛於《聖經》、上帝的話語和上帝的道路之上，用祈禱和戰鬥來應對每一個黑暗時刻。

正如本書書名所顯示的，王志勇牧師將「基督教」、「文明」和「保守主義」這三個概念三足鼎立並融為一體，與我在《大光：宗教改革、觀念對決與國族興衰》三部曲中所提出的「清教秩序」的內涵近似。這三者的結合產生了奇妙的化學反應，讓人耳目一新：第一，作者認為，基督教不是一種私人性的、幽閉在教堂內部的宗教信仰，而是一種整全的世界觀和文明論，是一種大公性質的、具有公共維度的思想觀念和生活方式。第二，作者指出，文明有高下和優劣之差異，不同的文明並非如左派所說，一律平等。由基督教（尤其是基督新教，以及新教中的加爾文派）所打造的文明和秩序，是近代以來人類「最不壞」的文明秩序。第三，作者堅信，保守主義既是政治哲學，又是由基督新教中的加爾文神學所衍生出來的思想體系，由這套思想體系形塑的政治制度與文明形態，即英美模式，讓人「因真理，得自由」，它被左派所敵視並企圖顛覆，我們應當奮起捍衛這座「山上之城」。

本書可以說是一部普及版的基督新教中，加爾文神學演變的思想史。半部《聖經》都是歷史書，可見上帝對歷史的重視。沒有歷史感，就不知道未來的方向。在本書中，王志勇牧師從加爾文主義、清教徒傳統一路梳理下來，再到新加爾文主義、凱波爾和杜伊維爾以及美國重建主義、美國南方農耕傳統，最後到社群主義與基督教生命共同體的建構，並兼及從伯克到沃格林、維沃、柯克等歐美保守主義思想大師

的主要論述和觀點，視野宏闊，分析透徹，致力於打通教會內外，讓神學家與政治哲學家在一張圓桌上談笑風生。這種寫作和思想方式，在近年來的華人教會和華人學術圈中相當罕見，仿佛恢復了清教徒時代牧師兼具公共知識分子的偉大傳統。

而正是此類牧師、此類著述和此類教導的稀缺，才導致華人教會（亦包括大部分美國主流教會）教導上的偏差與不足——很多教會躲避公共議題，害怕爭論（在有些人看來，爭論必定導致教會分裂，但不爭論的教會，卻在眞理上日漸模糊混雜，最後淪爲「你好我好大家好」的沙龍或俱樂部），僅僅對同婚和墮胎問題有一定的參與度。他們願意對此公開表達反對意見，並非因爲他們對此類議題有多麼深入的了解和研究，而是因爲他們在道德倫理上佔據某種居高臨下的地位——其他那些罪，他們多多少少都犯過，但還沒有犯同婚和墮胎的罪，所以可以理直氣壯地表達反對意見。然而，如果仔細研讀此書，讀者就能發現，只是反對同婚和墮胎的信徒，或只是投票給川普的信徒，仍然並非眞正的保守主義者。

王志勇牧師在本書中重新定義了保守主義，爲保守主義洗去了在華文世界中的負面形象。正如作者在序言中所說：「眞正的基督教得勝，必然是保守主義的得勝；而保守主義一旦喪失了基督教之根基，最終就不知道自己在保守什麼，最終必然走向悲觀主義和虛無主義。不管是秩序、公義還是自由，這些寶貴的觀念，一旦喪失了在基督教眞理體系中具體的界定，就會淪落爲各種形式的意識形態化的口號。」是故，一個眞正的保守主義者，是「認信的保守主義」，是有

11

正統神學支撐的保守主義,擁有系統性的世界觀和價值觀,並在一切問題上都有統一的答案,而不會自相矛盾、顧此失彼。

今天的教會內外,「掛羊頭賣狗肉」式的偽保守主義者比比皆是。比如,有些自稱保守主義者的人,一邊反對同婚和墮胎,一邊又反美和支持中共極權主義的擴張;一邊批判天主教的等級制和偶像崇拜,一邊又在新教教會中製造更多卡里斯瑪(charisma)領袖;一邊信奉《聖經》中所說的上帝所造之人平等,一邊卻又擁抱黑命貴運動(Black Lives Matter)中倡導的、歐威爾在《動物莊園》中寫到的「所有動物都平等,但某些動物比另一些動物更平等」;一邊自稱熱愛自由並宣誓效忠美國憲法,一邊卻又支持左派政府剝奪憲法所確保的公民持槍權⋯⋯此等價值紊亂、左右手互搏,不一而足。這樣做的人卻絲毫沒有意識到自己的問題所在。也正是因為「真理的位移」,使得他們所推行的保守主義淪為左翼自由主義的變種,不要說與左派對抗了,根本就已身不由己地被左派陣營裹挾而去。

義大利思想家克羅齊說過,一切歷史都是當代史。王志勇牧師撰寫此書,當然不單單是為了呈現加爾文主義和英美保守主義的脈絡,更是為了讓這些被上帝光照的先賢的思想來照亮人們腳下的道路。保守主義強調保守傳統,但不是保守所有的傳統,而只是保守英美的傳統──既然文明有高下優劣,傳統當然也有高下優劣,所以,有些傳統是不值得保守的,有些傳統是值得保守且發揚的。有趣的是,有中國式的偽保守主義者,比如新儒家、新新儒家,將「讀經運動」(無論是《四書五經》還是《弟子規》)當做保守主

義，這與本書所論之保守主義顯然是截然對立的。英國政治家、歷史學家丹尼爾‧漢南在《自由的基因：我們現代世界的由來》一書中指出，英美保守主義的偉大傳統，終極來源就是《聖經》，被譽爲「宗教改革的晨星」的英國宗教改革家和英文聖經的譯者威克里夫強調說：「這部大書正是爲了一個民有民治民享的政府」——他的這個說法比林肯早了兩百年。英國和美國，以及「盎格魯－撒克遜圈」，分享的是同一本《聖經》、同一首聖歌，所以它們獨特的政治制度之間存在著直接的聯繫。當英美兩國在二戰中聯手對抗納粹鐵蹄時，邱吉爾指出，兩國有著「同樣的觀念」，英國在反對納粹的戰鬥中所捍衛的原則，恰恰也正是美國自開國以來堅守的信條。後來，邱吉爾在《英語民族史》中寫道：「《獨立宣言》很大程度上就是輝格黨人反對後期斯圖亞特王朝和1688 年革命的重新申明。」丹尼爾‧漢南進一步指出，「請願權、普通法與陪審團制度的司法保護、持有武器的權利，所有這些，無不是對古老憲法的重新確認而已。」再進而言之，亦是對《聖經》原則的確認。

在反智主義和自我隔離的選擇盛行的當代教會，王志勇牧師的《基督教文明保守主義》一書可謂是濁浪中的一股清泉。基督徒不應當只讀《聖經》、只讀《荒漠甘泉》和《標竿人生》那樣的「屬靈書籍」，還應當研讀具有一定的歷史縱深和思想廣度的、有挑戰性和學術性的書籍。經過讀書和思考，以及人生經歷，反復淬煉出來的信仰，才能面對驚濤拍岸而屹立不倒。

這本書也不僅是爲教會中的基督徒而寫，也是爲所有對保守主義或基督教思想有興趣、有好感的讀者而寫。自由、

民主、人權、憲政等普世價值，大都來源於宗教改革而非法國大革命，從宗教改革到當代保守主義，五百年的思想史何其恢弘壯闊，這本著作可以作為一本導覽手冊，引領你走上這趟美不勝收的思想之旅。

2022 年夏
美利堅合眾國維吉尼亞共和國費郡綠園群櫻堂

自序
基督教正統神學與保守主義

　　歐美保守主義的精髓是基督教神學與文明。柯克認爲歐美保守主義思想就是「基督教文明」，[1]這種基督教文明當然是以基督教神學爲根基的。我們所提倡的改革宗傳統與清教徒神學乃是古典的保守型的基督教正統神學，正如亞伯拉罕・凱波爾所強調的那樣，這種神學乃是「保守主義與正統神學」完美結合的基督教。[2]

一、宗教與文明的連結

　　當今時代的一大挑戰就是重新把宗教與文明連結起來，把基督教信仰與基督教文明聯繫起來。宗教是文明的根基，文明是宗教的體現。離開宗教的滋養，文明就成爲無根之木；離開文明的果實，宗教就成爲虛空的幻想。基督教信仰是基督教文明的根基，基督教文明是基督教信仰的果實。

　　目前歐美保守主義的一大危險甚至荒謬之處就是向全世界推廣民主這一所謂的「普世價值」，但卻忽視甚至藐視、廢棄基督教信仰本身。當今憲政民主的確立之所以唯獨在基

---

[1]　Russell Kirk, *The Politics of Prudence* (Wilmington, Delaware: ISI Books, [1993], 1998), p. 194.

[2]　Abraham Kuyper, "Conservatism and Orthodoxy: False and True Preservation," see James D. Bratt, ed., *Abraham Kuyper: A Centennial Reader* (Grand Rapids: Eerdmans, 1998), pp. 65-85.

督教國家，尤其是新教國家出現，這是與基督教信仰直接相關的。可以說，真正的憲政民主乃是基督教信仰在公共領域中結出的果子，僅僅把果子送給人，卻沒有植樹造林，這樣的憲政民主當然不可能具有連續性和穩定性，正如美國在阿富汗所做的那樣，花費了無數美金，犧牲了幾千條美國人的性命，最終扶植的不過是一個腐敗透頂、一觸即潰的爛泥政權。當然，基督教信仰的危險甚至荒謬之處就是強調「傳福音，信耶穌，升天堂」，但卻喪失了建立並捍衛文明的意識，從而使得基督教信仰成為麻醉人民神經的鴉片，勾引人逃避現實、走向地獄的迷魂湯。

宗教本來就是關乎上帝與人之間的關係，當然這種關係也始終離不開一定的歷史和文化處境。英文中的 religion 來自拉丁文 religare，本身就是「牢固連接」、「神靈與人之間的約定」的意思。根據阿倫特的考證，這個詞原初所強調的就是「聯結或捆綁在一起，在於約定返回開端中去」。[3] 秉承改革宗傳統清教徒神學的精神，我們特別從聖經框架強調上帝與人之間、人與人之間彼此相愛的關係。更重要的是，我們不僅在神學上反對混合主義的路徑，更是在哲學上追隨荷蘭改革宗哲學家杜伊維爾的突破，明確地強調不能把基督教信仰與人本主義思想混合在一起，基督徒必須有自己的基於聖經啟示的基督教哲學。基督教信仰所高舉的是上帝的主權和約法，而各種形式的人本主義所強調的乃是人在主體上的自足性和理性上的自法性。基督徒在哲學上必須經歷「範式

---

[3] 阿倫特，《論革命》，陳周旺譯（南京：譯林，2011 年），184 頁。

的革命」，[4] 從罪人高舉的自主自法的人本主義哲學轉向強調上帝的神權神法的神本主義哲學。

　　歐美保守主義本身就是基督教正統神學的產物，二者有著不可分割的關係。只是隨著十八世紀教會內部反智主義與反律主義的盛行，大多數教會喪失了基於聖經啟示和教會正傳的政治與法律思想，而社會中盛行的政治與法律思想也在世俗化、多元化的招牌下越來越偏離基督教信仰本身。即使在基督教改革宗神學內部，兩大勢力的影響也使得改革宗神學喪失了影響世界、塑造文明的力量，這正是當初巴文克所哀嘆的：「一個是死氣沉沉徒具形式的純正信仰派，另一個則是逃避的敬虔主義。」[5] 這兩種傾向都是巴文克畢生致力於反對的。

　　值得注意的是，荷蘭新加爾文主義本身就是基督教正統神學與保守主義緊密結合的典範，不管是凱波爾還是巴文克、杜伊維爾，他們都致力於將古老的改革宗神學處境化，尤其是針對以法國大革命為代表的無神論、敵基督、反律法的世俗自由主義狂潮，他們一致強調「反革命」的保守主義政治觀、律法觀與文化觀，重新把基督教信仰與文明緊密地聯繫在一起。

---

[4]　See Thomas S. Kuhn, *The Structure of Scientific Revolution*, second edition (Chicago: The University of Chicago Press, 1970).

[5]　巴文克，《基督教神學》，趙中輝譯（臺北：改革宗，2007 年），英譯者序。

二、認信性的保守主義

　　本書所稱的「基督教文明保守主義」的主要思路就是來自改革宗神學，特別是荷蘭新加爾文主義的論述。因此，我們所主張的「保守主義」絕不是泛泛而論的意識形態化的保守主義，而是以聖經啓示爲根本、以基督教正統神學爲解釋的「認信性的保守主義」。[6]

　　很多歐美國家的所謂的保守主義者，不管是對於猶太教還是基督教，都沒有明確的信仰，他們所強調的不過是「宗教的社會性的功用，他們所調用的宗教不過是某種泛泛而論的猶太人與基督徒所主張的有神論的道德主義」。[7]可以說，這樣的道德主義在共產主義超限戰的攻擊、伊斯蘭恐怖主義的侵襲和物質主義的極大誘惑下不堪一擊，隨時都會走向崩潰。

　　當然，正如哈普所言，目前美國福音派基督徒的困境就是，雖然他們開始積極參政議政，但他們在思想上主張的仍然是一種「受了洗禮的抽象的以有限政府爲中心的意識形態。只有極少數有認信立場的基督徒嘗試作出更有研究性、反思性並淡化黨派立場的方式。」[8]雷德甚至說：美國「宗教性的保守主義仍然缺乏一種指導直接的政治行動的神學。」[9]

　　本書所推出的基督教文明保守主義就是這種不僅有明確的認信立場（以清教徒《威斯敏斯德準則》爲教義規範），

[6]　Gillis J. Harp, *Protestant and American Conservatism: A Short Histroy* (New York: Oxford University Press, 2019), p. 189.

[7]　Harp, *Protestants and American Conservatism*, p. 195.

[8]　Harp, *Protestants and American Conservatism*, pp. 196-197.

[9]　Ralph Reed, *Active Faith: How Christians Are Changing the Soul of American Politics* (New York: Free Press, 1996), p. 65.

並且有研究性、反思性和大公性的基督教政治哲學思想體系。這種基督教政治哲學體系既不是爲哪一個國家服務的，也不是傾向於任何政黨的，甚至也不是以任何宗派教會的導向爲依歸，而是以上帝的啓示爲根本，以上帝的國度爲追求的。因此，這種政治哲學在本質上具有一定的超越性，超越當下任何個人與群體的欲求與利益。

三、正統神學與保守主義

凱波爾不僅僅是一位偉大的神學家，也是一位卓有成就的保守主義思想家和政治家。他不僅殷勤牧會，還創辦了自由大學，甚至直接參與荷蘭反革命政黨的建設，一度當選爲荷蘭首相。

凱波爾的偉大貢獻就是重新把基督教正統神學與文化保守主義聯繫起來。他強調說：「保守主義不僅不與基督教爲敵，並且流淌在基督教的血液之中。基督教是要施行拯救的。拯救是基督教旌旗上所寫的給人帶來盼望的詞。正是作爲一種拯救的大能，基督教所反對的是毀滅。當然，基督教所追求的目標是一個新世界，但這種新是出自舊，是出自已經存在但卻墮落的舊世界的新樣式。基督教所生發的上帝的兒女不是把他們從荒野中的石頭堆裡呼召出來，而是使已經存在的人得到重生。……對於基督教而言，保守主義是其不可缺少的內核。」[10]

---

[10] Abraham Kuyper, "Conservatism and Orthodoxy: False and True Preservation," see James D. Bratt, ed., *Abraham Kuyper: A Centennial Reader* (Grand Rapids: Eerdmans, 1998), p. 71.

因此，我們把基督教正統神學與保守主義聯繫起來，絕不是臨時起意、勉勉強強的湊合，而是基於基督教本身的性質，尤其是基於改革宗神學的正傳。基督教的精義絕不是讓人逃避世界和文化，而是裝備聖徒，在這個世界中發揮先知、祭司與君王型的帶領作用。當然，此處我們所講的「保守主義」絕不是抱殘守缺、執著於當下既得利益的「保皇派」。對於基督徒而言，真正的保守主義絕不是保守現狀，不思進取，坐以待斃，更不是與既得利益者同流合污，而是相信上帝所具有的拯救和更新的大能，不斷改革周圍不合乎上帝的旨意的制度和做法，從而使得上帝的公義與和平的國度更加榮美地展現在世界各地。凱波爾強調：「實際上，基督教就像上帝的膀臂，把整個世界從其衰退中救拔出來。而虛假的保守主義如同從下面伸出來的罪惡之手，它所尋求的是挫敗上帝的工作，把世界往下拉，使世界繼續在其不斷沉淪的狀態中苦苦掙扎。」因此，對於凱波爾而言，基督教所提倡的保守主義不僅持守基督教的傳統，並且積極地參與上帝對於世界的救贖和更新之工。基督徒應當追求的首先應當是「基督教的得勝」，而不僅僅是「保守主義的得勝」。[11] 真正的基督教得勝，必然是保守主義的得勝；而保守主義一旦喪失了基督教之根基，最終就不知道自己在保守什麼，最終必然走向悲觀主義和虛無主義。不管是秩序、公義還是自由，這些寶貴的觀念，一旦喪失了在基督教真理體系中具體的界定，就會淪落為各種形式的意識形態化的口號。因此，

---

[11] Abraham Kuyper, "Conservatism and Orthodoxy: False and True Preservation," see James D. Bratt, ed., *Abraham Kuyper: A Centennial Reader*, pp. 71-72.

最終而言，我們首先強調的不是任何形式的保守主義，而是基督教的真道和正傳，即基督教正統神學。

哈普在考察基督教與美國保守主義時指出，基督教確實直接塑造了西方的政治與社會保守主義。但是，目前在美國，保守主義在根本上偏離了基督教的預設和範式，而基督教神學和教會也在根本上丟棄了政治與社會領域中的保守主義思想。因此，基督教會目前的要務就是把基督教神學與保守主義重新關聯起來。哈普指出：「基督教曾經為保守主義的信念增加了道德性與宗教性的份量，削弱了以獲得利潤為導向、有時甚至是割喉式的經濟秩序的嚴酷性。基督徒的理想顯然曾經幫助保守派人士向具有宗教信仰的美國人發出呼籲，特別是呼籲福音派基督徒參與政治。但是，更加緊密的結盟有時也使得基督教顯得只是自己顧自己，結黨營私，有機會主義和隨波逐流的傾向。「……隨著更加轉向黨派性的立場，福音派人士和他們的政治思維變得越來越偏離神學性的確信。保守派人士常常只是專注於基督教信仰的社會功用，但他們並不接受基督教信仰本身內在的真理，他們有時把宗教視為達成目的的手段。這種方式，反過來也影響到福音派人士，使得他們有時也使用可疑的方式取得合理的目的。」[12]

特別是 2020 年美國大選以來，很多基督徒因為自己所心儀的候選人並沒有當選連任，個人就陷入嚴重的抑鬱之中。更有甚者，有些基督徒自媒體人士甚至開始陷入各種形式的陰謀論中，認為整個歐美已經完全淪陷在「深層政府」

---

[12] Harp, *Protestants and American Conservatism*, pp. 3-4.

的掌控之下。這種基督教信仰與保守主義思想的撕裂性的隔膜，在目前中外教會中是非常普遍的現象。

在二十多年的牧會生涯中，尤其是在美國大華府地區牧會十幾年，筆者非常痛心地看到基督教教會普遍性的對社會問題的冷漠、對政治哲學的無知，也極其痛心地看到許多熱衷憲政民主的人士沒有生命的改變，也不想參加教會的生活與侍奉，只是想利用基督教達成自己所設想的「救亡圖存，憲政民主」的夢想。毫無疑問，沒有福音所帶來的個人心靈與社會文化的深度變革，所謂的革命不過是改朝換代、成王敗寇而已，即使成功了也不過是一朝天子一朝臣、換湯不換藥的鬧劇。筆者當然不反對任何個人與群體的革命權，這是美國《獨立宣言》明確宣告的。自從 1985 年考入北京中國政法大學學習政治與法律以來，轉眼已經將近四十年的時間，筆者一直追求的就是憲政民主的理想。但是，這樣的理想的實現不可能來自儒學的復興，也不可能來自法輪功的迷狂，更不可能來自共產主義與社會主義本身的改良，甚至也不可能來自基督教內部各種洪秀全式的太平天國運動，只能來自基督教正統神學與保守主義的結合。因此，本書對於基督教文明保守主義的強調，希望能夠幫助基督徒認識到聖經中啟示的社會參與與政治哲學的基本原理，同時幫助保守派人士更加認識基督教正統信仰本身的真理和價值，從而促進中國憲政民主建設走向更加穩妥、不斷改進的軌道。

毋庸諱言，我們在本書中提倡的基督徒政治哲學乃是西方以改革宗傳統和清教徒神學為代表的正統神學與歐美文化保守主義的結合。僅僅有歐美或英美保守主義的思想和情操是遠遠不夠的，這種保守主義需要以基督教正統神學為根基

和體系；僅僅強調基督教正統神學，卻沒有保守主義所主張的憲政民主的理念也是遠遠不夠的，真正的正統神學必然包含合乎上帝的旨意的政法理念，加爾文在其名著《基督教要義》中，不僅集中闡釋了上帝啟示的以十誡為綜述的道德法則，也明確地闡釋了國家的性質和功能。更重要的是，不管是保守主義還是正統神學，我們對於任何傳統，哪怕是教會傳統，都不能因循守舊，抱殘守缺，以維持現狀為滿足。我們必須首先明確何謂傳統中骨脈精髓性的不可放棄的精華部分，何謂傳統中無關緊要的習慣性、歷史性的部分，然後根據聖經啟示、當下環境和聖靈在我們心靈中的光照和引領，對教會傳統作出「創造性的轉化」，這就是以凱波爾、巴文克和杜伊維爾為代表的荷蘭新加爾文主義的真精神。正是基督教信仰和歐美保守主義塑造了當今歐美各處的基督教國家與文明，二者在本質上的契合與互補形成我們在本書中所說的「基督教文明保守主義」。

四、回歸基督教正統正傳

　　基督教文明保守主義不管是在神學上，還是在政治哲學上，首先強調的是基督教真理的傳承，強調歷代大公教會所認信的真理的連續性，而不是一味地強調創新和獨立。當然，我們絕不否認個人、社會與文化的進步，絕不因為我們所堅持的保守主義立場而否定社會或科學的進步，但我們堅信真正的進步絕不是以犧牲真理的傳承為起點的，而是在珍惜、繼承、捍衛真理的傳承的連續性的基礎上，不斷推陳出新，繼往開來，更加認識上帝的旨意，更加促進人類的幸福。

上帝及其啓示的眞理是絕對的，但我們對於上帝及其啓示的眞理的認識不是絕對的，始終存在不斷接近、更加接近的餘地。因此，筆者所心儀的蘇格蘭神學家鄧肯在《散步集》強調：「保守主義的情愫總是好的。每一個時代都需要有人訪問古道，審愼地捍衛先古的財富，免得遺失。但是，這種保守主義始終不是偏執不化、否定一切進步性的亮光的保守主義。確實，對於許多人而言，光照在黑暗之中，黑暗卻不接受光。但是，我無法忍受的是那種毀滅性的進步派，這種進步派爲了標新立異，不惜毀掉過去的一切。唯獨保守主義，固步自封，不思進取，當然是妨礙進步的；唯獨求新，以新爲美，不顧一切，則是毀滅性的」。[13]

　　對於基督徒而言，眞正的保守主義必須回歸聖經啓示與教會正傳。美國當今著名保守主義思想家納許（George H. Nash）於 2022 年 5 月發表《保守主義及其當前的不滿：一項考察與中道的建議》，他認識到保守主義存在的問題和挑戰，比如圍繞 2020 年美國總統大選所發生的美國保守主義者或共和黨內部的撕裂，但他推薦的仍然是「常識性的保守主義」。[14] 筆者認爲，僅僅靠所謂的「常識」，脫離基督教的信仰，尤其是脫離清教徒的傳統，越來越走向世俗化、相對化和多元化，這種鬆散的保守主義不過是新聞記者和公共知識分子所打造的另外一種形式的「意識形態」，[15] 是根本無法

---

[13]　John Duncan, *Colloquia Peripatetica* (Edingburgh: 1870), p. 2.

[14]　See George H. Nash, "Conservatism and Its Current Discontents: A Survey and a Modest Proposal," Religion & Liberty, 2022, volumes 35, Acton Institute.

[15]　George Hawley, *Right-Wing Critics of American Conservatism* (Lawrence, Kansas: The University Press of Kansas, 2016), p. 1.

與日益猖獗的文化馬克思主義信仰、伊斯蘭教恐怖主義在美國和全世界的蔓延相抗衡的。我們必須重新歸回整個聖經啓示和歷代大公教會所認信的基督教正統，歸回美國立國所依據的清教徒信仰，才能繼續得蒙上帝的祝福和使用。當今美國最高法院有七位天主教大法官、三位猶太教大法官，而占美國主流人數的基督教卻長期無法推出自己的大法官，說明美國基督教的敗壞、軟弱和無能。尤其是反智主義與反律主義的盛行，使得基督教會內部不能培養出眞正更有智慧有見識的人來。美國基督教會的悔改也是任重道遠！

當然，美國教會仍然有上帝的餘民，仍然有很多在信仰上持守正統信仰和保守主義的教會，這也是上帝的恩典和保守，是我們不能否定的。我們只能說美國社會和教會患上了嚴重的疾病，但我們不能說美國社會和教會已經完全離經叛道，更不能說美國已經走向了「後基督教時代」，仿佛基督教在美國已經完全死亡。毫無疑問，基督教在美國社會中仍然發揮著舉世矚目、舉足輕重的地位和作用。基督教教會雖然面對很多掙扎和挑戰，甚至在某些方面常常數典忘祖，重蹈覆轍，但上帝仍然不斷眷顧和更新祂的教會，我們不可把基督教會視爲普普通通的世俗性組織，完全忘記上帝對教會有其特殊的保守。不管是 1981 年雷根總統的當選，還是 2017 年川普總統的當選，都說明美國基督徒仍在美國公共生活中發揮著不可忽視的重要作用，我們不能因爲一次性的選舉運動的不順就徹底否定美國教會的活力，也不能因爲選舉的順利就忘乎所以，因爲基督徒與周圍的罪惡始終處於爭戰的狀態，直到耶穌基督再來之前，沒有一勞永逸的時候。

筆者在大學時期讀奧地利政治經濟學家熊彼特（Joseph A. Schumpeter, 1883-1950）所著的《資本主義、社會主義與民主主義》一書，開始認識到資本主義的發展並非因為資本家無情地榨取工人創造的剩餘價值，而是因為自由市場經濟中的不斷「創新」——生產要素的重新排列。三十年之後，筆者更加深刻地認識到：不管是個人，還是教會與國家，乃至整個世界，之所以保持活力並繼續發展都是因為上帝的不斷「更新」。當然，我們也要有屢敗屢戰、永不放棄、不斷創新、不斷得勝的責任和鬥志。正是這種對於上帝本身的堅定不移的確信和樂觀，才使得基督徒能夠不斷經過認罪悔改而突破自身的困境，勇敢地面對自身的軟弱、世界的誘惑和撒但的攻擊，繼續為真理打那美好的仗。

　　這種基督教文明保守主義所提倡的是「敬畏上帝，信靠基督；愛主愛人，守約守法」的神權神法的理想、共和主義的文明，反對的是各種形式的「唯我獨尊，唯利是圖；隨心所欲，無法無天」的物質主義的野蠻、極權主義的凶殘。毫不諱言，馬克思所提倡的共產主義乃是物質主義最集中、最凶殘、最赤裸的極權主義暴政的體現，共產主義及其變種社會主義在二十世紀東西方社會中大規模的殺戮和肆虐，同性戀、女權主義、墮胎等違背上帝的律法的醜陋現象在歐美國家的盛行甚至合法化，表明了西方基督教和整個人類社會都面臨著巨大的精神疾病與文明危機。

　　針對這種病症，雅和博經學在思想方法上提倡追本溯源，正本清源，審慎地明確何謂基督教神學的正統正傳：「歸回聖經，訪問古道；通達時務，聖靈內證」；在神學範式上強調存亡繼絕，繼往開來，勇敢地承擔上帝賜給的文

化使命：「聖學爲體，世學爲用；仁教心學，法治德政」；在基要眞理上強調撥亂反正，再創輝煌，積極地建立並捍衛基督教文明：「敬畏上帝，信靠基督；愛主愛人，守約守法」。這種對於基督徒正統正傳、文化使命以及基督教文明的強調，對於中西文化所面對的危機提供了比較全面的思考和應對。筆者深信，以清教徒爲代表的經典性改革宗神學在中國的傳播，以柯克爲代表的歐美基督教文明保守主義在中國的出現，[16] 必然能夠幫助人民在基督教內部消除異端邪說，在社會領域中抗擊極權暴政，重建心靈秩序與公共秩序。這兩大推動及其合一乃是上帝在二十一世紀對於災難深重的中華民族的極大的祝福。

五、基督教右翼與神權神法

　　談及基督教文明與歐美保守主義，這些都是非常宏觀的題目。本書是筆者三十餘年研究哲學與神學研究的彙集，其總體性的導向乃是屬「基督教右翼」，強調基督教立國，反對馬克思主義「左翼」對美國的滲透和顛覆。[17] 在美國，「基督教右翼」指向美國內部的保守派基督徒，他們在宗教信仰上強調聖經的權威性和個人重生得救的重要性，在美國的根源上強調美國是以基督教新教立國的基督教國家，在政治參與上則是明確地反對共產主義與社會主義的主張，強調憲政

16　拉塞爾·柯克，《美國秩序的根基》，張大軍譯（南京：江蘇鳳凰文藝出版社，2018 年）；《保守主義思想：從柏克到艾略特》，張大軍譯（南京：江蘇鳳凰文藝出版社，2019 年）。

17　參考余杰，《美國左禍與自由危機》（臺北：八旗文化，2022 年）。

民主、宗教自由與市場經濟。[18]針對世俗化、多元化、相對化的盛行，基督教右翼強調基督徒的責任，主張透過教會復興、基督教教育和政治參與的方式使得美國重新回到當初清教徒立國的根基和藍圖。[19]

筆者多方闡明，在目前中國面對的「三千年未有之變局」中，中國社會的真正出路就是經由在基督裡認罪悔改而走向和平轉型、重新建國，尤其是建立基督化的國家和文明，這乃是中國走出幾千年以暴易暴的困局、徹底擺脫來自西方白左的共產主義幽靈並且避免被阿拉伯石油美金所支持的穆斯林極端勢力綠化蠶食的唯一出路。我們萬萬不可重蹈覆轍，繼續中國幾千年來以暴易暴、勝王敗寇、血流成河式的惡性循環。「暴民統治」也是美南長老會保守主義者所特別反對的。[20]當然，我們也不要重蹈覆轍，走歐洲宗教改革時期到處興起宗教戰爭的路子。要使教會成為真正獨立的教會，國家才能成為真正聖潔的國家。我們反復重申，要確保教會和國家在組織和功能上的分離，教會不可借助國家暴力傳教，應當透過自身在真理方面的傳播和文明建造方面的見證來吸引人歸向上帝。

---

[18] See Andrew Greeley and Michael Hout, *The Truth about Conservative Christians: What They Think and What They Believe* (Chicago and London: The University of Chicago Press, 2006); Michael Lienesch, *Piety and Politics in the New Christian Right: Redeeming America* (Chapel Hill and London: The University of North Carolina Press, 1993); Daniel K. Williams, *God's Own Party: The Making of the Christian Right* (New York: Oxford University Press, 2010); Sara Diamond, *Spiritual Warfare: The Politics of the Christian Right* (Boston, MA: South End Press, 1989).

[19] See Seth David Radwell, *American Schism: How the Two Enlightenments Hold the Secret to Healing Our Nation* (Austin, Texas: Greenleaf Book Group Press, 2021); Os Guinness, *The Magna Carta of Humanity: Sinai's Revolutionary Faith and the Future of Freedom* (Downers Grove, Illinois: IVP, 2021); Andrew L. Whitehead and Samuel L. Perry, *Taking America Back for God: Christian Nationalism in the United States* (New York: Oxford University Press. 2020).

[20] Harp, *Protestants and American Conservatism*, p. 97.

筆者深知，對於那些無神論、敵基督、反人類的人而言，他們最仇恨的就是高舉上帝的主權和約法的「神權政治」與「神法倫理」──上帝的統治與上帝的律法，他們最忌憚的就是基督徒建立以聖經爲本的基督教國家與文明。其實，早在柏拉圖晚年最成熟的作品《法律篇》中，他就強調：「在上帝的手中掌握著一切事物的開端、終結和中間，事物在自然的循環中運動，走向終結，沿著正確道路前進的事物比背離上帝的法則的事物更加正義。以卑微、恭敬的態度密切追隨上帝的法則的人是幸福的。」[21] 柏拉圖更是明確強調：「『上帝是萬物的尺度』這句話所包含的眞理勝過他們所說的『人生萬物的尺度』」。[22] 因此，柏拉圖的結論就是：「凡是服從法律而相信上帝的人，絕不會故意做出褻瀆上帝的行爲或發表不法的言論。凡是有這種行爲發生，必定出於下列原因之一：要麼他們不相信上帝存在；要麼他們相信上帝存在，但認爲上帝不關心人類的事務；要麼他們認爲即使這些神靈關心人事，人們也很容易用犧牲或祈禱來哄騙他們。」[23] 阿姆斯特朗對此分析說，柏拉圖所想像的城邦是一個「神權統治的國家」，在這樣的國家中，「正確的信念是第一位的，合乎倫理規範的行爲只處於第二位。正統神學是道德規範絕對必要的先決條件。」[24] 因此，即使對於以柏拉圖爲代表的希臘哲學而言，神權神法也是理所當然的社會與

21　柏拉圖，《法律篇》，716a-716c，《柏拉圖全集》，王曉朝譯（北京：人民出版社，2003 年），第三卷，475-476 頁。
22　柏拉圖，《法律篇》，716c-716d，王曉朝譯《柏拉圖全集》，第三卷，476 頁。
23　柏拉圖，《法律篇》，885b-885c，王曉朝譯《柏拉圖全集》，第三卷，369 頁。
24　阿姆斯特朗，《軸心時代》，孫艷燕、白彥兵譯（海口：海南出版社，2010 年），369 頁。

文明的藍圖。其實，哪怕是那些主張世俗化、多元化的人，他們最終所主張的也不過是一種「世俗化的神權制」，只不過他們所頂禮膜拜的神靈不再是聖經中所啟示的獨一的創造天地、設立約法並拯救世界的上帝。[25]

那些反對上帝的主權和律法的人，其中很多人是名義上的基督徒，他們打著世俗化與多元化的旗號，實際上卻是在販賣自己的老鼠藥，自己做主，自作主張，赤裸裸地違背上帝的律法，主張墮胎自由、同性戀合法化、廢除死刑、高稅福利等。他們把主張基督教國家與文明的「基督教右翼人士」視為德國納粹一樣的「法西斯分子」，甚至明確地把凱波爾（Abraham Kuyper, 1837-1920）、范泰爾（Cornelius Van Til, 1895-1987）、魯斯德尼（R. John Rushdoony, 1916-2001）、薛華（Francis Schaeffer, 1912-1984）這樣公認的基督教保守派教會內德高望重的領袖視為「反現代化的人，反理性、威權主義的、有時過分主張神權論」。[26]他們不願意相信上帝，當然也不願意接受上帝的律法的約束，更不願意接受耶穌基督為他們的君王！

其實，既然他們以寬容、多元、自由、開明、現代自居，為什麼非要反對基督教國家和文明呢？！難道他們就不能寬容基督教國家和文明嗎？難道他們的「多元」非要排除

[25] See Paul Edward Gottfried, *Multiculturalism and the Politics of Guilt: Towards a Secular Theocracy* (Columbia and London: University of Missouri Press, 2002).

[26] See Frederick Clarkson, *Eternal Hostility: The Struggle between Theocracy and Democracy* (Monroe, Maine: Common Courage Press, 1997); James C. Sanford, *Blueprint for Theocracy: The Christian Right's Vision for America: Examining a Radical "Worldview" and Its Roots* (Providence, Rhode Island: Metacomet Books, 2014); Sara Diamond, *Roads to Dominion: Right-Wing Movements and Political Power in the United States* (New York/London: the Guilford Press, 1995); Chris Hedges, *American Fascists: The Christian Right and the War on America* (New York: Free Press, 2006).

基督教這一元嗎？難道他們的自由就排除基督徒建國的自由嗎？難道他們的開明非要否定基督徒近現代幾百年在科學和文化上取得的成就嗎？難道他們的現代性非要否定基督教國家與文明的現代性嗎？否定基督教國家，就是否定了到目前為止接近兩千年的基督教文明。正如佩克斯所分析的那樣，此類人士認為「只有世俗化的國家才沒有固有的邪惡，基督徒國家是邪惡的，正如其他非世俗化的國家一樣。」[27] 基督徒不要被他們假惺惺的面孔蠱惑，他們所謂的寬容、多元、自由、開明和現代不過是自欺欺人的口號，不過是用他們所喜歡的寬容、多元、自由、開明、現代等反對基督徒的寬容、多元、自由、開明、現代而已！法國大革命提倡世俗化，德國納粹反對基督教國家，史達林的蘇聯、毛澤東的中國、波爾布特的柬埔寨，都是主張世俗化的國家，這些所謂的世俗化的國家的邪惡是全世界有目共睹的，他們排斥上帝的基督教，卻荒唐地把有限有罪的暴君酷吏推上了萬民膜拜的神壇。基督教國家雖然有時也會誤解聖經，濫用權力，但完全世俗化的國家不僅在認知上是偽善的──因為他們也有自己的宗教性的信仰，在行動上更是極其邪惡、專橫的──一旦脫離上帝的主權和約法，剩下的只能是赤裸裸的暴力與暴政。

　　正如范泰爾在其護教學中反復強調的那樣，我們所感受到的任何事實和概念都是經過人一定的解釋之後的事實和概念，如果我們不是按照上帝在其啟示中所界定的解釋，我們就會有別的解釋。所謂的完全純粹的事實、客觀的解釋、中

---

[27] Stephen C. Perks, *A Defence of the Christian State* (Taunton, England: The Kuyper Foundation, 1998), p. 115.

立的立場是不存在的。基督徒當然也主張寬容，我們主張宗教寬容，但我們主張的寬容絕不是否定獨一上帝和耶穌基督為獨一中保的混合主義；基督徒當然主張多元，我們主張多元法域，個人、家庭、教會、國家都有自己相對性的主權和功能，但我們主張的多元絕不是毒品也能合法化的道德虛無主義的多元；基督徒當然主張自由，上帝賜給每個人不可剝奪的生命、自由和追求幸福的權利，但我們的自由絕不是隨心所欲、無法無天的自我放縱；基督徒當然也主張開明，我們深信雖然上帝及其真理是絕對的，但我們對於上帝及其真理的認識、解釋和實踐並不是絕對的，始終仍然具有不斷進步、更加接近的餘地；基督徒當然主張現代化，我們每個人都當通達時務，直面時代的挑戰，領受上帝在新時代中賜給我們的亮光，但這絕不意味著我們要推翻一切傳統價值，喪失一切道德底線，在道德規範上走向世俗化與相對主義。真正的保守主義政治哲學一定建立在基督教神學和法學的基礎上。沒有基督教神學所闡明的對於上帝的信仰和敬畏，沒有基督教法學所強調的上帝的律法的權威，所謂的保守主義就是無本之源、無根之木。

六、本書框架與鳴謝

在本書中我們第一章所闡明的是「基督教文明保守主義」的基本界定，此處特別把這種保守主義與「個人自由」聯繫起來，強調上帝賜給人的心靈自由與政治自由。對於基督徒而言，我們首先強調和保守的不是外在的自由，而是在基督裡脫離罪、撒但和死亡的轄制的自由。正是因為有了這

種心靈的自由，我們才能追求並捍衛政治自由。此處我們也特別闡明自由與秩序的關係，我們所倡導的自由乃是「有秩序的自由」，而這種秩序本身乃是上帝設定的神聖秩序。因此，即使在強調秩序的時候，我們所強調的並不是任何個人、時代、政黨或國家所崇尚的秩序，而是上帝所啓示的超越性的秩序。正是因爲對於上帝所啓示的超越性秩序的強調，基督教文明保守主義才能在保持連續性的前提下不斷改革、創新，使得個人的心靈秩序與社會的公共秩序不斷得到更新和改良。

第二章「加爾文與保守主義」。加爾文是十六世紀歐洲宗教改革的領袖，他不僅強調上帝的主權和約法，也強調個人的自由和責任，他所闡明的神學及其發展對於日內瓦、荷蘭、英格蘭、蘇格蘭和美國這五個現代意義上的憲政共和的建設發揮了直接性的指導作用。歷史學家把加爾文視爲美國建國的精神之父，我們也可稱他爲近現代基督教保守主義神學和思想的開創者。

第三章至第六章，主要從歷史神學的角度闡明了英國清教徒神學、荷蘭新加爾文主義和美國重建主義三大思想體系的歷史、代表人物與主要主張。歐洲宗教改革從 1517 年開始，到了英國 1643 年威斯敏斯德會議時已經過去了一百多年的時間。清教徒所主導的威斯敏斯德會議乃是歐洲宗教改革的巔峰，特別是大會通過的《威斯敏斯德準則》明確界定了聖約神學的概念，強調上帝不僅與個人立約，更是與家庭、教會和國家立約，由此開啓了英國法律史學家梅因在其名著《古代法》中所說的從注重身份到注重契約的現代文明。以美國 1620 年《五月花號公約》、1776 年《獨立宣言》

和 1789 年《憲法》為代表的都是源自清教徒所強調的立約建國的原則：「人人受造而平等，造物主賦予他們若干不可剝奪的權利，其中包括生命權、自由權和追求幸福的權利。為了保障這些權利，人們才在他們之間建立政府，而政府之正當權力，則來自被統治者的同意。」其中主導性的原則就是上帝的主權。在荷蘭新加爾文主義中，凱波爾與杜伊維爾進一步把上帝的主權這一原則細化為「領域主權論」，強調本源性、終極性、絕對性的主權唯獨屬上帝，同時上帝也把治理的權柄賜給個人、家庭、教會和國家。美國重建主義秉承清教徒傳統、接受范泰爾的前提論護教學、參照荷蘭新加爾文主義，明確強調基督徒當以上帝的聖約為基本框架、以上帝的律法為高級法重建美國的社會和文化。

第七章至第九章分別論述了基督教改革宗神學之外的歐美保守主義、美國南方農耕傳統和社群主義。

感謝弗吉尼亞主恩基督教會眾位牧長和弟兄姊妹的代禱和支持，使我能夠在繁忙的牧會侍奉中仍有研究和寫作的空間，能夠運用文字的方式來傳講真道。我們教會的信仰告白就是幾百年前清教徒制定的《威斯敏斯德準則》，因此我們談及清教徒神學時並不僅僅是述說歷史，而是直接談及我們此時此刻的信仰和生活。感謝雅和博研修院各位董事，他們的奉獻使得此書的出版沒有任何經濟上的壓力，我們不需要以消費者心理為導向，而是直抒胸臆。感謝余杰弟兄多方提醒建言，使得此書在主題和結構上逐漸明確，他所撰寫的三卷本的《大光：宗教改革、觀念對決與國族興衰》（臺北：八旗文化，2022）是結合清教徒神學與英美保守主義而分析世界列國秩序和走向的嘗試。感謝主流出版社社長鄭超睿弟

兄勇擔風險，在目前圖書市場風雨飄搖的時候承擔此書的出版與發行之工。當然，最當感謝的還是我太太朱素雲姊妹，她相夫教子，代禱守望，任勞任怨，是上帝賜給我的特別的幫助和祝福。

本書雖然很大部分涉及到神學史與思想史的整理，但其目的導向非常清楚：把基督教神學的正統（清教徒神學）、西方文化的正傳（歐美保守主義）結合起來，為中國社會和文化的轉型提供一個模式和出路。林榮洪在談及 1900-1949 年中國教會及其神學時強調：「中國教會除了提出社會服務之外，在救國、重建社會的事業上，並沒有一定的方案供國人參考。」[28] 又五十餘年的時間過去了，中國教會中充斥的仍然是「傳福音，信耶穌，升天堂」的聲音，真正系統地把基督教正統信仰與中國社會發展結合在一起的著述少之又少，本書也不可能完全填補這樣的空白，但至少是一種真誠的嘗試。

此書涉及到很多宏大主題，不僅與傳統意義上的基督教神學有關，也與基督教政治神學或哲學有關。雖然我從 1985 年以來先後在中國政法大學、北京大學法學院研習政治、法律與哲學，2004 年至 2009 年在美國加爾文神學院專修歷史神學，仍然深感靈力和學力非常有限，此處只能是拋磚引玉，恭請教會內外賢達之士不吝指教、拍磚為盼。

王志勇　牧師
2022 年 6 月 4 日於雅和博心齋

28　林榮洪，《中華神學五十年：1900-1949》（香港：中國神學研究院，1998 年），161 頁。

第一章

基督教文明保守主義與個人自由

我們所主張的基督教文明保守主義不是泛泛而論的保守主義，而是以明確的基督教改革宗正統神學爲眞理體系的「神學性的保守主義」。同時，這一保守主義在目的上也是直接以保守基督教文明爲導向的。

著名的改革宗護教學家范泰爾強調，他所主張的護教不是泛泛地爲有神論辯護，甚至也不是爲基督教辯護，而是爲改革宗所認信的眞理體系辯護。筆者在范泰爾所主張的前提論護教學的基礎上，提出了「基督教文明論護教學」，強調不僅要爲基督教改革宗眞理體系辯護，更要捍衛西方基督教兩千多年來綿延不絕、在宗教改革時期開始逐漸明確以神權神法、憲政民主爲標記的基督教文明。

基督教正統神學強調大公教會對於聖經啓示的基本眞理的認信，基督教文明保守主義強調基督徒如何把聖經啓示和大公教會認信的基本眞理貫徹到個人與生活的各個方面和領域之中，建立合乎聖經的基督教世界觀和文明論，並且在實際生活中踏踏實實地活出基督的生命，建立以敬天愛人爲根本的基督教文明。簡言之，我們所談及的正統神學乃是基督教文明的根基，而保守主義所要捍衛的乃是正統神學及其所建立的基督教文明。

一、基督教文明保守主義的界定

談及「保守主義」，我們必須明確到底我們所崇尚的

「保守主義」的具體內涵是什麼。王恩銘在考察美國保守主義時強調：「要準確理解美國保守主義又談何容易？且不說保守主義在美國的政治和歷史語境裡指涉不一，僅就其古典意義和現代意義上的內涵與古代和現代自由主義思想內涵之間的『交叉』、『重疊』、『換位』和『傳承』等現象，就讓人迷茫不已。更『要命』的是，有關保守主義的定義，不僅學者們沒有共識，各自『自說自話』，而且連保守派內部也沒有『統一口徑』，大家都『跟著感覺走』，憑直覺確定自己的保守派身份。最棘手的是，保守主義種類繁多，側重點不一。譬如，從類別上說，有政治保守主義、經濟保守主義、社會保守主義、宗教保守主義和文化保守主義等；從程度上講，有極端保守主義、激進保守主義、溫和保守主義和開明保守主義等；從時間上講，有柏克式保守主義和哈耶克式保守主義；從治國角度講，有漢密爾頓式保守主義、庫里茨式保守主義、戈德華特式保守主義、尼克森式保守主義、雷根式保守主義和小布希式保守主義等。」[1] 很顯然，我泛泛地談論「保守主義」甚至「英美保守主義」是沒有任何具體的含義的。因此，我們明確地把本書的重點聚焦在「基督教文明保守主義」上。

　　本書不可能成為研究各種形式的保守主義的大全，我們所關注的乃是基督教文明保守主義。基督教文明保守主義是筆者對清教徒保守主義、荷蘭新加爾文主義、歐美保守主義、美國重建主義、美國南方農耕傳統、基督教社群主義六

---

[1] 王恩銘、王卓，《戰後美國保守主義》（上海：上海外語教育出版社，2018 年），王恩銘「序」，2 頁。

大基督教文明保守主義思潮的綜合，其共同特徵是在神學上多是以基督教新教，尤其是改革宗神學為主導，在公共與政治層面上強調上帝設立的秩序與約法、在個人領域中強調個人的權利、尊嚴、責任與美德，在政教關係上強調「教政並立」，[2] 在文化導向上則是明確強調基督徒的文化使命與基督教文明。針對伊斯蘭教恐怖主義、社會主義、自由主義發動的「文化戰」，我們旗幟鮮明地高舉「基督教文明保守主義」的大旗，捍衛基督教傳統、國家與文明。尤其是在政治哲學上，這種「文化戰爭」始終是「以政治思想文化辯論為主」。[3] 當然，對於基督徒而言，我們絕不僅僅停留在「辯論」的地步，而是起而行之，知而行之，道化世界，為光為鹽。因此，本書所呈現的基督教文明保守主義絕不是世俗學者坐而論道的空談，而是具有行動力、戰鬥性和建造性的「天國戰略」，指導基督徒從基督教正統神學明白上帝對於基督教文明的旨意，從而能幫助基督徒自覺地投入到建立並捍衛基督教文明的文化使命之中。

　　基督教文明保守主義首先是一種政治哲學，當然這種政治哲學始終是以聖經啟示和大公教會的正傳為依據的。很顯然，一旦基督徒在政治哲學上缺乏裝備，在政治領域中無所作為，我們就無法發揮「山嶺之城」的功用。「天國戰略」就是「文化戰略」，「天國之戰」就是「文化之戰」，「天國

2　根據柯克的研究，英國思想家柯勒律治所證明的就是：「宗教和政治密不可分，一方的衰敗必然導致另一方的衰敗。在維護我們道德秩序的同時必須維護我們的政治秩序。教會不僅存在於與國家的關係之中，而且與國家構成一個統一體。基於權宜之計和便利的考慮，我們可以將政府與教會機構的實際運作區分開來；不過歸根結底，教會與國家是永遠聯繫在一起的。除非這兩者的組成要素都繁榮昌盛，否則社會就無法維繫。」

3　王恩銘、王卓，《戰後美國保守主義》（上海：上海外語教育出版社，2018年），250頁。

宣教」就是「文化宣教」，我們必須自覺地在目前複雜多變的國內與國際局勢中捍衛基督教信仰和基督教文明。毫無疑問，從歷史源流及其發展來看，所謂的歐美保守主義，一旦偏離對於基督教傳統的認定和持守，本身就會成爲對歐美保守主義的背叛！歐美保守主義首先保守的不是一般的自由，甚至也不是一般的秩序，而是旗幟鮮明地捍衛以基督教傳統爲背景的基督教國家和文明，免得基督教國家和文明在仇敵世俗化、多元化、相對化的煙幕下被逐漸滲透，最終被徹底顛覆！

二、基督教文明保守主義五大特徵

從思想譜系來看，我們提倡的基督教文明保守主義是一種開明的保守主義。這種保守主義具有五大方面的定位。

1、自由意志論保守主義。在哲學上，我們的路徑是自由意志論保守主義：強調個人的主體性與意志的自由性。上帝是最爲自由的，祂按照自己的意志創造萬有，也按照祂自己的意志揀選人。人是上帝按照祂自己的形像創造的，而人在本質上與上帝最具有類似性的就是在意志的自由上。

雖然人的意志的自由是有限的，因爲人本身就是有限的人，但這種有限的自由卻是真實的，我們必須善用意志的自由離惡行善，愛主愛人。不管在什麼環境中，我們的意志都能在一定程度上自由地作出抉擇。哪怕是刀架在脖子上，我們仍然可以選擇保持我們的良心，絕不做出賣主賣友、傷天害理的承諾和行動。因此，我們每個人都當爲自己的有限卻

眞實的自由承擔責任。不管是家庭、教會還是國家，都當尊重、保障並促進個人的自由的充分實現。

每個人都當珍惜上帝賜給自己的自由，這就是我們在「仁教」與哲學體系部分所特別強調的。「仁教」指向雅和博經學中提倡的愛主愛人的教訓，正如主耶穌基督所強調的那樣，上帝在律法書和先知書中所啓示的教訓的總綱就是愛主愛人。哲學追求智慧，智慧必然與時俱進，必然裝備我們不斷在新時代中接受世界的挑戰，領受上帝的亮光，繼續完成上帝賜給的治理全地的使命。對於哲學與「仁教」的強調，使得我們在頭腦上與當今世界的思想發展聯繫起來。因此，基督教文明保守主義首先是信仰與價值上的保守主義，這種信仰與價值是以聖經啓示和教會正統爲歸依的。[4]

2、**基督教右翼保守主義**。在宗教上，我們的路徑是基督教右翼保守主義：強調個人與上帝的關係，明確主張宗教自由，反對無神論共產主義與法西斯政權對個人心靈與自由的粗暴踐踏。

宗教涉及到人在心靈上終極性的委身和歸屬：我們到底信靠獨一的創造天地的上帝以及上帝所差派、道成肉身、死裡復活的獨一救主耶穌基督，還是信靠其他各式各樣的神靈？這是每個人都無法迴避的問題。但是，我們在宗教信仰問題上，不能訴諸任何形式的國家暴力，應當無條件地尊重每個人的宗教信仰自由。眞正的基督徒是聖父上帝在永世中

4　參考王志勇，《基督教文明論》（臺北：主流，2017 年），77-154 頁，

揀選、聖子上帝在歷史中救贖、聖靈上帝在現世中呼召的人。救恩完全出於上帝白白的恩典，這種救恩透過耶穌基督為罪人成全上帝的律法而完成，透過聖靈在人心中內住光照使人心靈得到更新和轉化。

個人與上帝的關係乃是至關重要的，這是我們在「心學」部分特別強調的。在雅和博經學中，我們在「心學」部分強調每個人都當透過靜觀祈禱而經歷和領受上帝的大愛。因此，我們提倡的宗教絕不是教條性、封閉性、儀式性、表演性的東西，而是真正關懷、觸及、醫治人的心靈的真理體系。對於宗教與「心學」的強調，使得我們與當今社會中人的心靈的需求聯繫起來。因此，基督教文明保守主義注重的是上帝的臨在與心靈的醫治，這種救贖與醫治都是在耶穌基督的救贖中達成的。[5]

3、**神權神法論保守主義**。在道德上，我們的路徑是神權神法論保守主義：強調上帝的主權與道德法則的絕對性。不管是在個人內在性的心靈秩序上，還是在社會公共性的道德秩序上，我們都當以上帝為絕對性的道德權威，以上帝所啟示的律法為絕對性的道德規範，自覺地降伏在上帝的主權和約法之下。

保守主義注重宗教和道德，強調政治不過是文化的應變量，道德是文化的核心，而宗教則是道德的靈魂。政治隨著文化價值觀的變化而變化，而文化的內核則是宗教。[6]因此，

5　參考王志勇，《基督教文明論》，155-222 頁。
6　王恩銘、王卓，《戰後美國保守主義》，261 頁。

道德處於宗教和政治之間，道德的根基是宗教，道德的落實是政治，而宗教不僅解決個人心靈問題，也直接為社會公共問題的解決提供出路，其中的關鍵就是上帝的律法。清教徒神學的強項就是強調上帝的律法的積極性、建造性的功用，因此他們能夠披荊斬棘，建立基督教國家和文明。當今福音派神學的「軟骨病」就是因為中了反律主義異端的病毒，反對甚至廢棄上帝的律法，無法為千變萬化的現實生活提供絕對性的「不變之規」。在世俗化、多元化、相對化的大潮的攻擊下，他們連祖宗的產業都守不住，更不用說開疆辟土、征服異教國家了。我們必須歸回上帝的律法，這是我們在「法治」部分特別強調的。在雅和博經學中，我們在「法治」部分強調上帝所啓示的律法乃是我們順服上帝的標準。

當然，不論如何強調上帝的律法，我們絕非主張直接把舊約聖經中上帝透過摩西所啓示的律法直接應用在當今社會之中，而是透過祈禱和研究真正明白上帝律法中所顯明的不變的道德與公義的原則，為當今社會中的制度變革與法律改良提供依據和引領。對於道德與「法治」的強調，使得我們與當今大變局時代對秩序和公義的渴求聯繫起來。因此，基督教文明保守主義注重制度性和秩序性的層面，旗幟鮮明地以聖經中啓示的憲政法治為治理的範式。

4、**憲政民主論保守主義**。在政治上，我們的路徑是憲政民主論保守主義：主張把政府繩之以法與三大權力的分立。政治的核心問題是權力及其運用的問題，我們在政治問題上以神權神法為前提，強調憲政民主。

「憲政」的核心是權力的界定和劃分，我們把權力分為

上帝的主權以及上帝在各個領域中賜給人的管理性、服務性的權力。唯獨上帝的主權是至高無上的，任何個人和組織的權力都是有限的，都當接受上帝的聖約與律法的約束。因此，真正「憲政」必然是「限政」，即「限權政府」、「法治政府」。在權力的運用上，合乎聖經的憲政強調立法、司法和行政三大權力的分立與制衡。民主必須在憲政之下，否則就會成為多數人的暴政；憲政必須在神權神法之下，否則憲政本身也會時時陷入罪人弱肉強食、爭權奪利所導致的各種無法解決的危機之中。

　　法律至上，這是我們在「德政」部分特別強調的。在雅和博經學中，我們在「德政」部分強調人人都當以愛主愛人之德來參與家庭、教會和國家的管理。因此，真正的政治絕不是廢棄上帝的律法，甚至也不是對於當前的制度與法律進行激進的變革，而是首先從攻克己身做起，從家庭和教會做起，從建立公民社會做起。沒有這種個人性的心靈秩序的變革、公共性的公民社會的建造，任何政治革命都會流於形式，都是換湯不換藥。對於政治與「德政」的強調，使得我們與當今社會的各種政治需求與運動聯繫起來。因此，基督教文明保守主義必然是政治性的保守主義，但這種政治性是以上帝的統治為超越性根本、以個人的自治為內在性落實，強調家庭、教會與國家各有自己的領域，當各就各位，各盡其職，一同榮耀上帝，見證福音。這種保守主義始終警惕、反對國家權力的無限擴大，深信個人、家庭和教會都直接從上帝領受了各自的權柄，這些是任何國家都不可剝奪和僭越的。

5、自由市場論保守主義。在經濟上，我們的路徑是自由市場論保守主義：保護個人的私有財產與市場經濟的自發秩序。經濟問題是民生問題，直接關涉到人人都需要的衣食住行。自由市場論的本質就是資本主義，當然這種「資本主義」乃是「道德性的資本主義」、「民主性的資本主義」，絕不是「權力資本主義」、「官僚資本主義」。

這種資本主義具有三大特色，首先我們強調上帝賜給人不同的恩賜和呼召，使人按照自己的恩賜在不同的工作崗位上榮耀上帝，造福他人，自己也得到滿足的喜樂。因此，一切的恩賜都是來自上帝的賜予，工作更是來自上帝的呼召。其次是堅決捍衛私有財產和市場經濟，只有這種以私有制為本的自由市場經濟才能最大程度地確保個人的自由，使得每個人都有機會透過勤奮工作、積極創新、精打細算而突破人間無法徹底消除的歧視性法律和情感性偏見，獲得個人性的成功。第三就是竭力避免由國家來介入社會福利問題，儘量透過個人、教會和其他社會組織透過自願性的慈善事工來解決貧窮與疾病的問題。

我們不要相信那些官僚們就比那些勤苦掙錢的人更有智慧和愛心：「錢款的使用權一旦從普通民眾轉向政府官員，那麼，它就不僅剝奪了財富創造者的使用權，而且暗喻精英們比普通民眾更聰明、更明智、更富有智慧。」這本身就是對民主的嘲諷、對人民的懷疑、對普羅大眾的藐視。因此，美國新保守主義思想家諾瓦克明確地說：「既然認為普通人在政治選舉、開展公共對話、參加陪審團審判和安排日常生活中具有基本智慧是一種理智性思維，那麼，一個明智的社會就應該相信普通民眾能以他們認為最好的方式使用他們辛

苦掙來的錢款。」[7] 因此，眞正的秩序並不是靠任何人刻意創造的，而是在上帝那「仿佛看不見的手」的掌管之下自然形成的自發秩序，這種自發秩序是以確保個人的私有財產爲核心的自由市場經濟爲模式的，這是英美保守主義所崇尙的最強調的一個精神信念。[8]

眞正的文明最終必然體現在經濟上，私有財產不可侵犯，工作是人的天職，不勞動者不得食，這是我們在「文明」部分特別強調的。對於經濟與「文明」的強調，使得我們與當今社會中人們對經濟的熱衷聯繫起來。因此，基督教文明保守主義必然是經濟性的保守主義，強調私有財產、市場經濟與個人責任。[9]

三、心靈自由、宗教自由與政治自由

眞正的自由首先是心靈的自由，就是在基督裡擺脫罪惡、死亡和撒但的轄制的自由。當然，在我們得到心靈的自由的同時，人人都渴慕能夠在社會上享有宗教信仰方面的自由。但是，在聖經啓示和現實生活中，宗教信仰自由都有其局限性。有的改革宗牧師認爲：「宗教自由是人類社會的第一自由，當教會不能自由敬拜上帝時，一切假想的自由都將失去意義，一切殘存的權利都不過是豬狗的權利。」我當然贊同宗教自由的重要性，也深爲宗教自由在中國大陸受到嚴

---

[7] Michael Novak, *The Spirit of Democratic Capitalism* (Maryland: Madison Books, 1991), p. 107.

[8] 沃爾特‧拉塞爾‧米德，《上帝與黃金：英國、美國與現代世界的形成》，塗怡超、羅怡清譯（北京：社會科學文先出版社，2014年），17頁。

[9] 參考王志勇，《基督教文明論》，339-404頁。

酷打壓而憤慨，也完全支持為爭取宗教自由而進行的抗議維權活動，但這種說法顯然誇大了宗教自由的重要性。對於基督徒而言，我們不能把宗教自由放在第一位！初期教會在羅馬帝國的迫害下，不能自由地崇拜上帝，但他們在基督裡得到的心靈的自由仍然是有意義的。今日在很多穆斯林國家，很多基督徒都沒有敬拜上帝的自由，就是宣教士在那裡也多是隱姓埋名，不能公開自己的身份和使命，但他們仍然可以繼續靠著主的恩典傳講福音，以地下的方式來敬拜上帝。

當然，我們要儘量爭取宗教自由，但把宗教自由放在第一位去爭取就淡化、甚至混亂了教會在傳講真理方面的首要性的職分。其實，在聖經中記載的以色列國家中沒有抽象的宗教自由，即使中世紀和宗教改革時期，異教徒絕沒有享有和基督徒一樣的敬拜他們所信奉的上帝的自由。宗教改革的「五大唯獨」中絕沒有「唯獨宗教自由」一說！我當然不是反對「宗教自由」，而是強調把「宗教自由」放在適宜的認知與實踐的定位上。

毫無疑問，世界上從來不存在抽象的宗教自由，更不存在絕對的宗教自由，宗教自由始終是非常具體的自由。我們需要對宗教自由本身進行具體的界定，更需要在宗教自由並不充分，甚至教會在受到國家政權明顯打壓的情況下，繼續持守並傳播基督教信仰，同時也最大程度地尊重和保障其他信仰群體的宗教自由。[10]

當然，我們不僅關注個人性的心靈自由，也關注人在社

---

[10] See Lynn R. Buzzard and Samuel Ericsson, *The Battle for Religious Liberty* (Elgin, Illinois: David C. Cook Publishing Co., 1982).

會與公共領域中的自由，亦即政治自由或公共自由。阿倫特強調：「關鍵是美國人知道公共自由在於分享公共事務，與之有聯繫的活動絕不構成一種負擔，而是賦予那些當眾履行職責的人一種在別處得不到的幸福感。」[11] 雅斯貝斯指出：「如果人們將政治自由作爲所有公民共同影響、共同瞭解、共同參與整體意志決策的狀態，那麼歷史會告訴我們，政治自由只在西方得到了嘗試。」[12] 這種公共自由在法國大革命之後才逐漸爲人所知。法國大革命雖然有敗壞之處，但值得注意的是它喚醒了民眾參與政治的意識，從此之後公共或政治自由成爲人民重要的追求，不再僅僅是帝王將相縱橫睥睨的地方。這種公共自由不是指向個人性的自由思想和自由意志，而是指向在公共領域中參與政治事務的政治自由，包括游行、示威、結社、選舉等各項現代憲政民主國家必有的自由。

對於中國人而言，這種公共或政治自由始終是陌生的。幾千年來，中國社會始終在專制和混亂之間搖擺，天下一統時就是槍桿子之下的穩定統一，天下大亂的時候便是逐鹿中原，血流成河，勝者王侯敗者賊。要保障個人性的心靈自由與社會性的政治自由，不僅要著眼於內在的高貴品格的培養，也要注重外在的政治制度的建造。因此，當上帝拯救以色列人出埃及之後，並沒有聽之任之，更沒有現代民間宗教般的基督教所宣揚的「信耶穌，升天堂」的蠱惑，而是在西乃山上明確地賜予他們烈火的律法，強調選民守約守法的責任。

11　阿倫特，《論革命》，103 頁。
12　雅斯貝斯，《歷史的起源與目標》，李夏菲譯（桂林：灕江出版社，2019 年），209 頁。

耶穌基督的救贖並不是讓我們完全不受律法的約束，而是讓我們不再受罪的捆綁。違背上帝的律法就是罪，使我們受捆綁的乃是罪，絕不是上帝的律法！上帝的律法不過顯明我們的罪，宣告上帝對於罪的震怒和懲罰。

斯塔爾夫人在其名著《法國大革命》一書的最後一頁強調：「光明和感情不僅彙集在我們對最高造物主的熱愛中，還彙集在對自由的熱愛中。」[13] 我們越是熱愛上帝，就越是熱愛自由，因為自由是上帝賜予我們的禮物，而上帝的心意就是讓我們自由地敬拜和侍奉祂。斯塔爾夫人最後充滿深情和確信地說：「光明肯定會在陳習陋見中升起；而自由理念也自在人心：它跟愛情、友誼一樣，讓我們的心臟悸動；它發自於天性，升華了人性。任何人，只要有了一定的道德和思想，便仿佛踏上了荷馬描述的金帶，他可以沿著這金帶一直走到天上，擺脫所有暴政的枷鎖。」[14] 我們追求完全即是追求完全的自由，就是不受任何罪債捆綁、不受任何罪污轄制的自由。這種自由不僅根基於主體性個人的自由，也體現在群體性社會的自由。因此，哈耶克強調：「在安排我們的事務時，應該盡可能多地運用自發的社會力量，而盡可能少地借助於強制，這個基本原則能夠作千變萬化的應用。」[15] 極權主義透過吞噬個人的自由把所謂的理想社會硬加在個人的身上，福利主義透過各種物質手段收買人成為投票的機器和國家的奴隸。因此，英美保守主義一再強調有限政府，強

---

[13] 斯塔爾夫人，《法國大革命》，李蓧希譯（長春：吉林出版集團，2015 年），下卷，656 頁。
[14] 斯塔爾夫人，《法國大革命》，下卷，656 頁。
[15] 哈耶克，《通往奴役之路》，王明毅、馮興元等譯（北京：中國社會科學出版社，2018 年），44 頁。

調人民個人的責任，對於國家權力的擴張保持著高度的警覺。美國共和黨政治家，1960 年代美國保守主義運動主要精神人物，被譽爲美國的「保守派先生」高華德（Barry M. Goldwater, 1909-1998）明確地指出：「一個政府大到給你提供一切的時候，這個政府也大到可以奪走你的一切。」這是值得我們深思的。

我們在基督裡得享自由，就是要自覺地背負自己的十字架。這種自由的本質是我們個人在基督裡實現的意志的自由，其核心就在於我們可以選擇順服上帝的旨意和律法，也可以選擇順服我們自己的欲望和世人的風俗，沒有任何人能夠轄制我們。因此，我們要善用自己的意志力，自覺地擺脫物質、環境和他人對我們的奴役，積極地尋求靈魂和良心所認可的公義的事情。我們既不可抱怨命運的不公——我們的命運始終在上帝的掌管之下，也不必指責環境的險惡——我們周圍的環境總是存在一定的問題，而是要堅定不移地履行自己的職責——忠心地去改變自己應當改變並且也能夠改變的事。任何人只要能夠從自己眼前能夠做到的做起，我們自身和周圍的生活就會發生極大的改變。真正的幸福就是這種意志力的產物，要從心靈的定志委身開始，把自己的肢體奉獻給上帝的公義的事業。作爲基督徒，我們具有這樣的意志的自由，這種自由抉擇使得我們每個人都能夠坦然地面對世上任何專制獨斷的權力，毫不動搖地堅持我們個人的良心和尊嚴，不管環境如何險惡，都能堅持真理和原則。

尤其是面對現代社會中的專制政權，爲捍衛我們爲人的基本權利和尊嚴，任何人都有權利發動「尊嚴革命」：對於任何踐踏個人基本尊嚴的暴君暴政，人民擁有革命的權利、

責任和力量！是的，我們一再重申，人民擁有正當防衛的權利！人民擁有對暴力革命的權利！

對於這種公民抗暴的權利，吳經熊評論說：「若沒有這個基礎，法的統治，將會是不可能的。」[16] 尤其是年輕人，他們有權利決定自己的未來，哪怕是在槍林彈雨中捍衛自己的權利和信仰，建立自己所夢想的社會與制度，都是可喜可賀的。不同社會階層、不同民族、不同信仰的人，都可以為著最基本的人權而自我組織起來，廢除暴政暴君，建立真正的民有、民治、民享的政府。這是人類歷史發展的大方向，也是上帝在歷史過程中的引領和祝福。但是，不管上帝如何拯救以色列人，以色列人必須自己出埃及，經曠野，跨過約旦河，勝過殘暴的迦南人，才能真正得享流奶與蜜之地。我們不能因為信靠上帝，就迴避自己的責任！真正信靠上帝的人，也必然是真正勇敢行動的人！

四、珍惜自由，捍衛自由

當然，正如英文中常言：「自由從來不是免費的」。我們必須在理性上深知我們得到的自由到底是什麼樣的自由──這種自由是耶穌基督以生命為我們贏得的罪得赦免、勝過世界的自由；我們必須在情感上珍惜這得來不易的自由──這種自由絕不意味著放縱個人的私欲，而是意味著以聖潔、公義來侍奉我們的上帝；我們必須定志以生命捍衛上

---

16 吳經雄，《正義之源泉》，319 頁。

帝賜予我們的自由——魔鬼撒但仍然試圖透過蒙蔽和威嚇的方式來限制、剝奪我們的自由。我們必須保持警醒，時刻為自由爭戰。正如雅斯貝斯所言：「自由既不會自己到來，也不會自發地停留。它遭受著如此巨大的危險，因此，只有當所有想獲得自由的人，都在言語和行動中時時刻刻全心全意地為自由而努力，它才能夠不斷發展。對自由漠不關心，認為擁有它理所當然，這就是失去自由的開始。」[17]

　　一旦我們喪失了對於自由的認知、熱愛，喪失了捍衛自由的意志，就會隨時喪失自由。只有那些在長期在專制和暴政的逼迫和打壓下生活過、後來又得了自由的人，才會更加珍惜自由的寶貴，才會自覺有力地捍衛自身的自由。

　　1977 年，美國著名作家戴維森（Eugene Davidson, 1902-2002）談及以蘇聯為首的東方社會主義陣營與以美國為首的西方資本主義陣營的根本區別時只用了一個詞，就是「自由」。[18] 他在書中強調，要使自由長存不滅，每一代人都需要自覺地參與為捍衛自由而進行的永不止息的鬥爭中來。雅斯貝斯強調，只有兩種抉擇：「我們是出於對上帝的信仰，在意識到人類尊嚴所肩負的任務之後選擇了自由之路，並且以無限的忍耐克服一切失望，堅定不移地走在這條道路上；還是我們放任自己在虛無主義熱情取得的扭曲勝利中陷入災難，看著人類毀掉自己的本質。」[19] 斯坦恩警告說：「只會享受自由，不可能獲得自由，或者不可能永保自由。我們

---

[17] 雅斯貝斯，《歷史的起源與目標》，261 頁。
[18] Eugene Davidson, *The Narrow Path of Freedom and Other Essays* (Columbia and London: University of Missouri Press, 2002), p. 56.
[19] 雅斯貝斯，《歷史的起源與目標》，231 頁。

之中太多的人——不僅是歐洲人，美國人亦如此——都只會享受自由，對捍衛自由之事卻一無所知。」[20] 我們必須重新認識自由，重新煥發爭取和捍衛自由的心志。那些只知道享受自由，遭遇一定的挫折就放棄自由的人，是無法常保自由的。

五、濫用自由，蒙羞受辱

基督徒的自由的精義絕不是指隨心所欲，放縱情欲，而是攻克己身，分別為聖。我們一旦輕看、濫用上帝賜予我們的自由，就會陷入罪惡的捆綁之中。索忍尼辛強調，真正的自由乃是自我限制的自由。這種自我限制的內在自由乃是每個人都能追求和做到的自由。

在政治哲學上，我們往往強調外在的社會性或政治性的自由勝過強調個人的內在的心靈的自由。索忍尼辛強調：「外在的自由本身能成為有意識的人類生命的目標嗎？或者它僅僅是其他的和更高的目標得以在其中實現的一個框架？我們是生來就具有內在的意志自由、選擇自由的造物，這種最重要的自由是出生時就賜予我們的。為了健康地成長，外在自由或者社會自由是非常值得追求的，但是，它僅僅是一個條件，一個手段，將它當作我們生存的目標是毫無意義的。甚至是在外在不自由的情況下，我們也要堅決維護我們內在的自由……在不自由的環境中，我們並未失去向著道德

20　斯坦恩，《美國獨行：西方世界的末日》，姚遙譯（北京：新星出版社，2016 年），24 頁。

目標前進的可能性（比如，我們要給這個世界留下一些比我們天生被造就的樣子要好的人）。與我們的環境進行鬥爭的必要性，會用更大的內在成功回報我們的努力。」[21] 雖然我們承認爲外在的政治自由而鬥爭常常是必要的，但是，即使在這樣的時候，我們也必須以內在的自由去參加戰鬥。因此，內在的心靈自由始終是外在的政治自由的基本性根基，而外在的政治自由則是內在的心靈自由的進一步保障。

我們必須珍惜秩序，捍衛秩序，時時刻刻地意識到上帝的主權和約法，尤其是我們內在的心靈秩序和自由。一旦我們喪失對於上帝及其主權的敬畏，喪失對於上帝的約法的愛慕和順服，喪失對我們每個人內在的心靈自由的意識和珍惜，我們隨時就會喪失我們外在的政治秩序和自由。

六、基督徒的自由與深度靈修

要眞正知道和發揮我們在基督裡得到的自由，就必須有自覺深刻的靈修。在雅和博經學中，我們把靈修提升到相當重要的地位和高度。其實原因很簡單，首先，這本是上帝的吩咐。因爲上帝是完全的，而我們是不完全的，面對這樣一位完全的上帝，我們應當竭力追求完全。

其次，如果基督徒沒有靈修的功夫，就會不結果子，正像懶惰的藝術家沒有像樣的作品一樣，不僅自己受虧損，還有濫竽充數、假冒爲善的嫌疑，當然無法以踏踏實實的生命

21　引自約瑟夫・皮爾斯，《流放的靈魂：索爾仁尼琴》，張桂娜譯（上海：三聯，2013 年），220 頁。

見證來榮耀上帝，造福他人。對於基督徒而言，我們不能天天盯著自己是否得救，我們應當追求自己在靈命上的長進；對於基督教會而言，關鍵不是天天傳福音，而是要裝備基督徒真正行出上帝的旨意。

第三，在雅和博經學中，我們強調基督徒的生活首先當從靈修開始，謙卑在上帝的面前，接受上帝的修理和塑造，在愛主愛人的美德上長進，這是基督門徒的基本功課。嚴格而言，雅和博經學就是靈修之學。筆者從 1996 年信上帝和耶穌基督以來，在教會中看到的最常見的顯現就是基督徒缺乏靈修的追求和功夫；在基督教神學研究和教育體系中，靈修往往更是處於可有可無的地步。正是因為缺乏自覺的深度的合乎聖經的靈修，大多數基督徒在真理的認識上是糊塗蟲，在真理的實踐上是軟腳蝦，結果在公共領域的見證上只能是不結果子的無花果樹、喪失了鹽味的鹽，只能給自己和上帝帶來羞辱。

當我們願意接受上帝的修理，經過靈修的功夫潔淨自身、謙卑自己的時候，我們一定不會由於掌握了一點教義常識就到處做教師爺和審判官，對他人和教會妄加論斷，四處樹敵，面目可憎；我們一定會從信德和愛德的角度理解、尊重、感化那些與自己信仰立場不一致的人，這樣教會內部就不會繼續上演歐洲宗教改革時期那種互相攻擊、彼此相殘的宗教戰爭悲劇；我們一定會把注意力集中在個人內在生命的成熟和國度事工的發展上，塑造效法基督的基督徒品格，建立敬天愛人的基督教文明。

七、基督徒的自由與秩序

　　根據聖經啟示和清教徒神學原理，針對二十世紀以來極權政府的出現，我們特別強調個人的自由和社會的秩序。沒有個人的自由，我們的生命就沒有任何意義；沒有社會的秩序，我們的自由就無法得到實現和保障。

　　保守主義首先強調的是秩序，自由主義首先強調的是自由。真正的保守主義當然也強調自由，但這種自由始終是有秩序的自由；真正的自由主義也必然強調秩序，但這種秩序始終是基於自由並為自由而設立的秩序。從聖經啟示和基督教神學的角度觀之，以律法為代表的秩序固然重要，但上帝設立律法的目的絕不僅僅是要維持秩序，而是為了確保個人的自由的實現。上帝賜給人律法的目的就是讓人不僅能夠確保自己的自由，也能夠為其他人的爭取自由。當然，個人的自由本身並不是終極目的，這是我們與世俗自由主義的不同之處。我們所強調的自由始終是上帝的主權和約法之下的「有序的自由」，始終是按照上帝的約法愛主愛人的自由。

　　具體而言，我們所強調的自由是清教徒所強調的「雙重性的自由」。首先是「人性或自然的自由」，這種自由是指上帝賜給每個人的生來具有的信仰與良心的自由，即我們在宗教信仰和良心的抉擇上不受任何外在的強迫，每個人都當根據自己心靈中的意識及其感動作出自己的抉擇和表達，每個人也當為自己這樣的自由抉擇承擔相應的責任。我們必須承認人是一個自由的主體，一旦否定個人具有的這種心靈與良心的自由，我們就會把人當作可以隨意操縱和利用的工具，最後所謂的秩序只能是強盜分贓的秩序。聖經啟示和西

方神學一直是自由的神學，注重的是個人的人格和自由。保羅甚至把耶穌基督的救贖完全與個人的自由聯繫起來。當然，這種自由不是抽象的自由，而是始終在特定歷史處境中神人關係中的自由。從奧古斯丁開始，西方神學就把個人的自由分為四個階段：人類沒有墮落之前在伊甸園時期的純正狀態中的自由，人類犯罪之後墮落狀態中的自由，個人得救之後重生狀態中的自由以及將來完全擺脫罪污之後的得榮狀態中的自由。因此，我們目前狀態下的自由只能是兩種選項：或是在墮落狀態中的自由，或是在重生狀態中的自由。更重要的是，即使在已經重生的狀態中，基督徒生命中仍然有殘餘的罪污的影響，我們仍然應當靠著上帝的恩典，遵行上帝的律法，在成聖生活中不斷長進。

因此，這種自由必然指向個人的政治自由，即「公民或聖約的自由」。這種政治自由屬「公民權利」，只有在憲政民主制度中才能得到真正的實現和保障。正如美國基督徒聯盟第一任執行主任、保守主義政治家瑞德（Ralph Reed, 1961-）所言：「政府的權利來自被統治者的同意，最能消解專制的良藥就是自由的人民，這種自由的人民相信必須忠於『更高的權力』，而不是忠於政府。被統治者的同意基於對主權的上帝的信仰，政府本身也當降伏在主權的上帝之下。正是在這種更大的道德背景中，信仰作為一種政治的力量不是反民主的，恰恰是民主制的精髓。」[22] 這種「更高的權力」當然指向上帝的主權，只有當人信靠上帝並自覺地降伏在上

---

[22] Ralph Reed, *Active Faith: How Christians Are Changing the Soul of American Politics* (New York: The Free Press, 1996), pp. 8-9.

帝的主權之下、不受上帝之外的任何權勢轄制的時候，這樣的人民才是真正的自由人，也只有這樣自覺地接受上帝的主權和約法約束的人民，才能享受真正的自由和民主。因此，美國歷史學家與神學家森葛（C. Gregg Singer, 1910-1999）在其考察中分析說：「對於清教徒而言，自由絕不是與自然法和自然權利聯繫在一起的，而是在上帝與其子民所立的聖約中才能找到自由的本源和意義。自由不是一項自然權利，而是上帝賜給的特權，不僅需要熱誠地捍衛，防止各種暴君的竊奪，並且自由本身也必須降伏在聖經所界定的嚴格的界限之內。」[23]

　　不管是英國的清教徒還是蘇格蘭的長老宗，他們所持守的加爾文主義神學在本質上始終是「加爾文主義者的反君主制的憲政論」。[24] 美國長老會神學家、老普林斯頓神學教授米勒（Samuel Miller, 1769-1850）強調：「真正的基督教的普遍盛行，在任何政府中，都有一種直接的導向，就是促進並堅固政治的自由」[25] 真正的基督教最終必然帶來真正的自由，既包括個人的自由，也包括政治的自由。改革宗神學之所以強調上帝的主權和律法，是為了明確自由的界限，不僅要抵擋暴君酷吏的侵權，不僅要改變人欺壓人的制度，更是要使人認識到一切個人與社會問題的本源乃在於人性本身的敗壞。因此，沒有聖靈的更新和個人的悔改，沒有基督徒的

[23]　C. Gregg Singer, *A Theological Interpretation of American History* (Vestavia Hills, AL: Solid Ground Christian Books, 2009), p. 17.

[24]　David D. Hall, *The Puritans: A Transatlantic History* (Princeton & Oxford: Princeton University Press, 2019), p. 108.

[25]　See Noll, *Princeton and the Republic 1768-1822* (Vancouver, British Columbia: Regent College Publishing, 1989), p. 96.

美德爲後盾，文化與制度的改良都會流於形式。正如米勒所指出的那樣，人性的敗壞與罪惡導致人對人的壓迫，既然「人性的敗壞是導致各種奴役性的制度的生命和靈魂」，那麼聖靈的果子就是「不僅反對暴政的鎖鏈，也同樣反對無政府主義的放縱」。[26] 眞正的基督徒的學問就是明瞭「道德性的深層框架與社會性的表面框架的關係」。[27]

清教徒雖然承認人具有雙重自由，但他們強調的始終是上帝的約法之下的「公民性、聖約性的自由」，明確地反對「自然性的自由」。清教徒溫斯羅普（John Winthrop, 1588-1649）於 1645 年在馬薩諸塞法院的講話中明確界定說：「自由具有兩重性，首先是自然性的（我是說我們現在的人性是敗壞的），其次是公民性或聖約性的。自然性的自由是人與其他動物都享有的。但是，這種自由，僅僅就人與他人的關係而言，他有自由做他喜歡做的一切，這是一種既可作惡也可行善的自由。這種自由與權威是不相合的，甚至無法忍受最公正的權威所施加的一絲一毫的限制。要行使和保持這樣的自由使人變得越來越邪惡，最終變得禽獸不如。……這是眞理與和平最大的敵人，上帝所設立的一切典章制度都是爲了抵擋、約束和征服此類野獸的。」因此，對於人而言，這種純粹的自然性的自由在事實上是不存在的，人生來就處於上帝的律法的約束之下。不管罪人是否承認上帝的存在，是否願意順服上帝的律法，上帝始終是存在的，上帝的律法始終是有效的，罪人始終出於上帝的律法的管轄

26 See Noll, *Princeton and the Republic 1768-1822*, p. 96.
27 Noll, *Princeton and the Republic 1768-1822*, p. 97.

和審判之下，這是最基本的神學常識。世俗主義所追求的自由就是毛澤東所誇口的「和尚打傘，無法無天」的自由，主張這種並不存在的所謂的「自然性的自由」是危險的，因爲這種無法無天、隨心所欲的自由只能使人放蕩，只能使人走向相互吞咬、一同滅亡的危途。

真正的自由始終是道德性的自由，始終涉及到我們對於上帝及其約法的順服。溫斯羅普分析說：「至於另外一種自由，我稱之爲公民或聖約性的自由，也可以稱之爲道德性的自由，因爲這種自由關涉到上帝與人之間設立的聖約，涉及到對道德律的順服，也關涉到人與人之間訂立的政治性的盟約和憲法。這種自由是權威之所以存在的正確目的和目標，而沒有權威，這樣的自由也無法存續。這是一種只有善良、公義、誠實之人才能享有的自由。……這種自由的存續和行使需要降伏在權威之下，基督使我們所得到的自由就是這樣的自由。」[28] 這種自由既是道德性的自由，也是政治性的自由，不僅關乎到我們對於上帝的順服，也關乎到人與人之間的順服。一些徧狹的基督徒不講政治，當然也不會講道德和律法，最終就會喪失基本的人性與常識，這是非常可悲的。

---

[28] Quoted in Perry Miller, *The Puritan Mind* (Cambridge, Mass.: Harvard University Press, 1954), Vol. I, p. 427.

第二章

加爾文與保守主義

基督教文明博大精深，源遠流長。大而言之，可以說從創世之初上帝就把生養衆多、治理全地、建立文明的使命托付給了人。上帝不僅拯救以色列人出埃及，擺脫埃及法老的專制，更是在西奈山上賜下著名的以「十誡」爲綜述的道德法則，目的就是人能夠建立上帝及其約法之下人人自由的法治文明。在西方基督教文明史上，加爾文堪稱是能夠與奧古斯丁和阿奎那媲美的千年難有的大宗師。在爲紀念加爾文誕辰五百周年而結集的論文中，麥考米斯甚至稱他自己深信加爾文「是自聖保羅以來最偉大的基督教神學家」。[1] 加爾文主義在全世界的廣傳，與加爾文本身的著述和影響是直接聯繫在一起的。

　　能夠稱得上是大宗師的人，不僅自己在靈命和品格上有高深的修養，更是在經學和思想上有卓越的建樹，並且其思想和行爲對當時和後來的社會都產生了深遠的影響。加爾文就是這樣的人物。在他誕生五百周年之際，美國著名《時代》雜誌週刊 2009 年 3 月刊，仍然稱其思想爲目前正在改變全世界最有影響的十大觀念之一。

　　加爾文不僅是歐洲宗教改革時期中堅性、開創性的人物，也是改革宗神學與基督教文明保守主義的奠基者。關於加爾文，當今中國知識分子更多地受文學家茨威格的觀點的

---

[1]　William A. McComish, "Calvin's Children," from David W. Hall, ed., *Tributes to John Calvin: A celebration of His Quincentenary* (Phillipsburg, New Jersey: P&R, 2010), p. 2.

影響，認爲他是「日內瓦的暴君」。這是因爲茨威格本身就是西方左翼知識分子，他所贊同的就是法國大革命式的無神論暴力革命，當然不贊同加爾文在日內瓦施行的宗教改革。[2] 在中文出版界，從正面介紹加爾文的傳記性作品至少有六本先後出現。[3] 可惜至今沒有中國學者自己撰寫的關於加爾文生平和思想的傳記。

筆者 2003 年在牛津大學留學期間的導師麥葛福教授也是從「文明」的角度強調加爾文的貢獻，認爲加爾文「是歐洲歷史上的重要人物，他在西方現代文明的拂曉時期改變了個人和組織的眼界，使其開始具有目前的形式和特徵。」[4] 加爾文不僅僅是一個基督徒、牧師和神學家，[5] 他也是以身作則的道德家、一絲不苟的法學家、注重實際的政治家、才華橫溢的文學家，對基督教、西方文明和人類文明的發展做出了卓越的貢獻。加爾文的思想也直接對藝術和科學的發展作出了巨大的促進性的影響。[6] 世俗學術界所關注的是加爾文對西方文明的影響，教會內部更多的是關注作爲教會人、神學家

[2] 斯蒂芬・茨威格：《異端的權利》（長春：吉林人民出版社，2000 年）。參考余杰：《誰爲神州理舊疆？》》（臺北：基文社，2010 年），64-68 頁。

[3] 茜亞・凡赫爾斯瑪：《加爾文傳》，王兆豐譯（北京：華夏出版社，2006 年）；墨尼爾：《加爾文的生平》，許牧世譯（香港：基督教文藝出版社，〔1970 年〕2009 年）；帕爾克：《加爾文傳》，王怡方、林鴻信譯（臺北：道聲出版社，2003 年）；山姆・魏樂曼：《加爾文》，董加範譯（臺北：天恩出版社，2007 年）；《改教家加爾文——加爾文 500 周年紀念（1509-2009），趙忠輝譯，改革宗出版社編輯部編訂（臺北：改革宗出版有限公司，2008 年）；道格拉斯 . F. 凱利：《自由的崛起：16-18 世紀，加爾文和五個政府的形成》，王怡、李玉臻譯（南昌：江西人民出版社，2008 年）。

[4] Allister McGrath, *A Life of John Calvin* (Cambridge, MA: Basil Blackwell LtD., 1990), xi.

[5] Randall C. Zachman, *John Calvin as Teacher, Pastor, and Theologian: The Shape of His Writings and Thought* (Grand Rapids: Baker, 2006).

[6] See William Edgar, "The Arts and the Reformed Tradition," in *Calvin and Culture*, pp. 40-68; and Kuyper, "Calvinism and Science," "Calvinism and Art," in his *Lectures on Calvinism*, pp. 110-170.

和牧師的加爾文，本文則爭取兼顧兩個角度，因為加爾文神學的精髓就是個人得救與社會負擔、福音使命與文化使命的共融。[7] 因此，考察西方基督教文明與保守主義，加爾文是一個不可逾越的歷史性人物。

一、人文主義者

加爾文首先是一個人文主義的學者，真正的保守主義者始終注重人文的涵養。沒有文藝復興在學術上的預備，就沒有後來的宗教改革和社會變革。[8] 加爾文是宗教改革的大師，但他首先是文藝復興之子。他之所以成為影響教會和世界歷史的大宗師，是和他所接受的嚴格的人文訓練分不開的。語言、邏輯、修辭和哲學是基本的思維工具。對於思想家而言，缺乏這些基本的工具性裝備，就無法返本開新，繼往開來。

在宗教和文明史上，有兩種先知先覺式的人物。一是直接領受上帝的啟示的人，比如聖經中所記載的摩西、以賽亞、保羅等，他們所寫的文字成為聖經正典的一部分，他們都是特殊性的先知；二是一般性的先知，他們沒有直接領受上帝的啟示，而是針對已經結集成典的聖經進行注釋和講解，這種先知性的人物就是我們常說的神學家或經學家。[9]

7　在本書中，「加爾文神學」、「加爾文主義」、「加爾文宗」和「改革宗」四個詞通用，都是強調受加爾文影響的思想、神學與宗派。

8　William R. Estep, *Renaissance and Reformation* (Grand Rapids: Eerdmans, 1986), xi.

9　William Ames, *The Marrow of Theology*, ed., John D. Eusden (Grand Rapids: Baker, 1997), pp. 182-184.

值得注意的是，要成爲眞正的經學大師，必須接受長期的、系統的人文訓練，這並不是靠忽然之間的頓悟就能夠做到的。因此，沒有接受任何人文訓練的人，也可以聲稱自己直接得到上天的啓示，這種聲稱往往是不可靠的。中世紀歐洲盛行「神祕主義神學」所提倡的就是這種能夠以愛爲捷徑的人與上帝的直接相遇。在這種神祕性的直接相遇中，神祕主義者更多的是傾向於聲稱自己是「以基督爲中心」，因爲他們不容易聲稱直接見到聖父上帝和聖子上帝，聖經中沒有任何一個地方詳細描述這兩個位格的形像，對耶穌基督的形像則有直接的描述，特別是祂被釘十字架的形像。因此，中世紀很多神祕主義者都是聲稱自己與耶穌基督有直接的相遇。[10] 然而，要成爲眞正的經學大師，則不僅需要心靈的頓悟和直觀，長期的、嚴謹的人文訓練是必不可少的基本功。

　　加爾文於 1509 年出生，1523 年以 14 歲進入巴黎大學深造，先後在馬奇學院和孟太古學院學習，長達四年之久，攻讀拉丁文，研讀包括亞里斯多德在內的希臘哲學，並且 18 歲拿到文學碩士學位。他當時的拉丁文導師考迪爾（Mathurin Cordier, 1480-1564）是現代教學法的創始人之一，他編寫的有關教材被沿用了長達三個世紀之久。考迪爾把加爾文帶進人文主義的世界，贏得了加爾文的友誼和忠誠。1559 年，經加爾文邀請，他最終也加盟日內瓦學院。[11] 1528 年加爾文根據父親的意願轉到奧爾良大學法學院攻讀法律，

10　See Steven Ozment, *The Age of Reform 1250-1550: An Intellectual and Religious History of Late Medieval and Reformation Europe* (New Haven and London: Yale University Press, 1980), p. 74-134.

11　See Steven Ozment, *The Age of Reform,* p. 352.

1529 年轉到布吉爾大學，他前後有將近三年的時間研究法律，重點是羅馬法，並且得到了法律碩士學位。1531 年加爾文轉回巴黎大學，繼續修讀人文學科，研究希臘文、希伯來文和拉丁文經典。[12] 他在注釋《哥林多前書》14 章 11 節說明「言以達意」的時候，直接訴諸亞里斯多德《解釋學》，這說明他非常熟悉亞里斯多德的作品。[13] 基督教文明與歐美保守主義的重要特色就是對希臘哲學和希伯來宗教的注重，這就是我們通常所說的「兩希文明」。作爲學者，不管是主張常識性、世俗化的保守主義，還是學院派、宗教性的保守主義，沒有對柏拉圖、亞里斯多德爲代表的希臘哲學的涉獵甚至精通乃是不可思議的。

加爾文在古典語言、哲學和法律上都有高深的造詣。他的第一部著述就是 1532 年發表的《論辛尼加的寬仁》，就是拉丁文著作，考察了與耶穌同時代、著名羅馬斯多葛哲學家辛尼加的作品。在這一著述中，加爾文已經開始旗幟鮮明地強調：「君王絕不在律法之上，而是律法在君王之上。」[14] 加爾文是在 1534 年的時候經歷「突然的歸正」。[15] 可以說，在歸正成爲新教徒之前，加爾文就已經領受了當時西方文化中已經確立的法治與平等思想。這種法治與平等思想，乃是歐美保守主義的精髓。法治所保障的是上帝之下個人的自由，同時也強調人在上帝及其律法面前地位上的平等。加爾文在奧爾良大學學習法律期間非常刻苦，可以說是廢寢忘

12　參考墨尼爾，《加爾文的生平》，75-78 頁；帕爾克，《加爾文傳》，37-78 頁。

13　Calvin's Commentary on 1 Corinthian 14:11 with a reference to Aristotle's *De Interpretation*.

14　Harro Hopfl, *The Christian Polity of John Calvin*, p. 16.

15　Calvin's Preface on the Commentary of the Psalm.

食。在其繼承人伯撒爲他所作的傳記中，伯撒說：「毫無疑問，他這樣長期讀書到深夜，爲他研究聖經奠定了深厚的學術功底，也幫助他形成了非凡的記憶力，這在他後來的生活中非常明顯。但是，長期苦讀，挑燈夜戰，也極大地損害了他的身體健康。」[16]

因此，當今著名政治史學家史金納認爲，追本溯源，不管是路德宗人士，還是加爾文宗人士，在政治和道德思想上，都是依賴「源自研究羅馬法和經院主義道德哲學所得來的觀念體系。」[17] 從這一點上，我們可以說，十六世紀路德和加爾文所主導的宗教改革並不是橫空出世，而是與中世紀歐洲基督教文明保持了極大的延續性。很顯然，沒有人文主義的素養，沒有對經典文本的研究，要創造性地繼承過去的文化遺產乃是不可能做到的。因此，霍爾總結說：加爾文「所接觸的是當時最優秀的老師。他所受的教育使他一生受益無窮，這些大師的熏陶是無比寶貴的。」[18] 所謂的自學成才不過是自欺欺人，真正的巨人永遠是自覺地站在前人的肩膀上。不管是直接領受老師的教訓，還是透過閱讀而間接繼承，人類文明的火焰始終是透過傳統和教育而代代相傳、不斷進步的。

加爾文在解釋聖經的時候不僅參考同時代的經典之作，更是時時直接查考初期教父們的作品，特別是奧古斯丁、金

---

16 Theodore Beza, *The Life of John Calvin* (Durham, England: Evangelical Press, [1564] 1997), p. 20.

17 Quentin Skinner, *The Foundations of Modern Political Thought* (Cambridge: Cambridge University Press, 1978), Vol. I, Preface, xv.

18 David W. Hall, *Calvin and in the Public Square*, p. 49.

口約翰（屈梭多模）、優西比烏、耶柔米和俄利根等人的作品。[19] 很顯然，加爾文所受的嚴謹的人文訓練對他的解經有著至爲重要的影響。這種人文訓練使他能夠運用自如地從希臘和拉丁教父著作、中世紀解經家、猶太解經家中吸取滋養，[20] 當然他更是從文法、修辭、邏輯、歷史等各個方面嚴格地考察聖經文本。因此，五百年之後，加爾文撰述的聖經釋論仍然是西方基督教學者和牧師常常參考的經典著述。

人文主義運動的口號就是「回到本源」，注重古典作品。當今著名經院主義神學大師瑞慕樂在談及加爾文研究時甚至強調說：「只要還有文本，就還有希望。」[21] 這也是筆者多年來雖然牧會工作繁重，但仍然堅持翻譯和寫作的主要動力。加爾文對希臘文和希伯來文的嫻熟使得他能夠直接回到聖經原本，對聖經進行獨立的研究。同時，作爲人文主義學者，加爾文在其一生中也非常注重打造經典之作，他對《基督徒敬虔學》一書的修訂前後有五次之多，使其最終成爲基督教神學歷史上罕有的經典之作。因此，華腓德說加爾文始終是一位「文人」和「學者」。[22] 范泰爾則稱加爾文爲卓越「文化神學家」。[23] 筆者在此認爲完全可以稱加爾文爲奠定西方近現代文明的「文明神學家」。加爾文的一生絕不是僅僅躲在教堂和神學之中，而是直接透過言傳身教而參與教會與

[19] See T. H. L. Parker, *Calvin's New Testament Commentaries* (Grand Rapids: Eerdmans, 1971); and David Steimetz, *Calvin in Context* (Oxford: Oxford University Press, 1995), pp. 122-140.

[20] See Anthony N. S. Lane, *John Calvin: Student of the Church Fathers* (Edinburgh, Scotland: T&T Clark Ltd., 1999).

[21] Richard A. Muller, *The Unaccommodated Calvin*, Preface, viii.

[22] B. B. Warfield, *Calvin and Calvinism* (Grand Rapids: Baker, 2000), p. 5.

[23] Henry R. Van Til, *The Calvinistic Concept of Culture* (Grand Rapids: Baker, 1959), p. 89.

社會、學術與文化的更新，直接參與基督教文明與國家的建立，這是當今基督教牧者和知識分子特別應當學習的。

二、經學家和律法師

其次，加爾文是上帝聖言的僕人，他對律法和福音的解釋直到今天仍然是巔峰性的經典之作。當然，最常見的是稱加爾文是著名的「神學家」。其實。「神學家」這種稱呼本身就是來自希臘哲學，而不是來自聖經。

新約聖經當然也繼承了這一傳統，因此新約聖經中經常出現的是「文士」和「律法師」，沒有在任何一個地方提及「神學家」。「文士」也就是中國文化中所說的「經學家」，這也是目前聖經「新譯本」和「恢復本」所採納的翻譯。[24]經學家注重研究、注釋、講解聖經的文本；「律法師」則注重研究對上帝所啓示的律法的解釋，尤其是律法書在現實生活中的具體應用。要「用得合宜」，關鍵是要作出合宜的解釋。對經文和律法的解釋在聖經中具有至關重要的地位。對於猶太人而言，最重要的不是哲理性、思辨性的「神學」，而是對聖經，尤其是對律法書的解釋和教導，從而使人明白聖經，尤其是明白律法書的含義和應用。[25]

---

[24] 《聖經新譯本》，中文聖經新譯會（香港：環球聖經公會有限公司，2002 年），1056 頁；《新約聖經恢復本》，李常受主譯（水流執事站，2000 年），34 頁；另外，《新約聖經中文標準譯本》（國家霍爾曼聖經協會，2008 年），9 頁，翻譯爲「經文士」。筆者認爲翻譯爲「經學家」更合乎聖經原意和中文表達。
[25] See Moses Maimonides, *The Guide for the Perplexed*, trans. M. Friedänder (New York: Barnes & Nobles Books, 2004).

加爾文在 1564 年 5 月 27 日去世，享年 54 歲。1564 年 4 月 25 日他在向公證人口述自己的遺囑的時候，強調自己是「日內瓦教會中上帝聖言的僕人」。他認為自己的使命就是以純正的形式宣講上帝的聖言，按照正意分解上帝的真道，方式就是寫作和講道。[26] 加爾文強調：「如果不成為聖經的學生，任何人都不會明白那真正的使人得救的教義，哪怕是一丁點都不能。」[27] 因此，加爾文神學的目的不是揭開各種人為的哲學的奧秘，而是讓人明白聖經中上帝所啟示的「基督的哲學」。[28] 當初加爾文一開始撰述《基督徒敬虔學》的目的就是為大家提供一本讀經指南；在他一生的最後階段，他把自己一生所理解的聖經中所包涵的基本真理囊括在這一四卷本巨著中，其目的仍然不是要取代聖經，更不是標新立異，而是系統、深刻、全面地指導人明白聖經的內容，為人們掃清各種異端思想的障礙。

　　加爾文強調聖經的統一性，尤其是強調舊約聖經的重要性，因為在耶穌基督和眾使徒侍奉的時代，他們所用的「聖經」就是由律法書、先知書和聖卷三部分組成的希伯來文聖經。今日很多教會中盛行的是初期教會中出現的馬吉安異端的教訓，這種教訓的特徵就是拆毀聖經的連貫性與合一性，把舊約聖經與新約聖經、律法和福音、耶穌與耶和華對立起來，其集中體現就是貶低、廢除上帝的律法。[29] 這絕不是大

26　Wulfert de Greef, "Calvin's Understanding and Interpretation of the Bible," from Martin Ernst and Sallmann, ed., *John Calvin's Impact on Church and Society*, p.67.

27　加爾文，《基督徒敬虔學》，1 卷 6 章 2 節。

28　Wilhelm Niesel, *The Theology of Calvin*, trans. Harold knight (Grand rapids: Baker, 1980), p. 24.

29　參考林榮洪，《基督教神學發展史（一）：初期教會》（香港：中國神學研究院。1995 年），60-65 頁。

公教會的正傳，當然更不是加爾文以及其他改教領袖的教訓。相反，加爾文明確認為，耶穌基督並不是新的賜律者，而是已經領受上帝的律法的解釋者，耶穌基督完全認同律法書的權威。[30]

與舊約聖經相比，新約聖經並沒有包含任何新的東西。耶穌基督明確強調自己來不是要廢掉律法和先知，乃是要成全。保羅所傳講的福音仍然是上帝透過舊約眾先知所應許的福音。因此，新約使徒們的著述不過是對律法書和先知書的正確解釋。[31] 格里夫強調：「在加爾文對聖經的認識中，舊約聖經絕不從屬新約聖經。相反，事實上，舊約聖經是新約聖經所賴以存在的根基。」[32] 在解釋舊約聖經的時候，加爾文也不像今日眾多膚淺的福音派神學家所高喊的那樣──「以基督為中心來看待舊約聖經」，或者「以新約聖經為標準來看待舊約聖經」。[33]

加爾文不是唯獨從新約聖經的角度來分析，更不會認同賈玉銘那種機械化的極端性的強調「以耶穌為中心」：「耶穌是宇宙的中心；歷史的中心；教會的中心。信徒的中心；更是聖經的中心。全部聖經是以耶穌為中心，每卷每章亦莫不以耶穌為中心；在每卷每章裡，若未看見耶穌，即無所見。」[34]

---

[30]　See Calvin's Commentary on Matthew 5:17.

[31]　Calvin' Commentary on 2 Timothy 3:17.

[32]　Wulfert de Greef, "Calvin's Understanding and Interpretation of the Bible," from Martin Ernst and Sallmann, ed., *John Calvin's Impact on Church and Society*, p.71.

[33]　See Dennis E. Johnson, *Him We Preach: Preaching Christ from All the Scripture* (Philipsburg: P&R, 2007); Graeme Goldsworthy, *Preaching the whole Bible as Christian Scripture: The Application of Bible Theology to Expository Preaching* (Grand Rapids: Eerdmans, 2000); and Edmund P. Clowney, *Preaching Christi in All of Scripture* (Wheaton: Crossway, 2003).

[34]　賈玉銘，《聖經要義》(中國基督教協會出版，1997 年)，卷一，14-15 頁。

加爾文按照整個聖經的啓示，跟隨以《使徒信經》爲代表的大公教會的正傳，始終是以上帝爲中心，而不是片面地高舉上帝的一個位格，尤其是把上帝的第二個位格耶穌基督和第三個位格聖靈提升到第一位格之前，這樣顯然違背上帝三個位格之間內在的本有的次序。因此，在解釋舊約聖經的時候，只有在確實有理由參照新約聖經能夠更好地理解有關經文的時候，他才會訴諸新約聖經。[35] 正如清教徒神學院院長周必克牧師所指出的那樣，如果用一個概念來概括加爾文主義，那就是「以上帝爲中心」，即「神本主義」。[36]

在新舊約聖經之間的關係上，加爾文不僅強調舊約聖經在聖經成典過程中的優先性、顯明福音和基督方面的整全性，並且更多的是強調舊約聖經和新約聖經之間的連貫性、統一性和互補性，而不是中斷性、差異性和衝突性。[37] 在加爾文對舊約聖經的注釋中，耶穌基督的名字並不是經常性地提到，他雖然始終強調耶穌基督是上帝與人之間的獨一中保，但毫無疑問加爾文的解經是「以上帝爲中心」的解經，[38] 而不是現代福音派所片面強調的「以基督爲中心」。[39] 因此，研究加爾文神學的專家一致承認，「唯獨『上帝的榮耀』這一思想貫徹整個的加爾文神學，也爲理解加爾文神學提供

---

[35] Wulfert de Greef, "Calvin's Understanding and Interpretation of the Bible," from Martin Ernst and Sallmann, ed., *John Calvin's Impact on Church and Society*, p. 80.

[36] Joel R. Beeke, *Living for God's Glory: An Introduction to Calvinism* (Orando, Florida: Reformation Trust Publishing, 2008), p. 40.

[37] 加爾文，《基督徒敬虔學》，2 卷 10-11 章。

[38] Wulfert de Greef, "Calvin's Understanding and Interpretation of the Bible," from Martin Ernst and Sallmann, ed., *John Calvin's Impact on Church and Society*, p. 87; and Joel R. Beeke, *Living for God's Glory: An Introduction to Calvinism* (Lake Mary, FL: Reformation Trust, 2008), pp. 40-46.

[39] 柴培爾，《以基督爲中心的講道》，賀宗寧譯（E. Brunswick, NJ: 更新傳道會，2010 年）。

了眞正的鑰匙。」[40]

加爾文在 1540 年發表《羅馬書注釋》，1563 年發布《摩西律法合參》，他寫的最後一部注釋書是《約書亞記注釋》，在 1564 年他逝世後出版。關於《以西結書》的講稿只完成了二十章，於 1565 年由伯撒代爲出版。他沒有注釋的書卷是：《撒母耳記上下》、《列王紀上下》、《歷代志上下》、《以斯拉記》、《尼希米記》、《以斯帖記》、《約伯記》、《箴言》、《傳道書》、《雅歌》和《啓示錄》。另外，加爾文還留下了大量的論文、講稿、講章和書信。[41]

從聖經和教會歷史的角度來看，眞正的經學家也必然是律法師。與走向神祕主義路徑的東方神學相比，西方神學一直是法理型的神學。普蘭丁格在分析改革宗信條的時候強調：「我們大多數的教義和神學都是由受過法學訓練的人撰寫的。特土良和加爾文就是著名的例證。西方神學的思路始終是法理性的思路，本能性地受那些以法理性詞匯和概念爲框架的宗教理論的吸引。」[42] 中國教會之所以一直未得西方基督教神學之精華和精髓，有兩大原因，一是缺乏哲學的素養和經院主義的嚴謹訓練，二是缺乏基本的法學訓練和常識，最終都會不同程度地陷入到反智主義與反律主義的泥潭之中。被稱爲中國家庭教會三大柱石的王明道、宋尙節和倪柝聲都是如此，雖然他們都是上帝興起並重用的僕人，但在神學思維和教會建造上都未進入西方基督教的主流和正傳之列。這是今日中國教會必須反思的。

40　See Wilhelm Niesel, *The Theology of Calvin*, p. 16.

41　See W. de Greef, *The Writings of John Calvin*, pp. 89-120.

42　Cornelius Plantinga, JR., *A Place to Stand: A Reformed Study of Creeds and Confessions*, p.81.

加爾文是出類拔萃的經學家，當然也是出類拔萃的律法師，也就是今日所說的法學家。今日教會強調加爾文是著名的神學家，認爲加爾文最具有代表性的作品就是《基督徒敬虔學》，其實這是一個巨大的誤解。加爾文進入教會侍奉的入門之作就是《基督徒敬虔學》，這本書的寫作目的是簡略地向研讀聖經的人介紹聖經中所啓示的基本眞理。加爾文最成熟和細膩的思想是在他的聖經注釋和講道中，尤其是他最晚期、最重要、最成熟的作品《摩西律法合參》。

　　這本書在 1563 年出版拉丁文版本，1564 年加爾文又親自翻譯爲法文出版，可見他對這本書的高度重視。[43] 在這本書中，把《出埃及記》到《申命記》所出現的所有誡命都分類放在十誡之下，一一進行辨析。他最重要的講道集就是 1555 年至 1556 年多達二百篇的《申命記講道》，他詳細地講解了上帝的聖約和律法及其在個人生活以及日內瓦共和國社會和政治生活中的應用。[44] 這本書在 1583 年翻譯爲英文出版，先後有三個版本出現，對英國和美國基督教文化的發展產生了重要的影響。加爾文對上帝的律法這種全面而精深的研究和講解，在基督教歷史上可以說是空前絕後的，更是我們習慣了反律主義的中國教會特別需要學習和領受的。

　　加爾文不僅對於上帝的律法有詳盡的注釋和講解，並且也作爲法學家直接參與了日內瓦教會的立法和審判。他在 1541 年重返日內瓦之後馬上制定了《教會律例》、1542 年

43　W. de Greef, *The Writings of John Calvin*, trans. D. Bierma (Grand Rapids: Baker, 1993), pp. 105-106.

44　John Calvin, *Sermons on Deuteronomy* (Edinburgh: The Banner of Truth Trust, [1583] 1987); and *The Covenant Enforced: Sermons on Deuteronomy 27-28*, ed. James B. Jordan (Tyler, Texas: Institutes of Christian Economics, 1990).

制定《教會聖職法》、1543 年《教會聖職與職員法》，他還爲教會和國家制定了憲章。他先後參與制定的新律令有一百多個，範圍涉及到婚姻、子女、社會福利、公共道德、教育等各個方面。在民法、刑法和程序法三大方面，加爾文都爲後人留下了綱要。他也留下了大量的解決教會和社會爭議的法律建議，並且親自作爲審判官與日內瓦教會的長老會審理了成千上萬當時教會可疑的案件。[45] 在今日習慣了反對政治參與的華人教會中，加爾文這樣的牧師多半要受到勸懲甚至開除的處分！缺乏合乎聖經的政治意識，缺乏合乎聖經的政治思想，當然也缺乏合乎聖經的政治參與，這也就是中國社會始終不能走出專制暴政的陰影，教會始終在地下、邊緣和受苦狀態徘徊不前的深層原因之一吧。

其實，在以加爾文爲代表的整個改革宗神學傳統中，律法與福音的平衡是一個核心性的問題。這種平衡絕不是希臘哲學中的二分法，而是回到聖經中所啓示的模式。根據加爾文的理解和綜述，這個模式就是「律法－福音－律法」的模式。這個模式最早出現在 1536 年第一版《基督徒敬虔學》中，他在第一章就開始闡釋上帝的律法，在第二章到第五章則詮釋了以上帝爲中心，以基督爲中保的基督教信仰，在最後一章，則重新回到律法，考察基督徒的自由以及教會和國家的治理。在加爾文 1537 年以法文所轉述的第一個教理問答中，他更是明確地強調上帝首先使用律法來使我們知道祂對罪的震怒以及我們在罪中的軟弱無能，然後他談及在基督

45　See John Witte Jr., "Calvin the Lawyer," in *Tribute to John Calvin*, ed., David W. Hall, pp. 34-35.

裡因信稱義，最後談及「我們透過信心分別爲聖，從而遵行上帝的律法」。[46] 毫無疑問，不管是在個人生活，還是在教會治理和政治生活中，加爾文所提倡的都是聖經中所啓示的「法治」的原則。[47]

總之，正如霍爾所總結的那樣：「加爾文主義者並不是律法主義者，但他們確實欽慕上帝的律法所包含的那種完全與智慧，他們信靠上帝的律法甚於信靠他們自己。」[48] 正是因爲強調上帝的主權和律法，強調教會和國家都在上帝的主權和約法之下，加爾文也在最大程度上拓展了基督徒個人的自由，正如范泰爾所指出的那樣：「加爾文在其基督徒自由論中宣告，基督徒在其良心中唯獨向上帝負責，向上帝交帳，這樣基督徒就脫離了教會和國家的轄制，得享大範圍的自由。因此，這種基督徒自由論在加爾文的文化哲學中具有一種奠基石的地位和功用。」[49]

三、基督教公共知識分子

加爾文是基督徒、牧師、神學家和法學家，當然是眞正意義上的公共知識分子，他所關注的不僅是聖而公的教會，也包括政治、法律、經濟、教育和藝術方面。

---

[46] I. John Hessenlink, *Calvin's First Catechism: A Commentary* (Louisville, Kentucky: Westminster John Knox Press, 1997), pp. 1-38.

[47] See John Witte Jr., "Calvin the Lawyer," in *Tribute to John Calvin*, ed., David W. Hall, pp. 53-58.

[48] David W. Hall, *The Legacy of John Calvin, His Influence on the Modern World* (Philipsburg: P&R, 2008), p. 20.

[49] Henry Van til, *The Calvinistic Concept of Culture* (Phildelphia: Presbyterian and Reformed, 1959), p. 99.

當然，真正的公共知識分子首先是良知分子，他們必須有自己獨立的良心，不為任何政治、經濟的利益所驅使，也不受任何當下文化潮流的影響，特立獨行，高瞻遠矚，永遠以傳講真理為己任。因此，真正的知識分子也必然是公共知識分子，就是「位卑未敢忘憂國」，勇敢地擔負起為天下立言、立德、立功的責任來。也只有那種能夠以天下為己任的宗教情懷才能促使真正的知識分子一生一世保持自己特立獨行的浩然正氣。現代國家主義者容不下人任何「第二種忠誠」，他們把國家視為「獨一的立法權力和獨一的忠誠對象」。[50] 我們當然要愛生養我們的國家、土地和文化，但我們不可受那種狹隘的現代國家主義的局限，更不能以「國家」、「政黨」或「主義」之名，不講真理，踐踏他人在人格和財產方面的基本權利。

　　加爾文在 1541 年返回日內瓦之後，與日內瓦小議會的領袖協商，鼓勵他們對教會和社會做出重大的改革。小議會的領袖們傾力支持，不僅批准了加爾文所提出的改革教會制度的草案，甚至委託他帶領一個委員會為日內瓦共和國重新設計憲法。[51] 因此，霍爾總結說：「在聖經成典之後的各個神學家中，極少有人，假如說還有的話，在對社會的影響上，比加爾文對公共廣場的影響更廣泛。」[52] 維特總結說：「加爾文主義者所倡導的宗教改革所改變的不僅是基督教神學和教會，也包括了法律和國家。」[53]

---

[50] Quentin Skinner, *The Foundations of Modern Political Thought*, Vol. II, p. 351.

[51] E. William Monter, *Calvin's Geneva* (New York: John Wiley and Sons, 1967), p. 72.

[52] Hall, *Calvin in the Public Square*, p. 96.

[53] John Witte Jr., "Law, Authority, and Liberty in Early Calvinism," in *Calvin and Culture*, p. 17.

對於加爾文來說，「教會領袖必須大聲宣告暴政是不公義的，必須大聲呼求專橫的執政官應當爲他們濫用權力作出悔改，回歸他們當盡的政治職責，恢復信徒公共敬拜的自由。」[54] 在與墨蘭頓的通信中，加爾文甚至明確主張基督徒「必須勇敢地爲自由吶喊」。[55] 因此，加爾文所主張的敬虔是行動的敬虔，加爾文所主張的屬靈是行動的屬靈，絕不是那種利用聖經和信仰來逃避現實、政治和行動的虛無飄渺的假敬虔和假屬靈。

加爾文強調上帝在聖經中所明確啓示的客觀的、絕對的聖言乃是眞理的標準，這就使得他的思想從根本上擺脫了宗派主義的局限；加爾文強調信徒當在這個世界上忠於上帝賜給自己的天職，在自己的工作崗位上榮耀上帝，這就使得基督教從根本上擺脫了來自希臘哲學的那種聖俗二分、沉浸在神祕主義之中、從而脫離世界的逃避主義的傾向。因此，就連盧梭這樣的人在其《社會契約論》一書中也不得不承認：「那些認爲加爾文僅僅是神學家的人，並沒有認識到他的天才的廣度。我們目前各種智慧的法律的編撰，在很大程度上是加爾文完成的，這一工作的貢獻正如他的《基督徒敬虔學》一樣巨大。……只要對國家和自由的熱愛在我們中間還沒有滅絕，我們就會以敬仰之心記念這位宗師巨匠。」[56]

---

[54] John Witte Jr., "Law, Authority, and Liberty in Early Calvinism," in *Calvin and Culture*, p. 22.

[55] John Calvin, Letter to Melanchthon (June 28, 1545), from John Witte Jr., "Law, Authority, and Liberty in Early Calvinism," in *Calvin and Culture*, p. 22.

[56] *Du contrat social* (1762), 2, 7n., in Jean-Jacques Rousseau, *The Social Contract and Discourse on the Origin of Inequality*, ed., Lester G. Crocker (New York: Pocket Books, 1967), 44n.

四、加爾文與改革宗神學的特色

　　加爾文以及受其影響的改革宗神學的主要特色就是程度上的深刻和內容上的全面。此處我們把加爾文及其思想放在一個宏觀性的歷史過程中，加爾文既繼承了以奧古斯丁和阿奎那為代表的教父和中世紀神學家的思想，同時加爾文之後認同他的思路的人也繼續把他的思想加以繼承並發揮。[57]

1、深刻的哲學洞見

　　在基督教陣營中，只有天主教和基督教改革宗發展出了自己的哲學體系，有自己明確的獨特的認識論體系。因此，在基督教文明保守主義陣營中，也只有天主教和改革宗陣營的人才能提出比較系統的思想。在《基督徒敬虔學》中，加爾文在提及「哲學」的時候似乎總是消極的，因為此處他所指的「哲學」乃是以「自法性的理性」為標準，偏離上帝的啟示和律法的思辯性哲學。[58] 對於加爾文而言，「基督教哲學」必須降服在聖靈的引導之下，並且謙卑地放棄自己的一切成見，接受上帝在自然和聖經中的啟示。[59] 加爾文的哲學

---

[57] See Ben A. Warburton, *Calvinism: Its History and Basic Principles, Its Fruits and Its Future, and Its Practical Application to Life* (Grand Rapids: Eerdmans, 1955); H. Henry Meeter, *Calvinism: An Interpretation of Its Basic Ideas* (Grand rapids: Zondervan, 1939); John T. McNeil, *The History and Character of Calvinism* (New York: Oxford University Press, 1954); and H. Henry Meeter, *The Fundamental Principles of Calvinism* (Grand Rapids: Eerdmans, 1930).

[58] See Charles Partee, *Calvin and Classical Philosophy* (Louisville, Kentucky: Westminster John Knox Press, 2005).

[59] 參考加爾文，《基督徒敬虔學》，3 卷 7 章 1-3 節；以及 Herman Bavinck, *The Philosophy of Revelation* (Whitefish, MT: Kessinger Publishing, 2008).

思想在杜伊維爾、[60] 范泰爾、[61] 魯斯德尼、[62] 邦森、[63] 弗蘭姆[64] 等人的著述中發揚光大，成爲巍然可觀的哲學體系。

這一哲學體系的核心可以從四個方面概括：（1）前提論：任何人的思維都是從不證自明的前提出發的；基督徒必須自覺地以上帝所啓示的無謬的聖經爲自己認知性的前提和標準，以聖經中所啓示的三位一體的上帝爲本體性的中心和權威；基督徒與非基督徒之間的對立不是保守主義與進步主義的對立，甚至也不是右派與左派之間的對立，乃是「宗教性的對立」，這種宗教性的對立尤其體現在對於上帝及其啓示的心態上。[65]

（2）聖約論：上帝是無限偉大的上帝，人在上帝面前是無限渺小的受造物，因此人靠自己的理性根本不能認識上

---

[60] Herman Dooyeweerd, *A new Critique of Theological Thought*, trans. David H. Freeman and William S. Young (Philipsburg: The Presbyterian and Reformed Publishing Company, 1953), 4 vols. and *In the Twilight of Western Thought: Studies in the Pretended Autonomy of Philosophical Thought* (Nutley, New Jersey: The Craige Press, 1968).

[61] Cornelius Van Til, *The Defense of the Faith* (Philipsburg, New Jersey: Presbyterian and Reformed Publishing Co., 1955); *Common Grace and Gospel* (Philipsburg, New Jersey: Presbyterian and Reformed Publishing Co., 1977); and *A Christian Theory of Knowledge* (Philipsburg, New Jersey: Presbyterian and Reformed Publishing Co., 1969).

[62] Rousas John Rushdoony, *By What Standard? An Analysis of the Philosophy of Cornelius Van Til* (Vallecito, CA: Ross House Books, 1995) ; The One And The Many: Studies in The Philosophy of Order and Ultimacy (Vallecito, CA: Ross House Books, 1983); *This Independent Republic: Studies in the Nature and Meaning of American History* (Nutley, N.J.: Craig Press, 1964); *Intellectual Schizophrenia: Culture, Crisis, and Education* (Vallecito, CA: Ross House Books, 1961); *Politics of Guilt & Pity ; The Biblical Philosophy of History* (Vallecito, CA: Ross House Books, 1995); *The Word of Flux: Modern Man and the Problem of Knowledge* (Vallecito, CA: Ross House Books, 1965); and *Revolt Against Maturity: A Biblical Psychology of Man* (Vallecito, CA: Ross House Books, 1987).

[63] Greg L. Bahnsen, *Theonomy in Christian Ethics* (Nacogdoches, TX: Covenant Media Press, 2002); and *By This Standard: The Authority of God's Today* (Powder Springs, Georgia: American Vision, 2008); *Pushing the Antithesis* (Powder Spring, GA: American Vision, 2007).

[64] John Frame, *The Doctrine of the Knowledge of God* (Philipsburg: P&R, 1987); and *The Doctrine of Christian Life* (Philipsburg: P&R, 2008).

[65] Dooyeweerd, *Roots of Western Culture*, p. 73.

帝。我們之所以能夠認識上帝，是因爲上帝俯就我們，向我們顯明祂的屬性和旨意，這種顯明的方式乃是透過立約的方式實現的。聖經就是上帝與我們立約的文本和歷史記載。我們或是守約者，或是違約者。我們在亞當裡都違背了上帝的聖約，只有透過耶穌基督這聖約的中保（也就是保證人）代替我們履行上帝的聖約，我們才能與上帝和好。因此，上帝與個人之間是聖約性的關係，同時婚姻、教會和國家的成立與參加也當透過立約的形式由雙方自願結合。

（3）神法論：從本體的角度而言，任何受造物都處於上帝的律法之下；從倫理的角度而言，我們作爲受造物遵守上帝的律法是理所當然的；人的最大的悖逆就是試圖以自己的理性爲終極性的立法者和審判者；基督徒當自覺地以上帝所啓示的律法爲治理的工具和順服的標準。

（4）世界觀：終極而言，任何人都是宗教性的，都有自己的人生意義和終極關懷；同時，任何人也都有根據自己的宗教信仰所建立的涵蓋生活各個方面的世界觀；基督徒應當自覺地以上帝所啓示的聖經爲終極標準建立整全的世界觀，並積極地根據這種世界觀來影響周圍的世界。

2、對上帝的深刻認識

加爾文所強調的是「上帝的主權」。「上帝的絕對主權」乃是貫穿加爾文思想的「基本原則」。[66] 正如奧古斯丁所強調的那樣：「罪人恨惡所有人在上帝之下的平等，仿佛他自己

66　H. Henry Meeter, *The Fundamental Principles of Calvinism*, p. 75.

就是上帝一樣，他所熱衷的就是把自己的主權強加在自己的
同胞身上。」[67]

　　當然，這種強調並不是強調抽象的概念，而是強調上帝
在這個世界上，在具體的歷史過程中掌權。強調上帝的主
權，主要集中在強調上帝在世界中所設立的次序，這一次序
「涵蓋各種各樣的社會關係的框架性原則，確保社會各個領
域在內的本性。」[68] 在政治領域中，這就意味著「上帝是至
高無上的統治者，不管是政府，還是被統治的，都當毫不動
搖地順服上帝，而上帝的律法就是規範性的標準。」[69]

　　歷史學家帕勒姆承認，加爾文「強調上帝的主權和個人
對其他權威的抵抗權，確實在極大程度上抑制了君王的權
力，增加了民選代表的權威。」[70] 這個世界是上帝創造的，
也是上帝維繫的，並且最終的方向就是上帝的旨意的成全。
正是因為強調上帝的主權，地上任何個人和組織，包括國家
在內，都不能聲稱自己具有至高無上的主權。

　　加爾文對上帝主權的強調，使得世界上一切由有限且有
罪的人所組成的組織，包括家庭、教會和國家在內，都不得肆
無忌憚地聲稱自己具有不受限制、不可干預的絕對主權，[71] 世上
一切權力都必須處於上帝及其律法之下（*sub Deo et sub lege*），[72]

---

[67]　Augustine, *The City of God*（New York: Doubleday, 1958）, p. 454.

[68]　Herman Dooyeweerd, *A Critique of Theoretical Thought*, Vol. III, p. 283.

[69]　H. Henry Meeter, *The Fundamental Principles of Calvinism*, p. 91.

[70]　Palm, *Calvinism and the Religious Wars*, p. 32.

[71]　See R. J. Rushdoony, *Sovereignty* (Vallecito, CA: Ross Book House, 2007).

[72]　Hopfl, *The Christian Polity of John Calvin*, pp. 164-66; and Gottfried Dietze, *American's Political Dilemma: From Limited to Unlimited Democracy* (Lanham, Maryland: University Press of America, 1985), p. 172.「在上帝及其律法之下」，這是美國傳統的憲政主義的首要原則，現代美國越來越多地向民主主義發展，其主要原則就是「人民的聲音就是上帝的聲音」（*vox homine vox dei*）。

這從根本上瓦解了世上各種各樣的專制和暴政的理論根基。[73]

3、對人性的深刻洞察

加爾文不僅強調人的有限性，也強調人的有罪性，也就是人的墮落，這種墮落所導致的敗壞即使在已經得救的人身上仍然有殘餘的影響。凱利指出，「政府的統治必須得到被統治者的同意，國家各種權力需要分離和制衡，這些政治原則都是聖經中所啟示的人的墮落這一真理的邏輯推論。人的墮落這一極其嚴肅的教義恰恰是加爾文所強調的。」[74]

透過強調人的墮落這一教義，就使每個人都謙卑在上帝的面前；同時，既然人是墮落的，在家庭、教會和國家生活中，我們就必須透過有效的制度和法律來約束人的敗壞。加爾文主義主張，沒有人能夠在今生達到完全的境界，完美的世界只有在耶穌基督最終二次降臨審判這個世界的時候才能臨到，在此之前，任何試圖透過宗教、政治、法律、科學等手段使個人和社會達到完美境界的主張和努力都不過是烏托邦式的幻想，只能給人帶來更大的幻滅和危害。

因此，個人必須始終不移地依靠上帝的恩典來赦罪，從而得享良心的自由；家庭、教會和國家等由有限且有罪的人組成的任何組織都必須接受聖約和律法在制度上的約束和規範，才能使人最大程度地享受自由。

---

[73] See Paul Marshall, "Calvin, Politics, and Political Science, " in *Calvin and Culture*, pp. 148-151.
[74] Kelly, *The Emergence of Liberty in the Modern World*, p. 18.

4、對世界的平衡看待

加爾文認為這個世界在本質上是好的，因為這個世界不僅是上帝所創造的世界，也是上帝所掌管的世界，更是上帝透過耶穌基督已經拯救的世界、透過聖靈不斷更新、乃至最後完全更新的世界。[75]

其實，聖經中所啓示的世界歷史發展的框架就是創造、救贖與更新，這也是以奧古斯丁和阿奎那為代表的教會正統神學一致的看見。[76] 加爾文強調上帝的主權，這並不等於他就忽略人的重要性。他甚至強調：「我們知道上帝創立世界是為了人的緣故。」[77]

在加爾文神學思想的影響下，我們既不能對這個世界頂禮膜拜，陷入物質主義、拜金主義、消費主義的泥潭中，也不能對這個世界漠然置之，甚至消極避世，陷入神祕主義、虛無主義、修道主義的網羅中。

我們應當積極地在這個世界上作上帝百般恩賜的好管家，按照上帝賜給我們的恩賜、帶領我們所到的地步，各就各位，各盡其職，各得其所，並且合乎中道地享受上帝在今生今世賜給我們的各樣美物，並且充滿平安和喜樂地等待上帝所命定的我們要離開這個世界的時候的到來。

5、對國家的清醒認識

現代人傾向於認為政治是骯髒的，就任憑那些骯髒的人

75　See Calvin's Commentary on Isah 30: 19, 25; 32: 5-6; 32: 7, 9; 61: 5; 65:13-14.

76　See Andrew S. Kulikovsky, *Creation, Fall, Restoration: A Biblical Theology of Creation* (Ross-shire, Scotland: Christian Focus Publications Ltd., 2009).

77　加爾文，《基督徒敬虔學》，1 卷 16 章 6 節。

搞政治，甚至自己也隨波逐流，狼狽爲奸。但是，加爾文認爲，就像教會一樣，[78] 國家是上帝所設立的神聖的制度性的蒙恩之道。在公民政府中擔任公職，「在必朽之人的一生中，乃是所有呼召中最神聖、最崇高的。」[79]

當然，加爾文對暴君深惡痛絕，他甚至毫不客氣地說：「地上的君王若是站起來反對上帝，就喪失了他們的權柄，甚至不配算在人類之中。我們不僅不當順服他們，甚至應當把唾沫吐在他們的頭上。」[80] 在政府體制上，毫無疑問，加爾文所贊同的是聖經中所啓示的「共和制」。[81] 在注釋《申命記》1 章 14 至 16 節的時候，加爾文強調說：「此處很顯然，那些主持審判的人並不是單單根據摩西的意願來任命的，而是由人民投票來選舉的。這當然是最值得追求的自由：任何人不可強制我們順服專橫地強加在我們頭上的人；除非得到我們的批准，任何人都不得統治我們。這在下一節經文中得到了進一步的證實，摩西回憶說他等候人民同意之後才設立他們爲審判官，他沒有試圖做任何他們所不喜悅的事。」

在注釋《彌迦書》5 章 5 節的時候，加爾文認爲此處希伯來文中的「牧者」與「統治者」是同義詞，他指出：「當人民透過共同的同意來選擇他們的牧者的時候，就是他們處境最

78　關於加爾文主義基督教與國家的關係，請參考 Rousas John Rushdoony, *Christianity and the State* (Vallecito, CA: Ross House Books, 1986); James M. Willson, *The Establishment and Limits of Civil Government: An Exposition of Romans 13:1-7* (Powder Springs, Georgia: American Vision Press, 2009); and Gary DeMar, *God and Government: A Biblical and Historical Study* (Atlanta, Georgia: American Vision, 2001), 3 vols.

79　加爾文：《基督徒敬虔學》，4 卷 20 章 6 節。

80　John Calvin's Commentary on Daniel, Lecture XXX, on Daniel 6:22.

81　See Daniel Elazar, *Covenant and Polity in Biblical Israel: Biblical Foundations & Jewish Expressions* (New Brunswick, NJ: Transaction Publishers, 1998), Vol. I, pp. 227-447.

好的時候，因為任何人若是透過暴力取得最高權力，都是暴政。如果有人透過繼承權而成為君王，就與自由不合。因此，我們應當自己為自己設立君王，這就是先知的說法：上帝不僅要把喘氣的時間賜給他的教會，也會使她設立穩固的次序井然的政府，就是透過所有人的共同同意而設立的政府。」[82]

加爾文旗幟鮮明地提倡透過人民的自由選舉來設立政府，他甚至強調說：「任何人隨心所欲地任命或設立牧者，都是專橫的暴政。」[83] 要在專橫的暴政和混亂的自由之間取得平衡，關鍵就是要由成員進行選舉。[84] 但是，需要指出的是加爾文主義者所主張的選舉絕不是不講任何資格和責任的「大民主」制度。十七世紀在美洲的馬薩諸塞殖民地首先把選舉權局限在完全具有教會成員資格的人中間，後來擴大到具有一定的財產資格的人身上。[85]

如今那種沒有任何道德資格和財產資格限制的普選制正在使歐洲和北美選舉越來越多地被那些從不納稅、依賴國家福利生存的懶惰、詭詐之人的影響和操縱，西方文明的衰落就在於違背聖經和聖約的所謂的自由化和多元化。[86]

6、對法治的高度強調

聖經以及受聖經所影響的文明都一致強調法治的重要性。

---

82 John Calvin, *Calvin's Commentary on Micah* (Grand Rapids: Baker, 1979), Vol. 14, 309-10.

83 John Calvin, *Calvin's Commentary on Acts* (Grand Rapids: Baker, 1979), Vol. 18, p. 233.

84 John Calvin, *Calvin's Commentary on Acts*, Vol. 18, p. 178.

85 James D. Bratt, "Calvinism in North America," in Martin Ernst and Sallmann, ed., *John Calvin's Impact on Church and Society*, p.49.

86 See Gary North, *Political Polytheism: The Myth of Pluralism* (Tyler, Texas: Institutes for Christian Economics, 1989); David Chilton, *Productive Christians in An Age of Guilt-Manipulators: A Biblical Response to Ronald J. Sider* (Tyler, Texas: Institute for Christian Economics, 1987).

因此，法治是上帝的旨意，並且上帝也啓示了所有人和組織都當順服的完整的律法體系。這種法治觀在西方也經歷了上千年的鬥爭才在十三世紀的時候明確地奠定下來。奧古斯丁強調公義的核心就是順服上帝及其律法；不順服上帝的律法，喪失基本的公義的國家不過是結合在一起的「巨大的匪幫」。[87]

　　十二世紀索爾茲伯里的約翰（1115-1180）繼續強調：「任何法律的定罪，若不合乎上帝的律法，就是無效的。」[88]西方法治確立的里程碑式事件就是 1215 年英國貴族與國王簽署《大憲章》，明確規定，任何人，無論其地位和狀態如何，「未經受到正當的法律程序的審理，不可被逮捕、監禁、剝奪產業，更不可被處死。」這一規定在後來 1641 年美國殖民地馬薩諸塞的《自由法案》、當今美國憲法第五條修正案以及二十世紀中期通過的《世界人權宣言》中都有重申。[89]這一憲章被稱爲「自由政府的一大支柱」。[90]斯克拉頓稱：「一個野蠻的國度不可能把『正當的法律程序』（國家的意志）與政黨或個人的意志區分開來。在這樣的國家，法律不具備獨立的權威，只擁有委託權。」[91]沒有這樣的司法獨立，國家就處在野蠻狀態下。

　　筆者在加爾文神學院讀書時擔任院長和系統神學教席的

---

[87]　Augustine, *The City of God*, ed. and trans. T. W. Dyson (Cambridge: Cambridge University Press, 1998), Book 4.4. p.147.

[88]　John of Salisbury, *Policraticus: Of the Frivolities of the Courtiers and the Footprints of Philosophy*, ed. and trans. Cary J. Nederman (Cambridge: Cambridge University Press, 1990), p. 41.

[89]　See Sir Ivor Jennings, *Magna Carta and Its Influence in the World Today* (Prepared for British Information Services by the Central Office of Information, 1965).

[90]　Hall, *Calvin in the Public Square*, p. 13.

[91]　斯克拉頓，《保守主義的含義》，46 頁。

普蘭丁格教授曾經多次強調，對上帝的律法的強調使得改革宗神學與個人的日常生活、整個世界和社會聯繫在一起。[92]沒有規矩，不成方圓；家有家規，國有國法。不重視上帝的律法，基督教就是死路一條！

不重視上帝的律法，這樣的基督教本身已經喪失了鹽味！沒有律法的基督教就成了個人情緒性的宣洩，沒有了基督教為根基的律法就變成了無意義的規條。宗教與法律的相輔相成乃是西方文明的根基；同樣，宗教與法律的彼此分離是導致西方基督教文明逐漸衰微的根本原因。[93]

五、加爾文對二十一世紀中國知識分子的挑戰

今日中國社會還有值得人為之捨命的信仰嗎？今日中國社會中還有為信仰甘於捨命的良知分子嗎？從根本上而言，中國改革所面對的問題不是經濟的問題，也不是政治的問題，甚至也不是法律的問題，而是人格的問題，而人格的塑造直接涉及到信仰的問題。

一位中國著名的知識分子強調：「中國人的悲哀就是沒有上帝的悲哀！」1911 年辛亥革命、1919 年五四運動，轉

---

[92] Cornelius Plantinga, JR., *A Place to Stand: A Reformed Study of Creeds and Confessions* (Grand Rapids: The Board of Publications of the Christian Reformed Church, 1979), p. 31.

[93] See Harold J. Berman, *The Interaction of Law an Religion* (Nashville, Tennessee: Abingdon Press, 1974); *Faith and Order: The Reconciliation of law and Religion* (Grand rapids: Eerdmans, 2000); *Law and Revolution: The Formation of Western Legal Tradition* (Cambridge: Harvard University Press, 1983); *Law and Revolution II: The Impact of the Protestant Reformations on the Western legal Tradition* (Cambridge: Harvard University Press, 2003). Rousas John Rushdoony, *The Institutes of Biblical Law* (Vallectio, CA: Ross House Books, 1973-1999); and *Law and Liberty* (Vallecito, CA: Ross House Books, 1984).

眼百年的光陰已經轉眼消失。百年中國血淚斑斑的歷史表明，抽象的「德先生」和「賽先生」，具體的「洋務運動」和「經濟改革」都不能從根本上解決中國的問題。

當然，形形色色的與中國民間宗教混合的基督教也不是中國問題的答案，筆者深信加爾文及其神學思想必然能夠給中國文化的更新帶來一股強有力的清流，除污滌垢，吐舊納新，使中國文化浴血重生，再次煥發出新的活力。正如余杰所深思和強調的那樣：「新教入華兩百年來，很少有中國教會接受清教徒的神學與實踐，也罕有基督徒公共知識分子尊奉加爾文主義。清教徒精神不僅在教會內部如空谷足音，在世俗社會層面亦完全被啓蒙主義思潮所遮蔽，由此造成教會和基督徒對中國社會的幾次變革皆無能爲力。」[94]

1、正確認識宗教與基督教

宗教是不可避免的，對絕對眞理和價值的追求屬人的本性。因此，我們的問題不是要不要宗教的問題，而是我們到底信奉什麼樣的宗教的問題。眞正的保守主義必然是宗教性，沒有堅定不移的宗教信仰，就沒有任何值得保守甚至爲之捨命的信念與原理。

對於基督教也是如此，目前學術界許多有識之士認識到國家的現代化、民主化和自由化與基督教有著不可分割的關係。但是，關鍵在於我們所要學習的到底是什麼版本的基督教。洪秀全所傳講的那種背離正統、民間宗教化的「太平天

94　余杰，《誰爲神州理舊疆界？》（臺北：基文社，2010 年），72-73 頁。

國」式的基督教顯然是禍國殃民的邪教；俄羅斯東正教那種脫離現實、歸向神祕主義的基督教顯然不能帶領中國走出五千年專制的陰影；天主教那種在救贖上注重個人功德、在體制上等級森嚴的基督教顯然也不利於培養中華民族眞正自由和平等的民主風範。

毫無疑問，在目前價值混亂、道德滑坡、信仰缺失的處境中，以加爾文爲代表、以清教徒神學爲巓峰的改革宗神學，乃是中國眞正的有識之士的首選。歷史學家在總結西方文明的時候強調，「牧師傳講福音眞道，這就使得統治者不至於成爲暴君。」[95]

根據加爾文的做法，要改變文化，最好的方式是迂迴的方式，就是「首先改革教會」。[96] 加爾文強調：「除非敬虔是首要的考量，否則任何政府都不會再長治久安。」[97] 加爾文最大的影響當然是在神學方面，而加爾文神學的最大體現就是在品格的塑造上。

正如二十世紀著名的歷史學家烈納德所強調的那樣，在加爾文所取得的成就中，最根本的就是塑造了「一種新類型的人，就是加爾文主義者」，這種人在百般的痛苦和患難中仍然持守道德倫理上那種愛主愛人的正直和天職使命上那種雖九死而不悔的剛毅。[98]

95　Giorgio Tourn, *The Waldensians: The First 800 Years* (Torino, Italy: Claudiana, 1980), p. 82.
96　Hall, *Calvin in Public Square*, p. 59.
97　加爾文，《基督徒敬虔學》，4 卷 20 章 9 節。
98　Emile G. Léonard, quoted from Martin Ernst and Sallmann, ed., *John Calvin's Impact on Church and Society*, p. 35.

2、冷靜地對待悔改與法治

悔改是聖經和加爾文神學的一大主題，毫無疑問，注重悔改之道的加爾文神學對於中國社會，尤其是作爲社會良心的知識界，具有重大的挑戰性和補充性。

加爾文主義神學家梅晨強調：「基督教就是傷心痛悔的宗教，⋯⋯它始於憂傷痛悔的心靈，就是始於對罪的意識。」[99] 加爾文在 1559 年版《基督徒敬虔學》中整整用了一章的篇幅來講解「悔改」。加爾文一開始就強調：「福音的精義就在於悔改和赦罪。⋯⋯任何人若是不離開以前的錯謬，走上正道，竭力悔改，就不能領受福音的恩典。」他對悔改的界定就是：「悔改就是我們眞誠地轉向上帝，這種轉向發自對上帝純正的、熱切的敬畏之心；這種悔改也在於治死我們的肉體和老我，透過聖靈的大能不斷活出新生命。」

加爾文強調悔改有三大特點，首先，眞正的悔改是轉向上帝，不僅是指外在的行爲，更是指我們的心靈。其次，這種悔改是由對上帝的敬畏之心引發的，這種敬畏不僅在於懼怕上帝的刑罰，也在於對罪本身的恨惡。第三，這種悔改體現在兩大方面，一是向罪而死，一是向義而活。向罪而死，就是努力不去違背上帝在其律法中所禁止的；向義而活，就是努力去做上帝在其律法中吩咐我們當行的。第三點所強調的就是基督徒分別爲聖的生活。在這個過程中，加爾文強調：「越是迫切地以上帝的律法爲標準來衡量自己的生活，就越是明確地發現自己悔改的標記。」

99　J. Gresham Machen, *Christianity and Liberalism* (Grand Rapids: Eerdmans, [1923] 2002), p. 66.

對於基督而言，悔改不是一次性的，而是過程性的。「我們必須竭力追求悔改，一生一世悔改不停，直到我們生命終結，完全歸於基督。」最重要的是，「悔改乃是唯獨來自上帝的恩賜，……是聖靈做工，使人得救。」這就是基督教的超自然性和挑戰性！基督教告訴我們：人應當悔改；同時基督教也坦率地告訴我們。沒有人能夠靠自己悔改！如果沒有上帝在人心中做工，使人認識上帝，認識上帝的律法，認識罪就是違背上帝的律法，罪的工價就是死，包括今生的死和來生在地獄中永遠的死，使人認識耶穌基督的贖罪乃是我們這些罪人罪得赦免的唯一途徑，就沒有任何人能夠真心悔改。

　　既然人靠自己不能悔改，我們就不要相信任何人能改變自己和他人的生命，這就使得我們清醒地認識到人本身的蒼白無力，並且我們不能指望柏拉圖所說的哲學王室的聖哲明君來給我們帶來生命的改變和社會的和諧，我們必須用健全的制度和法律來約束人的罪性。同時，我們也要清醒地認識到，即使那些靠著上帝的恩典已經悔改的人今生今世仍然不是完人，仍然需要不斷悔改，仍然需要接受上帝的聖約和律法來規範自己的生活。

　　所以，加爾文在談及基督徒的生活的時候，所說的第一句話就是：「新生命的目的就是信徒的生活要在上帝的公義和他們的順服之間展現出對稱與和諧來；由此證實他們確實已經被收納為上帝的兒女。唯獨在上帝的律法中包含了新生命的樣式：透過上帝的律法，上帝的形像就得以在我們身上復興。」[100]

100　加爾文，《基督徒敬虔學》，3卷6章1節。

因此，我們既要充分重視個人的悔改，也要毫不含糊地重視法治的建設。

3、正確地對待愛國主義

自從 1840 年鴉片戰爭大清王朝失敗以來，中國知識分子最大的情懷和迷思就是「救亡圖存」。中國教會也不例外，「五十年的中華神學卻環繞著一個顯明的主題：挽救國運，重建國家。這個主題涵蓋了半世紀以來中國信徒宗教的經驗、理性的思維、道德的掙扎及意志的抉擇。」[101] 甚至包括延續到今天的「和平崛起」，也明顯地反映我們中國人骨子裡一百多年以來積澱的落後與自卑情結。

在這個過程中，我們固然需要愛國主義，但是，我們對國家的熱愛不能超出我們對眞理和人民的熱愛。正如加爾文主義哲學家杜伊維爾德所強調的那樣：「任何愛國主義的絕對化都會導致盲目的沙文主義，使得這種愛缺乏眞正的道德意義。」[102]

加爾文給我們的挑戰就是：（1）我們首先應當熱愛上帝、眞理和人民，對國家的熱愛和忠誠不是第一位的，否則就是以國家爲對象的偶像崇拜；連中國古代哲人孟子都說：「民爲重，社稷次之，君爲輕。」[103] 孟子的民本思想告訴我們：國家政權本身並不是最重要的，哪個人或政黨執政也不是最重要的，最重要的乃是人民的權利和尊嚴。如果我們不

101　林榮洪，《中華神學五十年：1900-1949》（香港：中國神學研究院，1998 年），2 頁。
102　Doyeweerd, *A New Critique of Theological Thought*, Vol. III, p. 476.
103　《孟子‧盡心下》。

把人民的權利和尊嚴放在第一位，卻一味凸出國家和政黨的地位，不要說吸收普世價值，我們連我們的祖宗也不如！

（2）國家應當透過民主選舉來建立真正意義上的法治共和國，任何政黨都不得淩駕於法律和人民之上，也不可把任何宗教或主義強加在人民的頭上。對於加爾文而言，權力不僅導致腐敗，絕對的權力不僅導致絕對的腐敗，更重要的是，任何個人或政黨若是聲稱自己具有不受任何人挑戰和制衡的絕對權力，就是褻瀆性地把自己置於上帝的地位，因為只有上帝才具有至高無上的主權，所有個人和群體的權力在本體上都是派生性的，也都是有限的。沒有立法、司法和執法權的分離，就沒有真正的憲法；沒有公開、公正的自由選舉，任何政權都在根本意義上缺乏合法性。只有我們深刻地認識到上帝的主權，認識到人的權力的有限性和腐敗性，我們才能真正地走向共和。

4、勇敢地追求真正的自由

「自由」是加爾文神學的重要主義之一。十九世紀哈佛大學著名的歷史學家班考夫（George Bancroft, 1800-1891）認為加爾文是共和制的先驅，「對加爾文主義的熱愛就是對自由的熱愛；在為自由而展開的道德爭戰中，加爾文的信條就是他最忠心的參謀，也是他有求必應的支持者。」[104]

著名的德國史學家馮‧蘭克（Leopold von Ranke, 1795-1886）也得出了同樣的結論：「約翰‧加爾文實際上就是美

---

[104] George Bancroft, *History of the United States of America* (Boston: Little, Brown and Company, 1853), Vol. I, p. 464.

國的開創者。」[105] 當代中國大陸著名公共知識分子王怡也在研讀改革宗神學之後強調：「改革宗神學及其政治倫理為人類自由修築起了一道最堅固和最保守的馬其頓防線。」[106]

但是，我們不可把個人自由尊崇到終極性、絕對性的地位。對於「民主」也是如此，以選舉為標記的民主制度當然勝過以暴力和謊言為特徵的個人與寡頭專制；但是，人民群眾既不是無謬性的，也不是終極性的，因此「多數人的統治」並不是始終可靠的。我們萬萬不可把「民主」這位「德先生」當作包治百病的靈丹妙藥，要知道沒有宗教和道德的信念，民主政治就會淪落為可怕的暴民政治，也就是英國著名政治學家柏克所警告的「多數人的暴政」。[107]

對於資本主義和市場經濟也是如此，我們不能認為走資本主義道路和市場經濟模式就能解決一切問題。加爾文及其門徒深信，唯獨上帝及其真理是絕對的，配得絕對的信靠和順服，其餘的一切都必須以敬畏上帝為中心，以上帝所啟示的真理為標準，不斷地加以改良，並且這種改良在這個世界上始終不會達到完全的地步，直到世界末日、耶穌基督二次再來審判這個世界的時候。因此，加爾文主義是一切把有限且有罪的個人及其組織絕對化這種現代迷信的天敵；並且加爾文對個人、政治和世界的看法，也從根本上鏟除了各種形式的烏托邦幻想存在的土壤。

---

[105] Quoted in Kingdom, *Calvin and Calvinism*, p. 7.
[106] 王怡，「聖約和國度下的自由：《自由的崛起》，」道格拉斯 . F. 凱利，《自由的崛起：16-18 世紀，加爾文和五個政府的形成》，譯者前言，4 頁。
[107] See Edmund Burke, *Reflection on the Revolution in France*, ed. J. G. A. Pocock (Indianapolis: Hackett, 1987), pp. 109-10.

孔子感嘆：「苛政猛於虎。」不管是一個人（君主制的變態）、少數人（貴族制的變態），還是多數人的暴政（民主制的變態）都是人吃人的邪惡政治。然而，中國五千來以儒家爲主流的文化始終沒有成就「內聖外王」的理想，反倒前仆後繼地滋生出無數的大大小小的暴君，一直到二十一世紀的今天，眞正的自由和民主仍然沒有在中國確立。現代儒家代表人物也不得不承認，在傳統儒家文化中，在政權轉移的問題上，雖然有禪讓、世襲、革命、打天下等多種方式，但總體而言，儒家「在政權轉移這個問題上，並沒有建立客觀的法制。亦就是說，安排政權的『政道』還沒有開出來。」[108]

其實，不光是政道沒有開出來，儒家在知識之學上也存在著根本性的缺陷，「儒家學問重實踐，而不習慣於作概念性的思辨和知識性的論證。」[109] 這種知識上的閉塞和政道上的缺失，只能使儒家成爲強權者粉飾太平的遮羞布。在實際生活中，中國文化中仍然流行著的乃是「勝者王侯敗者賊」、「槍桿子裡面出政權」、「物競天擇，適者生存」這種赤裸裸的暴力文化和政治。因此，中國文化的出路絕不是回到儒學儒教，而是必須回到聖經中所啓示的天道文明，以上帝所啓示的眞知識和眞政道來徹底更新中國文化，才能從根本上破除中國文化那種「醬缸」效應。[110]

當今西方法律史學家維特甚至把宗教改革視爲一場人權運動，他認爲加爾文和路德等宗教改革領袖試圖使教會得到

108　蔡仁厚，《孔孟荀哲學》（臺灣：學生書局，1984年），12-3頁。
109　蔡仁厚，《孔孟荀哲學》，7頁。
110　參考柏楊，《醜陋的中國人》（北京：人民出版社〔1985年〕2008年）。

眞正的自由，最終也使得人在其他領域中得享自由。維特寫道，加爾文的工作使得「個體之人的良心得享自由，擺脫了教會法的侵染和神職人員的控制；使得政府官員得享自由，擺脫了教會權利和特權的影響；使得地方神職人員得享自由，擺脫了來自教皇自上而下的轄制和世俗君王的壓迫性控制。『基督徒的自由』是早期宗教改革的整合性口號。這一口號驅使神學家和法學家、神職人員和一般信徒、君王和農民等等都一致促動激進的立憲性改革。」[111] 在各種自由中，宗教自由是最基本的自由，也是最強大的自由。正如加爾文的戰友法勒爾所強調的那樣：「如果我們的諸侯們准許牧師們享有傳道的自由，爲什麼不把行動的自由賜給基督的羊群呢？」[112]

霍爾在介紹日內瓦宗教改革和美國建國之間的精神聯繫的時候，首先引用美國建國之父湯瑪士・傑弗遜的座右銘：「對暴君的叛逆，就是對上帝的順服」，並認爲這句話概括了在日內瓦、蘇黎世、倫敦和愛丁堡展開的宗教改革的精義。[113] 一個令人震驚的聯繫就是，不管在什麼時候，不管在什麼地方，凡是加爾文宗基督教傳播的地方，也必定伴隨有民主與共和制度的興起。[114] 加爾文主義的精粹並不是社會的變革，而是靈命上的更新。因此，加爾文始終堅定

---

[111] John Witte Jr., "Law, Religion, and Human Rights: A Historical Protestant Perspective," *Journal of Religious Ethics* (1999): 258.

[112] J. H. Merele D'Aubigne, *The History of the Reformation in the Sixteenth Century* (New York: American Tract Society, 1846), Vol. 4, p. 280.

[113] David W. Hall, *Geneva Reformation and the American Founding* (Lanham, Maryland: Lexington Books, 2003),

[114] See Kingdom, *Calvin and Calvinism*, vii。

不移地強調個人的自由是上帝和律法之下的自由。[115] 背離上帝和上帝的律法，那種所謂的自由就是人本主義者所提倡的無法無天、害人害己的自由，這種自由的座右銘就是拉伯雷所強調的人本主義修道院的唯一會規：「隨心所欲，各行其是」！[116]

要真正敬畏上帝，遵行上帝的律法，必須透過聖靈在人心中開啓和說服的工作，而聖靈做工的重要方式就是透過教會忠心地傳講上帝的真理。因此，教會和傳道人最重要的工作並不是投入到維權或其他政治活動中去。加爾文主義在中國的興起所面對的最大危險之一就是教會過早、過度地把精力轉向政治，正如二十世紀著名宗教史學家奧斯特姆索指出的那樣：以清教徒思想爲代表的加爾文主義很容易「轉化成世俗的動力，……把自己犧牲在公共責任的祭壇上。」[117] 這是特別值得我們深思和注意的。

筆者所要強調的是，加爾文也是有血有肉的人，他的爲人和思想都不是完全的，都有一個成長的過程。但是，從歷史的角度，我們可以坦言的就是：無論何處有宗教上的迷信和政治上的暴政，加爾文的神學和政治思想都會帶來解放性的力量。

最後，筆者以當代加爾文主義神學大師弗蘭姆的話來勉勵讀者：「加爾文的世界觀，是出於聖經的世界觀，必然激勵上帝的子民透過他們的呼召來侍奉上帝，從而改變世上的

115　加爾文，《基督徒敬虔學》，3 卷 19 章 2-7 節。
116　拉伯雷，《巨人傳》（北京：人民文學出版社，2004 年），119 頁
117　Ahlstrom, *A Religious History of the American People* (Binghamton, N. Y.: Vail-Ballou Press, 1972), p. 348.

一切。得蒙救贖的人更新萬有，使人生的一切都得以升華，變得高貴。當然，罪仍在試探他們，並且他們也會墮落。但是，從長遠的歷史性角度來看，我們可以看到，透過他們在聖靈的感動下所作出的各樣努力，文化確確實實變得更好。福音確實激勵上帝的子民們關心寡婦和孤兒，建立醫院，繪畫雕刻，反對暴政，把上帝的聖言帶到世界各地。」[118]

　　古老的日內瓦的格言就是：「黑暗之後，必是光明！」。願這震撼整個世界的世界觀再次震撼世界，震撼中國，使災難深重的中國人民得享真正的自由和興盛。

---

[118] John Frame, "Foreword," in *Calvin and Culture*, xi.

第三章

清教徒與保守主義

英美保守主義的根基是十七世紀英國與美國的清教徒神學。《威斯敏斯德信條》是清教徒神學的結晶，清教徒神學是改革宗神學的結晶，改革宗神學則是宗教改革的結晶。宗教改革是對聖經真道的回歸。因此，這一信條在基督教神學和教會生活中占有獨特的重要地位。本文無法對清教徒神學做出全面詳盡的解釋，只是根據作者有限的理解，向讀者介紹《威斯敏斯德信條》制定的歷史背景以及清教徒神學的基本理念。

　　筆者在 1998 年之前，一直認為清教徒的特徵就是拘謹、呆板，不寬容，甚至心胸狹窄，假冒偽善。後來，親自閱讀清教徒所撰寫的著作，考察歷史上正反兩方面的意見，並且到清教徒的家園英格蘭和蘇格蘭考察，甚至接觸二十一世紀歐洲、亞洲、北美、大洋洲各國仍然以繼承清教徒傳統為導向的教會和個人，發現他們確確實實認真對待自己的信仰，雖然都不完全，但卻一致努力在個人生活和社會生活的各個方面中活出基督所賜的榮美、豐盛的生命來。最近在西方也有越來越多的學者開始認識到，歷史上典型的清教徒，並不是宗教上的狂熱分子和社會上的極端分子。假如他們是極端的狂熱分子，往往很快就會被壓制下去。但因為他們持守中道，是社會中的道德精英，因此在任何時期，社會上都有同情他們，支持他們的人。他們都是富有思想和良知，堅持原則，嚴於律己，堅忍不拔，熱愛家庭，受過良好教育的公民。他們既勤於思考，也勇於行動；既追求教義的純正，

更追求生活的敬虔；既盡心盡意熱愛上帝，熱愛真理，熱愛教會，又真心真意尊重他人，改革教會，改良社會；既對上帝恩惠的福音有深刻的心靈經歷，又對上帝公義的律法無比地心儀傾慕。

在清教徒群體中可以說是群星燦爛，比如著名的清教徒神學三大王子歐文、巴克斯特、愛德華滋，他們不僅在基督教會中以敬虔和博學著稱，即使在當今的世俗社會和學術界中也享有巨大的聲譽。其中歐文還擔任過英國牛津大學的校長，愛德華滋曾經擔任美國普林斯頓大學的校長。大量的事實改變了我以前先入為主的偏見，我開始在自己的生命中也感受到清教徒的脈搏在跳動，「純正的教義，敬虔的生活」也開始成為我人生的座右銘。因此，我也定意把清教徒和清教徒神學介紹給中國同胞。

一、清教徒與威斯敏斯德會議

《天路歷程》的作者約翰‧班揚就是一個典型的英國清教徒。在受到學者廣泛重視的馬克斯‧韋伯所著的《新教倫理與資本主義》中，也清楚地談及清教徒的預定論、天職觀對自由市場經濟發展的重要影響。清教徒文學家密爾頓的《失樂園》和《論新聞自由》也已經譯介到中國。

然而，要具體界定清教徒和清教主義，並不容易。歷史是複雜的，對歷史的回顧又因為時間的跨度而增加了無數的變數。對清教徒和清教主義的界定也是如此。傳統上把清教徒限於英格蘭 1662 年通過《統一法案》之後被安立甘教會排斥的那些人。另外，蘇格蘭以諾克斯為代表的長老宗盟約

派，北美新英格蘭等地的公理會人士，以及同時期荷蘭第二次宗教改革也都具有強烈的清教徒的色彩。[1] 更廣義地說，清教徒還代表了對「聖潔教會、自由國家」這一理想的執著追求。因此，清教徒不僅僅是一個歷史性、地域性的身份，更代表了一種理想，一種境界。凡是認同這種理想，這種境界的人，骨子裡所流淌的都是清教徒的血液。所以，清教主義作爲一種深刻敬虔運動和精神，並不僅僅是十七世紀英國獨有的現象。正如莫里勛爵所言：「清教主義源自人心靈的深處，它所顯明的是人性中某些不可毀滅的因素。它發自人心靈的渴慕，不管是在東方，還是在西方，都能同樣感受到這些渴慕的存在。在許多宗教，許多社會中，無數的男男女女都曾經發出這樣的渴慕。」[2] 但是，像英格蘭清教徒這樣既注重深刻的心靈經歷，又注重敬虔的品格塑造，並積極投身建立溫馨家庭、聖潔教會和自由國家，在宗教、政治、法律、科學、藝術等各個領域中開花結果，這種敬虔主義不僅是基督教歷史上的奇葩，也是世界宗教史和文明史上罕見的奇葩。本文主要集中在第一種界定上，也就是十六、十七世紀英格蘭那些爲改革教會和社會而奮鬥的清教徒。

清教徒絕不是橫空出世，從無到有，突然出現的，而是經歷了漫長的歷史演變。牛津大學教授威克利夫（John Wycliffe, 1330-1384）被認爲是英國宗教改革和清教主義的先驅，他反對把人的傳統淩駕於聖經之上，反對把聖禮神祕

---

[1]　參考 Joel R. Beeke, *Assurance of Faith* (New York: Peter Lang, 1991), pp.383-413.

[2]　轉引自 John Stephen Flynn, *The Influence of Puritanism* (New York: E. P. Dutton and Company, 1920), p.11.

化，甚至徹底譴責天主教在聖餐論上的化質說。最重要的是，他開始打破羅馬天主教對聖經的封鎖，把聖經從通俗拉丁文本翻譯爲英文，後來清教徒所心儀的 1611 年英文欽定本聖經就是在威克利夫和丁道爾（William Tyndale, 1492-1536）等譯本的基礎上譯成的。對聖經的權威的重視乃是宗教改革的靈魂，更是清教主義的首要特色。丁道爾強調聖經的充分性和權威性，主張聖經中所說的「主教」（中文和合本翻譯爲「監督」）與「長老」的一致性，提倡合乎聖經的簡樸的敬拜方式，奠定了清教主義中長老制教會的基本特色，也被認爲是英格蘭清教徒的先驅。

英格蘭大規模的宗教改革始於亨利八世（Henry VIII，1509-1547 年在位）統治時期，但亨利八世本身就是被稱爲「合法形式遮蓋下的暴君」。[3] 他所謂的改革教會的動機主要是基於個人的私欲和政治上的考慮。亨利八世去世之後，他年僅九歲的兒子愛德華六世繼位，他堅定地支持宗教改革，可惜十六歲時就英年早逝，在位僅僅七年。接下來是瑪麗即位，她是一位堅定的天主教徒，要靠權術和武力恢復天主教，對新教徒大肆迫害。在她統治期間，被公開處以火刑的人數共近三百人，所以她被人稱爲「血腥」瑪麗。

瑪麗之後繼位的伊莉莎白一世（1558-1603 年在位）傾向新教。她非常務實，是一位精明的政治家，但她也沒有避免統治者通常具有的對權力的貪婪，她甚至操縱議會通過法令，稱她爲英格蘭教會「最高管理者」，使主教製成爲英國

---

[3] 威利斯頓·沃爾克，《基督教教會史》，孫善玲、段琦、朱代強譯（北京：中國社會科學出版社，1991 年），454 頁。

國教，也就是後來的安立甘教會。教會與社會是否合乎聖經，顯然不是她最大的關注。但是，此時在英格蘭教會中，加爾文的影響已經逐漸超過了路德的影響。當然，從歷史的發展來看，英國的清教徒神學也是在相對獨立的環境下發展起來的，有它自己的特色。主張繼續改革教會的宗教異議人士就是在十六世紀六十年代開始被稱爲「清教徒」的。這一時期清教徒的代表人物是卡特賴特（Thomas Cartwright, 1535-1603），他是劍橋大學的神學教授，被稱爲「英格蘭長老制之父」，主張廢除大主教、副主教等職，牧師由會眾選舉，一切教牧人員本質上地位平等。另外就是柏金斯（William Perkins, 1558-1602），他也是劍橋大學的神學教授，他的作品在當時英格蘭的銷量和影響甚至超過加爾文。從此在英格蘭教會內部，主教制和長老制展開了拉鋸戰。在伊莉莎白一世統治時期，劍橋大學的學者基本上都支持長老制。在詹姆士一世統治時期，劍橋大學甚至被稱爲「清教徒的巢穴」。可見，清教主義從一開始就不是來自群眾性的盲動，而是始終就有堅強的神學和學術後盾。

伊莉莎白一世去世之後，蘇格蘭女王瑪麗之子詹姆士一世繼位（James I, 1603-1625 在位）。[4] 此君在蘇格蘭所接受的是長老制教育，但他顯然更喜歡由國王控制的主教制來取代以共和與自治爲特色的長老制。那時，蘇格蘭在約翰・諾克斯（John Knox, 1513-1625）的帶領下，已經開始徹底改革教會，廢除了羅馬天主教在政治和宗教上的專制，建

---

[4] 大陸學界多把 James 翻譯爲「詹姆斯」，此名在聖經中多次出現，和合本一概翻譯爲「雅各」。

立共和式長老制教會。諾克斯去世之後，安德魯‧梅爾維爾（Andrew Melvile, 1545-1623）進一步完善了蘇格蘭的長老制。詹姆士一世強制在蘇格蘭推行主教制，蘇格蘭長老會雖然一再經歷挫折，但始終沒有屈服。在詹姆士一世統治期間，一部分清教徒流亡荷蘭，其中有著名的清教徒神學家艾姆斯（William Ames, 1576-1633）。他們中的一部分人在1620年乘「五月花號」橫渡大西洋，開創了普利茅斯殖民地。從此以後，清教主義的種子開始在北美扎根，加爾文神學成為北美基督教神學的主流和骨幹。[5]

詹姆士一世之子查理一世（Charles I, 1625-1649年在位）繼位後變本加厲，甚至解散國會，並於1637年下令在蘇格蘭強制實行英格蘭主教制禮儀。1638年，蘇格蘭人奮起反抗，長老宗召開大會，推翻了雅各和查理父子在蘇格蘭強行建立的主教制。查理派兵鎮壓。為籌措軍費，查理於1640年召開國會，人民代表看到自己中間那些最優秀的人遭遇迫害，早已心懷不滿，就趁機紛紛對政治和宗教問題發表異議，主張改革。查理一看大勢不妙，就解散了這個「短期國會」。隨後蘇格蘭軍隊長驅直入，大獲全勝。查理不得不求和休戰，簽約賠款，承認主教制不合乎聖經。歷史上最可悲的就是，只有戰爭和死亡才能使那些肆行專制的人意識到自己的罪惡和有限。查理一世此時不再不可一世，不得不重開國會，這就是1640年11月開始的「長期國會」。在國會中清教徒長老宗人士占據主流，主張議會主權，立即整頓國

5　參考 E. Brooks Holifield, *Theology in America* (New Haven & London: Yale University Press, 2003).

務，肅清君側。國王不甘心失去專制性的權力，就組織力量反撲，1642 年 8 月英國內戰爆發。

國會領袖克倫威爾（Oliver Cromwell, 1599-1658）是一位清教徒政治家和軍事家，他建立了著名的清教徒軍隊「新模範軍」，這支大軍是聖徒與英雄的結合，敬畏主權的上帝，憎恨專權的罪人，無條件地相信上帝的預定，無條件地履行自己的責任，不酗酒，不賭博，尊重私產，尊重婦女，是英格蘭歷史上絕無僅有的傑出軍隊。他們高唱聖經詩篇中的戰歌，打敗王軍，並於 1649 年公審查理一世，將他判處死刑斬決。克倫威爾一手拿寶劍，一手拿聖經，建立了一個清教徒共和國，他自己擔任護國公。克倫威爾實行宗教寬容政策，甚至允許猶太人合法地進入英格蘭，在會堂中自由敬拜。在克倫威爾統治期間，英國開始成爲世界性的強國。

克倫威爾死後，其子理查德繼任護國公，但他懦弱無能，國內開始出現無政府狀態。保皇黨與長老派聯合起來，於 1660 年迎接查理二世復辟，著名的清教徒約翰·歐文也參與了此事。清教徒對查理二世寄予厚望，結果查理二世是個隱蔽的天主教徒，他暗中勾結天主教，倚靠安立甘派，對清教徒大肆壓制。其中一項措施就是 1662 年通過《統一法案》，要求所有教牧人員都當「毫無虛假地贊同並支持」《公禱書》中所規定的一切。不久，就有 2000 名牧師覺得自己的良心不允許自己這樣做，他們就被逐出教區，成爲「不從國教者」，常常被稱爲「反國教者」。1664 年通過《秘密集會法》，禁止不使用《公禱書》的所有宗教集會。違背這一法案的人受到非常嚴酷的懲罰。約翰·班揚也是在這段時

期坐了十二年的監牢。[6] 查理二世 1685 年去世，繼位的是他兒子詹姆士二世（James II, 1685-1688 在位）。詹姆士二世想要公開確立天主教爲國教，遭到各派的反對。在清教徒支持下，荷蘭執政者威廉和瑪麗夫妻於 1688 年 11 月 5 日率軍在英格蘭登陸。威廉是荷蘭著名的加爾文主義政治領袖沉默者威廉的後裔，是歐洲抗羅宗抵抗路易十四的帶頭人。1689 年威廉夫妻成爲英格蘭和蘇格蘭的君主。1688 年「光榮革命」是清教徒在政治上的勝利，確保了國家的憲政自由和基督教的地位。雖然主教制安立甘教會仍然在英格蘭保持國教的地位，但 1689 年的《寬容法案》也使他們的自由得到了相應的保障。從此之後，長達二百餘年的清教徒運動在英國告一段落。

以上回顧了清教徒在英國的發展。典型的清教徒是什麼形像呢？清教徒是愛家之人，典型的清教徒多是結婚成家的人。清教徒非常注重家庭責任和次序，丈夫和父親是全家的頭，不僅負責養家糊口，更重要的是以愛心和智慧擔任全家屬靈的領袖，按照聖經的吩咐教訓孩子，帶領家庭敬拜。清教徒的宗教生活以家庭爲單位，以地方教會爲中心，清教徒牧者不僅要有心靈的更新，也要接受嚴格的訓練和考核，成爲學者式的教牧，教牧式的學者。清教徒所注重的並不是宏偉的教堂，華麗的儀式，他們所注重的是在敬虔的牧者的帶領下一起追求敬虔的生活。清教徒注重安息日公共和私人敬拜，孩子都要接受教理問答。如果條件允許，他們每周中間

6　參考 S.H. Houghton, *Sketches From Church History* (Edingburg: The Banner of Truth Trust, 1995), pp.161-5.

第三章　清教徒與保守主義

111

在教會中有一次家庭聚會，一起查經禱告。清教徒的一週是繁忙的一週，生活是嚴肅的，不能遊手好閒，浪費光陰。清教徒普遍相信勤勞是一種美德，上帝對基督徒的呼召就是讓我們在這個世界上從事各樣的工作，他們是「世界中的聖徒」。如加爾文所說，世界就是我們的修道院；如衛斯理所言，世界就是我們的牧場。禮拜天是一週的高峰，這一日絕對禁止遊戲娛樂，全家兩次參加教會敬拜，午飯或晚飯之後一起討論所聽到的講道的內容。假如你的鄰居是個清教徒，他給我們留下的印象就是敬畏上帝，一絲不苟，但並不會讓人感到他是一個怪人。他的外表並沒有讓人值得注意的特殊之處，飲食起居，行事爲人，他都是一個普普通通的正常人。總之，典型的清教徒給我們所留下的影響會是吃苦耐勞，生活節儉，講究實際，精打細算，在宗教和政治事務上有自己的原則，對於新近政治和教會的發展有清楚的瞭解，善於思考，善於答疑，彬彬有禮，對聖經內容非常熟悉。要達到這種境界，必須嚴以律己，攻克己身。對生活和信仰粗心大意、模模糊糊的人，很難成爲清教徒，這樣的人也常常對清教徒感到不舒服。有很多人猛烈攻擊清教徒，往往是出於此類的原因，並不是因爲教義的緣故。[7] 歷史家學沙夫評論說：「英國的清教徒，蘇格蘭的盟約者和法國的胡格納教徒都同樣是加爾文在靈命上的後裔，他們具有各自不同的民族特徵，但都同樣具有勇敢的信心和嚴格的訓練。激發他們的心志的也同樣都是對上帝的敬畏之情，這使得他們既百折不

---

[7] 參考 Leland Ryken, *Worldly Saints* (Grand Rapids: Zondervan, 1986), pp. 19-20.

撓，又自由奔放。他們在上帝的聖言面前滿懷敬畏，屈身降服，卻絕不屈服於任何屬人的權勢。在他們的眼中，惟獨上帝至大至尊。」[8] 這樣高貴的人格，在任何民族中都是民族的脊梁，是各個國家中都是不可多得的財富。

威斯敏斯德會議就是在這樣的腥風血雨中召開的。今日許多教會往往把教會歷史上的信條視為兒戲，認為那不過是人手寫成的東西，時過境遷，已經沒有多大的價值。豈不曉得教會的信條字字句句都凝聚了聖徒的鮮血，是他們用生命為一次交付聖徒的真道所做出的不朽的見證！會議的全名是「威斯敏斯德宗教會議」。「威斯敏斯德」這一名稱取自倫敦的「威斯敏斯德大教堂」，威斯敏斯德會議就是在威斯敏斯德大教堂內召開的。會議的背景非常複雜，既涉及到基督教和天主教的衝突，也涉及到國王與國會的衝突，英格蘭與蘇格蘭兩個國家之間的恩怨，主教制與長老制之間的衝突，宗教與政治的關係，國立教會與獨立教會的關係，國家與教會的關係，等等。長期以來，英格蘭國王和安立甘派的主教們狼狽為奸，互相利用，維護自己手中的政治和宗教特權。正如臭名昭著的詹姆士一世所宣稱的那樣：「沒有主教，就沒有國王。」[9] 查理一世所任命的坎特伯雷大主教勞德聲稱：「沒有主教，就沒有真正的教會。」因此，「長期國會」的代表達成共識，要廢除國王和主教在國家和教會中的專權，建立立憲君主制和代議制政府。

8　Philip Schaff, *The Creed of Christendom* (New York: Harper & Brothers Publishers, 1877). Vol.I, p.767.
9　參考 Stuart Barton Babbage, *Puritanism* and Richard Bancroft (London, 1962), pp. 43-68.

威斯敏斯德會議在歷史上具有獨特的重要性，它是十七世紀英國教會史上最重要的一章。從會議的成果和對未來的影響而言，沙夫稱威斯敏斯德會議在基督徒各個宗教會議中可謂首屈一指。[10] 荷蘭改革宗多特會議在參加會議人員的學識和道德水準上也同樣傑出，但多特會議界定的只是加爾文主義救恩神學五大要義，而威斯敏斯德會議則涉及到基督教神學的各個領域，從上帝的預旨直到末後的審判。將近四百年的時間過去了，如今在美國、加拿大、英國、澳大利亞、紐西蘭、新加坡、韓國、中國等地仍然有許多教會直接以《威斯敏斯德信條》為他們的教義標準。巴克斯特雖然沒有正式參加會議，但他瞭解會議的整個過程，他對會議評論說：「與會的牧師都是博學多識，敬畏上帝的人。他們既具有教牧侍奉的能力，又對教會忠心耿耿。我不配成為他們中間的一員，可以更加自由地就事論事。儘管有人敵視，有人嫉妒，根據我們對歷史上此類宗教會議的瞭解，以及其他留給我們的各種證據，我能夠做出以下的判斷：自從使徒時期以來，再沒有任何會議能夠與這個會議和多特會議相比，有如此之多的傑出的牧者參加。」[11]

　　1643 年 1 月 26 日，英格蘭國會通過法令要廢除主教制。[12] 1643 年 5 月 13 日和 6 月 12 日，英格蘭眾議院和樞密院先後通過法令，要求 121 位牧師，在 10 名樞密院成員和 20 名

[10] Philip Schaff, *The Creed of Christendom*, Vol.I, p.728.

[11] Philip Schaff, *The Creed of Christendom*, Vol.I, p.769.

[12] 此處之所以用「英格蘭國會」而不是用「英國國會」，乃是因為複雜的歷史原因。現在的英國包括英格蘭、愛爾蘭、威爾士和蘇格蘭。蘇格蘭在歷史上是一個長期獨立的國家，直到 1707 年英格蘭和蘇格蘭才統一為大不列顛王國，但蘇格蘭仍然具有高度獨立的地位。直到今天，蘇格蘭人仍然有自己的貨幣，自己的議會，長老制仍然是他們的國教。

眾議院成員的輔助下，「在主後 1643 年 7 月 1 日，在威斯敏斯德大教堂亨利八世大廳聚集。」[13] 因此，從其啓動的程序以及性質來看，威斯敏斯德會議並不是一個完全獨立的教會會議。國會要大權獨攬，要把國家和教會權力都控制在自己的手中，明確立法限制威斯敏斯德會議享有任何權力，只不過是國會所設立的一個臨時性諮詢性的委員會，就英格蘭教會的改革向國會提供建議。當時英格蘭所面臨的歷史性使命也不是建立自由教會，而是推翻國王在政治和宗教上的全面專制。同時我們必須牢記，國會雖然沒有賦予威斯敏斯德會議本有的獨立的立法權，但會議本身的進行和決議並不受國會的干預和轄制。

在議會正式選定參加會議的 121 位成員中，有四派人士。一是安立甘派人士，由於國王反對會議的召開，忠於國王的安立甘派人士就沒有積極參與。二是長老派人士，在會議成員中占多數，他們中間多數人支持長老制是聖經中所顯明的教會制度，也有人支持長老制僅僅是出於權宜之計。即使那些真誠主張施行長老制的人，也缺乏實際的操作經驗，這也是後來長老制未能在英格蘭施行的原因之一；三是獨立派人士，其中包括著名的教牧神學家古德溫（Thomas Goodwin, 1600-1680）。他們人數雖少，但影響頗大。四是伊拉斯特派人士，[14] 這派人士贊同國家對教會的控制。因

---

[13]　B. B. Warfield, *The Westminster Assembly and Its Work* (Grand Rapid: Baker, 2003), p.12.

[14]　伊拉斯特派（Erastian）：源自一個名叫托馬斯·以拉斯特（Thomas Erastus, 1524-83）的人，他曾經在巴塞爾學習神學，後來在德國海德堡從醫。他主張國家有權力干預教會事務，認爲教會無權把成員逐出教會，只有國家才是上帝所設立的惟一的有形的政府，基督教國家的教會只是國家的一個部門，教會的權柄只是說服、勸誡，無權禁止犯罪者停止參加聖餐。在威斯敏斯德會議中，之所以出現伊拉斯特的名字，是因爲也有人主張國家對教會享有至高的權柄，而在

此，在《威斯敏斯德信條》制定的過程中，關於基本教義方面並沒有多大的爭議，與會人士一般都是傾向於加爾文主義神學立場。但在教會治理的方式上，爭議非常大。長老派要三面作戰，一是反對以主教制爲特色的天主教和安立甘派，二是反對過於強調地方教會獨立的獨立派，三是反對國家對教會的全面控制。

會議如期召開，一開始的時候集中於修改英格蘭教會《三十九條信綱》。此時，支持國會的軍隊與支持國王的軍隊在戰場上失利，英格蘭國會派出代表，前往蘇格蘭首都愛丁堡，尋求蘇格蘭人的幫助。其實，蘇格蘭人當時已經享有政治和宗教上的自由，與英格蘭國會結盟，只有重新捲入戰爭的風險，並沒有任何實際的利益。就我們中國人的思路來說，此時的蘇格蘭人完全可以袖手旁觀，置身事外，讓這些一直欺負他們的英格蘭人鷸蚌相爭，然後可以坐收漁翁之利。但蘇格蘭人出於對上帝的信心，決定出兵相助，雙方簽署了著名的《神聖盟約》。

此盟約首先闡明立約的目的：「靠著上帝的恩典，我們應當在各自所在的地位和呼召上，眞誠、踏實、不斷地努力在教義、敬拜、勸懲和治理上保守蘇格蘭宗教改革後的宗教形式，反對我們共同的仇敵；根據上帝的聖言，並參照最好的宗教改革教會，在教義、敬拜、勸懲和治理上改革英格蘭和愛爾蘭兩個王國的宗教；並努力在三個王國內，上帝的衆

英格蘭議會中大多數人都傾向於伊拉斯特主義。威斯敏斯德會議拒絕這種主張，認爲國家和教會既有彼此合作的領域，也有彼此分離的領域，在各自的領域中都享有至高的權柄，但爲了榮耀上帝當彼此合作。

教會在信仰上達至最密切的聯結與合一，包括在信仰告白、教會治理形式、敬拜規範與教理問答上。如此。我們，以及我們之後的後裔們，作為弟兄，可以在信心和愛心上共同生活，使主也與喜悅居住在我們中間。」

第二款明確表示廢除教皇制、主教制和各種與教義和敬虔不符的迷信、異端、分裂和褻瀆之舉。盟約共有六款，最後以反思自省收尾：「因為這些王國犯了許多罪，招惹上帝的震怒，正如在我們目前的困境、危險及其後果中所顯明的那樣，我們在上帝和全世界面前承認並宣告，我們誠心誠意地為我們自身的罪，為這些王國的罪而謙卑自己，特別是我們並沒有珍惜寶貴無比的福音的恩惠，這本是我們應當珍惜的。我們也沒有為福音的純正和影響而努力工作，行事為人與主不配，這些都是我們中間出現其他諸多罪惡和過犯的原因。我們誠心誠意，代表我們自身，以及其他在我們權力管轄範圍內的所有人，不管是在公共生活，還是在私人生活中，在我們對上帝和他人所當盡的一切本分中，努力調整我們的生活，人人爭先，作真心改革的模範。惟願如此能使上帝息去祂的震怒，使這些教會和王國能夠在真理與和平中堅定不移。這一聖約是我們在萬軍之耶和華面前訂立的，惟獨祂鑒察人心，我們願意依約而行，因為當末後審判的時候我們必在上帝面前交帳，那時個人一切隱秘的意念都要顯明出來。我們謙卑地祈求上帝用祂的聖靈堅固我們，祝福我們的願望，使我們能夠順利前行，使祂的子民化險為夷，使其他那些仍然在敵基督的暴政下呻吟的基督教會得到鼓勵，加入同樣或類似的聯盟和聖約，使上帝得榮耀，使耶穌基督的國度得以拓展，使基督徒王國和共同體得享

平安。」[15] 英格蘭國會想得到的是政治上的盟友，蘇格蘭人民想輸出的是宗教上的理想。最後他們共同接受的是政治上的結盟和宗教上的聯合。

蘇格蘭差派代表蘇格蘭教會與國家的專員前往英格蘭，[16] 英格蘭國會和威斯敏斯德會議都在 1643 年 9 月 25 日正式簽署了這一盟約，英格蘭國會也特別指定了一個委員會代表英格蘭國家，同時還有一個代表牧師的委員會，如此三方組成一個「大委員會」，以後威斯敏斯德會議的進行就是在這個大委員會的指導下進行的。會議的整個進程開始集中在爲英格蘭、蘇格蘭、愛爾蘭起草一個共同的信仰告白、治理規範、敬拜規範和教理問答上。在會議過程中，主要是長老派與獨立派之間的爭論，特別是在教會治理的形式上更是有長期的激烈的辯論[17]。獨立派甚至聲稱，教會的全體會員都必須顯出「眞正蒙恩的標記，使全會衆都相信他們已經重生。」[18] 這種極端的立場用意是好的，想避免教會的混雜，但是並不合乎聖經，在實踐中也無法操作。他們的這種立場在後來的北美殖民地也帶來了一系列的問題。另外，他們竭力反對長老制治理模式，但是當會議請求他們具體列明他們

---

[15] William Beveridge, *A Short History of the Westminster Assembly* (Greenville: Reformed Academic Press, 1993), pp.118-121.
[16] 蘇格蘭先後派出 8 個專員，其中有 5 個專員是牧師，較多參加會議的是四位，他們是 Alexander Henderson (1583-1646)，Robert Baillie (1602-1662)，Samuel Rutherford (1600-1661)，和 George Gillespie (1613-1648)，這四位都是學識淵博、德高望重的神學家和牧者，其中的 Gillespie 在參加會議的時候剛滿三十歲，在神學和見識上已經達到是爐火純青的地步，令人嘆爲觀止。他們要求作爲大會的會員參加，大會討論之後，認爲把他們視爲是來自蘇格蘭的專員更合適。他們有權作爲來自蘇格蘭的代表，參加大會各個委員會的會議。
[17] 其他比較大的爭議還有：上帝的預旨，基督徒的自由和良心的自由，基督的主權。
[18] William Beveridge, *A Short History of the Westminster Assembly*, pp. 69-70.

在教會論上的主張時，他們拖延七個月之久也沒有提出具體的說明，使很多人感到非常氣憤。[19] 可以想像，在這樣激烈的爭論中繼續合作，彼此之間都需要極大的耐心和智慧。

會議首先制定了教會治理規範、公共敬拜規範，採納了以如斯版本（Rous version）為基礎的《詩篇頌揚》，然後制定了《威斯敏斯德信條》和《威斯敏斯德大教理問答》、《威斯敏斯德小教理問答》，這些文件的起草幾乎是在同時由不同的小組分工進行的，但討論和通過則有一定的先後順序。1647 年 11 月 9 日，《大教理問答》已經完成，最後一個蘇格蘭專員魯瑟福在眾人的感謝聲中起身回國。《小教理問答》於 1647 年 11 月 25 日完成，提交議會審議通過。根據有關文件記載，蘇格蘭專員並沒有參與這份文件的起草，但信條和大教理問答已經完全把教義界定下來，《小教理問答》不過是用更加簡明的形式重申前二者的內容而已，但流傳最廣泛，影響最深遠的還是這份《小教理問答》。尤其是在蘇格蘭，這份《小教理問答》一直是歷代虔誠的長老宗信徒的信經，學者經常引用蘇格蘭一位牧者的話，說明這份小《教理問答》對於蘇格蘭人的宗教思想和靈命訓練的影響：「現在我已經站了在永恆的邊緣上，我年紀越是增加，童年時所學習的《小教理問答》的第一個問答越是在我的心中縈繞，它的意義也越來越完全，越來越深刻：人生的首要目的是什麼？就是榮耀上帝，以祂為樂，直到永遠。」[20]

19　William Beveridge, *A Short History of the Westminster Assembly*, p.70.

20　William Beveridge, *A Short History of the Westminster Assembly*, p.102.

此時，威斯敏斯德會議的工作已經完成。會議最後一次開始是在 1649 年 2 月 22 日，此時會議的主要功能是牧師資格的審核，直到 1652 年 3 月 25 日完全終止。從 1643 年 7 月 1 日到 1649 年 2 月 22 日，威斯敏斯德大會共舉行了 1163 次會議，除了禮拜六和禮拜天之外，每天都是從九點開會，直到中午一點或兩點結束，下午的時間留給各個委員會工作。從 1643 年至 1649 年，正是英國歷史上大轉折的時代。古老的概念，世代沿襲的風俗，已經扎根的信仰，都受到了嚴格的考驗。在這些歲月中，沒有人能夠預見將來會發生什麼。這是一個在理想上高歌猛進的時期，也是在歷史進程中一波三折的時代，其中所充滿的是武力的衝突，觀念的衝突，制度的衝突，時代的衝突。

滄海橫流，方顯英雄本色，因此這是一個需要英雄，造就英雄，也確實是英雄輩出的時代，當然也是一個充滿艱辛和悲哀的時代。不管已經重生的聖徒仍是多麼不完全，也不管那些假冒偽善、肆無忌憚的惡人如何囂張，歷史仍然在按照上帝的旨意前進，國王的專制和教會的專制最終都化爲齏粉，最終所誕生的就是社會和宗教上的自由、寬容。雖然英格蘭最終並沒有實行長老制，在《神聖盟約》的基礎上統一英格蘭、蘇格蘭和愛爾蘭的夢想並沒有完全實現。但威斯敏斯德會議確實高標逸韻，他們在基督的旗幟下，對公義和自由的追求成爲全世界所有人民的財富。清教徒的悲劇就是想使社會成爲一個聖徒的社會，[21] 這也是他們的崇高之處。「取法其上，得乎其中；取法其中，得乎其下。」對理想的追求

21　John Stephen Flynn, *The Influence of Puritanism*, p.7.

永遠是一個過程。對於清教徒而言，人的一生就是一個朝聖的旅程，歷史就是一個上帝的旨意逐漸實現的過程，我們所見到的有限，我們所能成就的有限，上帝所要求我們的就是忠心而已。

二、清教徒神學與清教徒運動

清教徒神學是一個頗為複雜的概念。[22] 在威斯敏斯德會議期間，在清教徒內部就有長老派與獨立派之分，英格蘭的清教徒和蘇格蘭的清教徒也有不同支持，北美的清教徒與英國清教徒的神學也不盡相同，荷蘭清教徒也有自己的特色。本文主要是以《威斯敏斯德標準》，也就是《威斯敏斯德信條》和大、小教理問答為參照，簡要地介紹清教徒神學的思路和影響。這種神學也可以稱之為「威斯敏斯德神學」。

清教徒神學不是書齋中的產物，更不是來自深山老林中的冥思苦想，而是清教徒在教會、議會、社會等現實生活各個方面爭戰過程中出現的，是無數清教徒心血的結晶。因此，我們在談及清教徒神學的時候，一方面是介紹其作為一種運動的軌跡，另外也特別介紹其教義的特徵。作為一個運動，清教徒運動有八大特色。

---

[22] 「清教徒神學」與「清教主義」、「清教徒主義」都是對 Puritanism 一詞的不同譯法。我自己更喜歡「清教徒神學」這一譯法，清教徒的思想並不是一種「主義」，而是一個明確的神學體系。但在一些英文書籍中，有時翻譯為清教主義似乎更合乎作者的原意。本文主要運用「清教徒神學」，有時也採用「清教主義」。參見奧爾森：《基督教神學思想史》，吳瑞誠、徐成德譯，周學信校訂，北京大學出版社，2003 年，559 頁；麥格夫：《歷史神學》，趙崇明譯，香港天道書樓，2002 年，213 頁；威利斯頓・沃爾克，《基督教會史》，孫善玲、段琦、朱代強譯 (Beijing：中國社會科學出版社，1991 年)，454-531 頁。

1、清教徒運動首先是一個宗教運動。儘管清教徒運動影響到政治、社會、經濟生活的各個方面，但就其本質而言清教徒運動並不是政治運動、社會運動或經濟運動。對於每個清教徒而言，最重要的問題首先是：我們當怎樣行，才能得救？一個新模範軍將領寫信給克倫威爾說：「閣下，惟願等候耶和華是您每天最重要的事情；惟願您視它比吃飯、睡覺、會商更重要。」[23] 清教徒首要的目標就是按照聖經淨化教會，在教義、敬拜和治理上改革教會，去除英格蘭教會中仍然殘餘的羅馬天主教的毒酵，消除英格蘭專制君主對教會的干預和控制，使每個人都能夠按照聖經和良心自由地敬拜上帝。因此，清教徒在教義和釋經方面都有大量的神學著述，成爲後來基督教的瑰寶。

2、清教徒運動是一個道德運動。清教徒具有極強的道德意識，他們把何謂善，何謂惡視爲最重要的問題，把生命視爲持續不斷的善與惡之間的爭戰，人或者是站在上帝這一邊，或者是站在撒但這一邊，並沒有中間立場。基督徒應當在上帝的幫助下，警醒禱告，謹慎守望，不斷地勝過自身和周圍的罪。克倫威爾深信，國家的偉大在於國民的敬虔。清教徒密爾頓曾經大聲呼籲：「熱愛美德吧，惟獨美德是不需要花費任何金錢的。」清教徒注重婚姻和家庭，特別強調淫亂的罪惡性。清教徒強調勤勞和節儉，自立和自尊。清教徒男人以敬虔、誠實、持重、勇敢而著稱，清教徒婦女則是以

23　轉引自 Ryken, *Worldly Saints*, p.11.

虔誠、貞潔、賢淑、簡樸而著稱。清教徒婦女喜歡針線活，喜歡家庭釀酒，烤製麵包，栽種花草，她們總是把家庭收拾得乾乾淨淨，沒有時間去追逐社會的時尚。清教徒對待婚姻非常嚴肅，清教徒的家庭生活注重次序，同時又充滿了聖潔之愛所帶來的美麗、平安、甜蜜和溫馨。典型的清教徒家庭早晨和晚上都有家庭敬拜，他們喜歡用簡單的旋律唱頌《詩篇》，普遍喜歡舊約中的教訓。家庭是培養品格的地方，清教徒對家庭敬虔的注重是清教主義的一大特色。熱愛真理，憎惡謊言，忠誠守約，清教主義所塑造的這樣的品格乃是全社會的財富。

3、**清教徒運動是一場改革運動**。清教徒絕不因循守舊，更不會認同現狀，他們的目標就是根據上帝的聖言不斷地改革自身，他們呼籲作家長的要不斷改革家庭，作牧者的要不斷改革教會，從政的要不斷改革國家。他們呼籲每個人都行動起來，首先使自己成為實現上帝旨意的器皿，然後致力於在社會各個領域中積極行善，消除不義。因此，教會的每次復興和改革，都具有清教徒的色彩。

4、**清教徒運動也是一場國際運動**。英國清教徒領袖多數都曾遊歷歐洲大陸各國，或是為了求學，或是因為避難。因此，清教徒不僅有來自聖經的崇高的異象，他們也有廣泛的視野，突破了民族、國家、地域、歷史的疆界，博采百家之長，形成自己的特色。因此，清教徒神學絕不是在深山老林，荒漠山洞中冥思苦想出來的，而是在大學裡，在教會中，在議會裡，在戰場上，也就是在豐富的生活實踐中提煉

出來的。從清教徒的影響來看，也是國際性的，美國、加拿大、澳大利亞、匈牙利、韓國等都深受清教徒神學的影響。中國教會進入二十一世紀之後，也有越來越多的有識之士認識到清教徒神學的寶貴。

5、清教徒運動一直是少數派運動。清教徒運動絕不是盲目的大規模的群眾運動。英格蘭清教徒雖然一度在議會中取得強大的影響力，但就其人數而言從來沒有占大多數，很多時候遭受迫害。有一段時期，清教徒領袖進出監獄甚至成為一種生活方式。他們雖然人數不多，但因為他們在精神上的魅力、道德上的卓越和學術上的精湛，他們在社會上帶來了巨大的影響，確實盡到了「光」與「鹽」的作用。清教徒固然喜歡聖徒相通，喜歡有更多的人接受真道，但他們也不怕孤軍奮戰。他們更重視的乃是靈命的質量，寧要好梨一個，不要爛梨一筐。因此，清教徒嚴於律己，精益求精。上帝的工作並不是從大而多開始的，上帝的工作是從少數敬虔的人開始，甚至是從一個人開始。清教徒經常感嘆的並不是教會和社會的敗壞，而是時時省察自己，認識到自身的軟弱，定意從自身做起，尋求上帝的憐憫，自覺擔任教會和國家的守望者。

6、清教徒運動也是一場平信徒的運動。清教徒牧者絕沒有把自己禁錮在學術的象牙塔內，更沒有滯留在組織性教會中以宗教精英自居，他們最大的熱情就是向民眾教導上帝公義的律法，傳講恩惠的福音。即使很多人在大學中擔任教授，他們仍然兼任教會的牧者，孜孜不倦地向會眾教導上帝的聖言。像著名的清教徒巴克斯特一樣，他們每週都深入探

訪教區的各個家庭，幫助、督促家長帶領家庭敬拜和教理問答，使平信徒在文化、道德和宗教上不斷精進，在各個領域中成爲基督的精兵。因此，清教徒運動也是一場教育運動，我們甚至可以說，清教徒運動就是一場敬虔的大學教授所帶領的運動。牛津大學、劍橋大學既是英格蘭清教徒的搖籃，更因爲清教徒在學術上的追求開始超越歐洲大陸更古老的大學，成爲國際性的著名學府。美國的哈佛大學、哥倫比亞大學等名牌大學也都是移民北美的清教徒創建的。北美一位清教徒向馬撒諸塞殖民地的總督寫信說：「假如大學消失了，教會也不會存續很久。」當然，清教徒不僅注重高等教育，也注重從小就在家庭、教會和基督徒學校中用主的教訓培養孩子的品德和學識。對於清教徒而言，要把自己還沒有辨別力的孩子送給不信主的人去教育，乃是不可思議的。因此，清教徒無論到哪裡去，都興辦基督徒學校，想方設法使後代接受合乎聖經的敬虔教育。

7、最重要的是，清教徒運動是一場聖經運動。對於清教徒而言，上帝的聖言不是一般性的言詞，而是上帝的「法言」，有來自上帝的權威，首先要明白，其次就是遵行。正是他們這種對聖經權威的重視，才使得他們與英國其他新教徒分別出來。史密斯告誡會眾說：「無論何時，我們都應將上帝的話語作爲標尺，放在面前。聖經之外，別無所信；聖經之外，別無所愛；聖經之外，別無所恨；聖經之外，別無所爲。」[24]

24 周必克，《清教徒的福音侍奉》，陳路譯，王志勇編校（北京：威斯敏斯德出版社，2001年），6-7頁。

清教徒把聖經六十六卷書，看成是聖靈所賜給他們的圖書館。在禮拜天的時候，清教徒人人都去參加教會的聚會，講道常常持續兩個小時。牧師的講道非常投入，常常是汗流浹背，講道完之後不得不更換襯衫。他們立志以聖經爲絕對的客觀的，超驗的至高標準來規範自己，改變自己，而這與當今那些對聖經似懂非懂，卻動輒就要懷疑聖經、批判聖經的所謂的基督徒形成了鮮明的對照。清教徒中出現了很多著名的解經家，特別是馬太·普爾（Matthew Poole, 1624-1679）和馬太·亨利（Matthew Henry, 1662-1714）的聖經注釋，到現在都是許多基督徒家庭和牧者的必備書籍。希望有一天，這兩套解經書籍也能翻譯爲中文，成爲中國教會的祝福。

8、當然，我們也不用諱言，清教徒運動也是政治和經濟運動。當時英格蘭教會處於專制國王的轄制之下，清教徒對教會的改革自然涉及到政治的變革。並且，清教徒神學注重公義和自由，不可避免地要和形形色色的抵擋基督的專制者發生衝突。從清教徒神學的產生和發展來看，清教徒神學本身就是基督教在殘酷的政治逼迫下所流露出的芳香四溢的橄欖油，給全世界一切熱愛眞理的人帶來鼓勵和滋養。清教徒神學也是在政治和宗教逼迫的烈火中和鐵錘下鍛煉出來的利劍，全世界一切熱愛政治和宗教自由的人都爲之歡欣鼓舞。清教徒最典型的特徵就是他們對聖經的高度尊重，他們不僅把聖經視爲是個人信仰的權威，更是把聖經視爲是個人生活和社會生活各個方面的權威，當然既包括宗教的領域，也包括政治的領域。

清教徒絕不會像當今某些自詡敬虔、屬靈的教會人士那

樣，把政治與宗教截然分開。沒有政治上的自由，怎能有宗教上的自由？在一個國家中，假如一般公民都沒有聚會的自由，基督徒怎能享有聚會敬拜的自由呢？這是顯而易見的常識。因此，他們不僅在宗教領域，爲教義、敬拜和治理的純正而迫切禱告，百折不撓；同時也爲了政治上的自由揭竿而起，艱苦奮鬥，以少勝多，以弱勝強，最終把肆行專制的君王推上了斷頭臺。因此，清教主義被稱爲是「聖徒與英雄」的宗教。但清教徒絕不是政治上的狂熱分子，他們絕不會像中國歷史中常見的那樣把對手趕盡殺絕，更願意透過長期的忍耐和審慎的妥協化敵爲友。清教徒牧者多是英國劍橋大學和牛津大學的畢業生，他們都受過良好的教育。他們心中所愛的就是眞理和自由，對自由的熱愛深深地流淌在他們的血液中。對自由的珍惜和熱愛也成爲英國人的傳統，不管是在政治事務上，還是在宗教事務上，他們不喜歡任何外在的權威強迫他們服從。

　　清教徒注重公義和自由。尤其是個人良心的自由。不管是國王，還是教會，都不得轄制個人的良心。因此，清教徒既反對國王的專權，也反對主教的專權；既反對國家的專制，也反對教會的專制。每個基督徒都應當是神學家，也應當是政治家。清教徒的教育所要造就的不是抽象化神祕化的「敬虔」之人，而是有學識的人，有政治智慧的人。因此，在清教徒所設計的課程中，法律和政治始終占有重要的地位[25]。教會和大學應當爲社會培養富有正義精神的法官和政

25　John Stephen Flynn, *The Influence of Puritanism*, p.155.

治人才。如果那些敬畏上帝的人不去關心公眾之事，就會任憑那些邪惡之人橫行霸道，獨斷專行。更爲寶貴的是，清教徒神學家深入農村宣教牧會，很多著名的清教徒傳道人幾乎終生在偏遠的鄉村傳道牧會。因此，歷史學家指出，「若是沒有清教主義，英國農民始終還在異教的黑暗之中。」[26]

三、清教徒神學的主要特徵

以上所講的是清教徒神學作爲一種運動的特色。接下來我們介紹清教徒在教義上的特色。這些特色都在基督教的基本框架之內，但卻是清教徒所突出強調的。從教義上而言，清教徒的神學思想都屬加爾文體系的路徑，因此，對於清教徒而言，上帝的主權，個人的自由，賴恩得救，因信稱義，分別爲聖，都是不證自明的公理。以下我們根據威斯敏斯德標準，簡述清教徒神學的十二大神學主題及其特色。由於篇幅限制，此處我們以聖經論爲重點評析，其他十一點僅作簡介。

1、上帝所啓示的無謬聖經乃是最高的標準。《威斯敏斯德信條》的制定正處於基督教信仰鞏固和詮釋的階段，作者運用了經院主義的方法，對每個教義的各個方面進行了詳盡、精確的界定。[27] 在今日教會中，當談起改革宗或清教徒神學的時候，很多人馬上想到的是預定論，其實就清教徒神

26　John Stephen Flynn, *The Influence of Puritanism*, p.166.

27　John H. Leith, *Assembly at Westminster* (Richmond: John Knox Press, 1973), pp.65-74.

學的傑作《威斯敏斯德信條》而言，最重要的就是第一章聖經論。對於參加威斯敏斯德會議的這些教牧神學家而言，關於所有得救的知識、信心及順服，聖經乃是唯一充分、明確、無謬的準則。因此，莫里斯總結說：《威斯敏斯德信條》的出發點既不是任何哲學原理，也不是某個重要的基督教教義，而是直接以上帝的聖言爲信仰爲生活的獨一準則。[28]華菲德在曾經用 178 頁的篇幅考察威斯敏斯德標準中的聖經論，他首先指出：「參加威斯敏斯德會議的衆牧者把『聖經論』這一章放在整個信條的第一章，並且由此而奠定了他們教義體系的根基。在認識的崇高和表達的精確方面，《威斯敏斯德信條》的聖經論可謂是所有基督教信條中最爲卓越的。」[29]我把此章十條規定歸納爲聖經論十六大支柱性教義。

（1）必要論：本條承認自然之光或普遍啓示的存在，同時申明「將那爲得救所必需的對上帝及其旨意的知識給與人」，特殊啓示是必不可少的。同時，本條也闡明了上帝把特殊啓示筆之於書的必要性：「主爲了更好地保守並傳揚眞理，且爲了更加堅立教會，安慰教會，抵擋肉體的敗壞以及撒但和世界的毒害，遂使全部啓示筆之於書。」

（2）封頂論：上帝是否仍然在用特殊啓示的方式向某個教會或某個信徒顯明新的教義？這個問題非常重要。若是啓示並沒有封頂，仍然不斷有新的啓示出現，這樣基督教就處於不穩定的狀態。但信條明確指出：「上帝從前向祂百姓啓示自己旨意的這些方法，如今已經止息了。」

---

[28] Edward D. Morris, *Theology of the Westminster Symbols* (Columbus, 1900), p.67.

[29] B. B. Warfield, *The Westminster Assembly and its Work*, p.155.

（3）卷目論：信條明確了基督教所承認的納為正典的六十六卷書。

（4）默示論：「這些書卷都是上帝所默示的，是信仰與生活的準則。」

（5）旁經論：信條明確指出旁經各卷書「並非出於上帝的默示，所以不屬聖經正典；因此，它們在上帝的教會中沒有任何權威性，」同時，信條本身也並沒有禁止人們閱讀這些書卷，而是教導人們正確地看待這些書卷，也就是「只能當作一般人的著作來看待或使用。

（6）權威論：第四條論及聖經的權威性以及這種權威性的來源。信條首先肯定聖經的權威性：「聖經的權威性應當受到人的信服，」然後指出這權威性「並不倚賴任何個人或教會的見證，而是完全在於其作者上帝，祂就是真理本身。」因此，聖經的權威性既不是來自任何個人，甚至也不是來自教會。相反，個人和教會都當以聖經為權威。對於制定信條的牧者而言，邏輯非常簡單：「既然聖經是上帝的話，我們就應當接受。」因此，「聖經是上帝的話，」這並非來自任何理性或邏輯的證明，乃是來自以信心為本的前提，當然這種以信為本的前提論，也不是什麼都不解釋，只是一味要求人們相信的唯信主義。相反，在下一條中從客觀和主觀兩個方面解釋了這種確信的來源。

（7）自證論：如何證明聖經就是上帝的話？《威斯敏斯德信條》也為人們提供了證明的方式。客觀的直接的證明就是聖經本身。「聖經屬天的性質，教義的效力，文體的莊嚴，各部的契合，整卷書的目的（就是將一切榮耀都歸給上帝），人類惟一得救之道的完全展示，和其他許多無可比擬

的優點，及整卷書的全備，都十足自證其為上帝的話。」因此，聖經的權威性並不是建立在考古發現上，也不是建立在聖經所給人帶來的功效或益處上，而是建立在聖經自身的見證上。

（8）內證論：同時，信條本身也避免了理性主義的傾向，明確指出我們之所以相信聖經是上帝的話並不是因為外在的證據，也不是因為個人理性的推究和他人的說服，「乃是由於聖靈的內在之工。」也就是說，只有藉著聖靈在我們心中的內證，我們才能「完全信服並確知聖經無謬的真理性和神聖的權威性。」同時，信條本身也強調，這種確信並非完全離開聖經，相反，聖靈的工作乃是「藉著上帝的聖言，並與上帝的聖言一道在我們心裡作證。」因此，《威斯敏斯德信條》聖經論始終把握聖靈與聖言兩方面的平衡。

（9）全備論：信條明確申明：「上帝全備的旨意，也就是關於祂自己的榮耀、人的得救、信仰和生活所必需的一切事，或已明確記載於聖經之中，或可用合理的推論，由聖經引申出必然的結論。」此處值得注意的一點是信條既承認聖經明確的記載，也承認「合理的推論」，有人僅僅承認聖經文字上直接記載的東西，對於聖經中沒有明確提及的概念就不予承認，比如「三位一體」、「神人二性」等，這種偏頗限制了人類理性的發揮，同時也限制了聖經的範圍和應用。另外，信條斷然指出：「不論是所謂的聖靈的新啟示，還是人的遺傳，都不得於任何時候加入聖經。」聖經既是全備的，就不需要我們再加加減減。當然，此處重點所杜絕的是各種異端偽稱有「新啟示」，把自己的私貨也上升到聖經的地步。

（10）光照論：同時，信條明確了「聖靈內在的光照」的作用：「要明白聖經中所啓示的使人得救的知識，聖靈內在的光照是必不可少的。」因此，明白聖經並不僅僅是理性思考的問題，若不是上帝開我們的心竅，哪怕我們畢生以研究聖經爲專業，甚至精通聖經原文，我們所得到的也不過是表面性的認識。因此，赫治強調說：「要對聖經中所包含的眞理有眞正的使人得救的認識，聖靈的大能所給人帶來的屬靈的光照乃是必不可少的。」[30]

（11）常識論：更爲寶貴的是信條始終高舉上帝的聖言的規範作用和聖靈的光照作用，卻又沒有完全否定普遍啓示和常識的價值：「規範有若干關於敬拜上帝和教會治理的細節，與人類日常生活和社會團體有相通之處，所以可以根據自然之光和基督徒的智慧予以規定，但總要遵照聖道的通則。」比如說教會在主日到底何時聚會？就當根據當地的情況和常識做出合理的安排，但是我們並不能隨意取消主日的聚會。

（11）明晰論：本章第 7 條論及聖經的明晰性。首先從否定的角度指出：「聖經中所記各事本身並不都是一樣明顯，對各人也不都是一樣清楚，」這就杜絕了人的膚淺和驕傲。首先聖經中的經文並不都是簡明易懂的，連使徒彼得也承認在保羅的書信中「有些難明白的」。其次，即使同樣的經文，不同的人理解程度也不相同，同樣的人在不同的時期所理解的程度也不相同。因此，我們需要不斷考察聖經，也

---

[30] A.A. Hodge, *A Commentary on the Confession of Faith* (Philadelphia: Presbyterian Board of Christian Education, 1932), p.61.

要尊重牧者的教導，同時謙卑地承認自己始終有不明白的地方。同時，信條本身也杜絕了任何人聲稱聖經難懂，從而不讀經的藉口：「然而爲得救所必須知道、相信並遵行的事，在聖經此處或彼處已明載而詳論，以致不僅有學識的，而且無學識的，只要正當使用通常的蒙恩之道，便都可以有充分的理解。」此處提出了「通常的蒙恩之道」的概念，這在大、小教理問答中都有明確的闡述，也就是聽道、聖餐和禱告。對蒙恩之道的強調不僅來自威斯敏斯德神學，也是改革宗神學的普遍性特色之一。

（12）文本論：聖經都是上帝默示的，這並不是指中文和合本譯本，也不是指英文欽定本，而是指原初的版本。[31]只有原初的版本才是上帝所直接默示的，因此，信條界定說：「希伯來文（古時上帝選民的文字）舊約，和希臘文（新約時代各國最通用的文字）新約，都是上帝直接默示的。」但原初的版本現在並不存在，目前存在的只是各種各樣的抄本，這就需要「經文鑑定」，判定到底哪種抄本是權威性的抄本。此處存在的重要問題就是：到底誰有權威做出這樣的鑑定呢？做出鑑定的時候到底又以什麼爲標準呢？此類問題在十九、二十世紀的保守派和自由派之間展開了激烈的爭戰。爭戰的核心在於以下的「保守論」。

（13）保守論：信條明確規定，聖經文本的「純正因上帝特別看顧和護理而在歷代得以保守，所以它們是眞實可信的。」因此，自從威斯敏斯德會議以來，保守派改革宗人士

31　J. Harold Greenlee, *Introduction to New Testament Textual Criticism* (Peabody: Hendrickson, 1995), p.1.

一直相信保守論，相信聖經不僅是上帝所默示的，也是上帝所保守的。道理很簡單，若是沒有上帝對聖經文本的保守，聖經的默示性就沒有任何實際的意義。我們即使承認聖經都是上帝所默示的，但這直接默示的文本卻不存在，假如抄本的製作和傳承沒有上帝的保守，那麼聖經就和普普通通的一本書一樣，在傳抄的過程中難免出現各種各樣的錯誤，「惟獨聖經」就變得沒有任何意義。只有在承認保守論之後，我們所見到的聖經才會具有可信性，我們才能說：「一切有關宗教的辯論，教會最終都當訴諸聖經。」可惜，目前這種保守論在歐美教會中開始成為少數派，即使很多改革宗教會及其神學院也已經放棄保守論，動搖了基督教信仰的根基，使得聖經本身的經文淪落在考古專家和所謂的高等批判專家的手中，在他們手中變來變去，很多新的譯本對經文隨意變通取捨，敗壞上帝的真道，招惹上帝的震怒。[32]

（14）翻譯論：第 9 條談及聖經的翻譯問題。正統穆斯林反對把《古蘭經》翻譯為其他文字，認為只有用阿拉伯文才能明白《古蘭經》的精義。正統猶太教徒也都堅持用希伯來文閱讀舊約聖經。羅馬天主教為了保持自己對聖經解釋的壟斷權，從而維持教士的特殊地位，長期以來，一直反對把聖經翻譯為各國通用的文字，丁道爾就是因為要把聖經翻譯為英文而被他們逮捕燒死的。因此，我們中國信徒能夠用中文讀聖經，也是宗教改革給我們帶來的益處。

（15）釋經論：在目前中國教會中，很多基督徒逐漸開始聽到「以經解經」和「解經式講道」這樣的名詞。其實，

32　請參考 John W. Burgon, *Unholy Hands on the Bible* (Lafayette: Sovereign Grace Trust Fund, 1990).

這些多是來自威斯敏斯德神學。在《威斯敏斯德信條》中明確提出了「以經解經」的原則：「解釋聖經無謬的規則，就是以經解經；因此，當我們對聖經某處真實和完全的意義發生疑問時（該意義只有一個，不是多種），就當查考其它更清楚的經文來加以解明。」這種解經最不容易，需要詳細地考察聖經，從文法和歷史的角度查明經文本身的原意，然後從經文本身得出教訓，加以應用。

（16）自由論：威斯敏斯德神學始終強調聖靈與聖言的平衡。[33] 在這個平衡中所要保守的乃是基督徒的自由。信條最後明確指出：「要判斷一切宗教的爭論，審查一切教會會議的決議、古代作者的意見、世人的教訓和私人的經歷，我們所當依據的最高裁決者，除在聖經中說話的聖靈以外，別無其他。」因此，聖經是基督徒信仰與生活的絕對標準，而聖靈則是基督徒信仰與生活的最高裁判，任何個人和組織都不可把自己的意見凌駕於聖經之上，任何個人和組織都不可用自己的權威取代聖靈，在聖經與聖靈之間直接感應、負責的就是個人的良心，每個人都要根據聖靈對個人良心的引導做出自己的回應。這一規定其實是一個偉大的自由宣言，使基督徒不僅擺脫國家的專制，也擺脫有形教會的專制，和其他各種各樣的桎梏，個人直接對上帝負責。當然這絕不是讓我們不尊重「教會會議的決議、古代作者的意見、世人的教訓和私人的經歷，」這些都是上帝賜給我們的幫助，但絕不能

33　參見 Wayne R. Spear, *Word and Spirit in the Westminster Confession, from The Westminster Confession into the 21st Century*, edited by Ligon Duncan (Ross-shire: Christian Focus Publications, 2004), vol. I, pp.39-56.

取代上帝的聖言和聖靈的地位，絕不能代替我們自己做出選擇。這樣的自由是至高的自由，是一切自由的根基。當然，這樣的自由也是具有高度責任感的人才能善加使用的自由。

2、聖經中所啓示的三一上帝是萬有的根本。《威斯敏斯德信條》第 2 章至第 5 章屬傳統的系統神學中的上帝論。基督教神學中最重要的兩論就是聖經論和上帝論。追本溯源，一切神學上的偏頗最終一般都是因爲在聖經論或上帝論上有問題。神學的核心就是根據上帝的聖言來認識上帝，可惜當今神學幾乎變成了人學，所注重的都是人的需要和滿足。第 2 章論及上帝的本質、屬性和三位一體，第 3 章論及上帝的預旨，第 4、5 章分別論及上帝的創造和護理之工。瑞肯在總結清教徒神學八大特色的時候，其中兩點就是清教徒的創造論和護理論。清教徒相信是上帝創造了世界，因此，世界本質上是善的，而不是惡的。他們相信整個物質世界所指向的就是上帝，因此在《威斯敏斯德信條》第 1 章第 1 句中他們就談及「自然之光」。基督徒應當把世界視爲上帝的工廠、聖殿。巴克斯特甚至說：「世界就是上帝的書卷，每個受造物都是一個音節，一個字符，一個句子，……它們都在宣告上帝的聖名和旨意。」因此，清教徒斷然否定來自希臘哲學的那種物質與精神的二分法。清教徒極其信靠上帝的護理，他們在每個事件中都看到是上帝的手在掌管一切，他們在自己的日記中大量地記載上帝的恩典如何在他們日常的生活中與他們同在。[34]

34　Ryken, *Worldly Saints*, p.11.

3、**上帝與人之間的關係模式乃是聖約式的**。在十六、十七世紀改革宗信條中，惟獨《威斯敏斯德信條》明確地界定了聖約的概念，並以聖約論爲基本概念，以此界定上帝與人之間、人與人之間的關係。我們甚至可以說，威斯敏斯德神學就是聖約神學。《威斯敏斯德信條》的制定就是起始於《神聖盟約》的簽訂，清教徒的聖約論絕不僅僅局限於上帝與人之間，而是貫穿於個人生活與社會生活的各個方面。上帝是信實的上帝，就是指上帝是守約的上帝，祂的應許絕不變更，祂的律法絕不廢棄，祂最終必以祂的聖約和律法來審判每一個人。主耶穌基督是聖約的中保，祂是完全的上帝，代表上帝，向選民顯明了上帝的信實；祂是完全的人，代表選民，完全滿足了上帝聖約的要求。每個人或者是守約者，或者是違約者，守約蒙福，違約受損，並沒有中間性的選擇。清教徒把家庭、教會和國家都視爲是立約性的實體，每個成員都當明白自己在約中所享有的應許，以及自己按約當盡的責任。這種聖約論，不僅影響到清教徒的屬靈生活，還直接影響到清教徒的經濟與政治生活。因此，清教徒在經濟往來中，注重契約的概念，契約就是法律，雙方必須誠實履約；在政治生活中，強調國家必須建立在公民契約的基礎上，沒有公民的同意，不得隨意徵收稅賦，甚至沒有公民以選舉所表達的同意，就沒有合法的政府。更重要的是，上帝既是契約的第三方，也是契約的監管者，那些肆意濫用自己的自由，肆意踐踏他人的自由，惡意違約的人必然受到上帝的懲處。

4、上帝所啓示的律法是祂所設立的聖約標準。在當今教會中往往很多人把上帝的律法與恩典或福音對立起來，即使在許多改革宗教會中也往往把上帝的律法高高掛起，不加講授，私下就像當初的法利賽人一樣，暗暗地用人的傳統取代了上帝的誡命，致使教會腐敗，假冒偽善盛行，社會道德不斷沉淪。同時，有些人往往認爲預定論就是改革宗神學的精華，經常爲預定論的問題與別人爭得面紅耳赤，對於上帝的律法卻不聞不問，更沒有以上帝的律法來雕塑自己的性情。其實，改革宗神學的重心並不在於抽象的思辨，而是在於敬虔的生活，而這敬虔的生活既是源於聖靈使人重生的大能，也是來自個人對上帝的律法的自願的順服。正如莫里斯所言：「上帝絕對的預旨並不是某種幽暗、可怕的旨意，深不可測，無法辨明，而是無處不受其完美的律法的影響。上帝的主權不是專斷的統治，只是顯明祂無限的智慧毫不動搖。更準確地說，上帝的主權是藉著祂神聖的律法而施行的，這律法不僅是祂自己所設立的，是受造物必須遵行的準則；更是祂自己親自解釋，親自遵行的。」[35]

主耶穌基督就是最好的見證，祂既明確地向我們解釋了律法的精義，同時也爲我們完美地成全了上帝的律法。清教徒不僅把上帝的律法視爲上帝所設立的奠定基督徒自由的界限，更在新約的亮光下把上帝的律法視爲在基督裡得自由的蒙恩之道。[36] 當然，清教徒的律法觀都是建立在聖約論的基

[35] Morris, *Theology of the Westminster Symbols*, p.506.

[36] 參看 Samuel Bolton, *The True Freedom of Christian Freedom* (Edinburgh: The Banner of Truth Trust, 2001). 二十世紀神學家 Enerst F. Kevan 專門考察清教徒神學，著有 *The Grace of Law* (Morgan, Soli Deo Gloria Publications, 1993) 一書，特別闡明清教徒關於律法的主張。

礎和架構上的。當今教會許多人對於上帝的律法缺乏正確的理解和界定，主要原因也往往是因爲不明白聖約論的緣故。惟獨設律法的上帝才是選民的救主，而上帝所設立的律法乃是選民在恩典之約中聖潔生活的標準。因此，上帝所設立的律法始終是上帝爲其選民所啓示的聖約的標準，上帝的選民遵守上帝的律法絕不是爲了得救，而是因爲他們已經得救！在《威斯敏斯德小教理問答》第 40 問中問及「上帝起初向人啓示了什麼作爲順服祂的標準呢？」回答就是「上帝起初向人啓示了道德律作爲順服祂的標準。」以下是對四個著名的改革宗教理問答的分析，在這些教理問答中，律法論都占有相當大的比重，可見當初的宗教改革者對律法的普遍重視。[37] 今日教會忽視上帝的律法，最終所導致的就是「輕言信心」、「廉價恩典」。

5、主耶穌基督是上帝與人之間惟一的中保。就其本質而言，基督教所恢復的就是基督在上帝與人之間獨一的中保地位。羅馬天主教與基督教一致認可以《使徒信經》、《尼西亞信經》、《迦克敦信經》和《亞他那修信經》四大信經所界定的三位一體的教義，一致認可基督的救贖乃是罪人得救的最終根基，然而天主教卻越來越突出有形教會的中保作用，甚至把教皇推崇到「無謬」的地步，使救恩依賴於教會的聖禮、代禱、赦罪之功，因而也從實質上否定了基督的中保作用。

---

37 W. Robert. Godfrey, *An Intruduction to the Westminster Larger Catechism*, from Johannes G. Vos, *The Larger Catechism*, xviii.

基督教正本清源，撥亂反正，歸回聖經，重申救恩的核心就在於信徒與基督之間所建立的直接的關係，這種關係是惟獨藉著信心建立的，並不需要教會的中介。羅馬天主教要求個人透過有形教會來到基督面前，而基督教則堅持個人只有藉著基督才能進入真教會。教會的講道、聖禮、代禱固然是上帝所設立的蒙恩之道，每個人都當予以重視，但是講道、聖禮和代禱本身並沒有直接的魔術性的作用，若是沒有聖靈的工作，任何人都不能得到屬靈的益處。

威斯敏斯德神學談及基督的神人二性，基督降卑與升高的兩種狀態，基督的積極順服和消極順服，基督先知、祭司與君王的職分，只有在這樣的架構和界定中，「惟獨基督」才有了真正的內涵。正是因為強調基督作為獨一的中保的地位和作用，任何個人、組織（包括國家和教會）都不得僭越基督的地位，不得扮演「救贖主」的角色，這就消除了形形色色的專制的神學或理論土壤，使個人在上帝面前因著基督而得到完全的自由。

6、**基督的主權貫穿自然與恩典的各個領域**。清教徒特別強調「基督的主權」。他們並沒有把基督的主權限制在宗教的領域中，更沒有把基督的主權限制在「天上」或將來的「天國」中，他們強調基督現在就已經是「萬主之主，萬王之王。」

基督徒的使命就是加入主耶穌基督得勝的大軍，建立合乎上帝心意的家庭、社會和國家。清教徒約翰·格瑞在1646 年所發表的一個名為《一個英國老清教徒或不從國教者的特徵》的小冊子中說：「他把自己的一生視為一場爭

戰，基督就是他的元首，……十字架就是他的旗幟，他的座右銘就是：受苦者必是得勝者。」[38] 清教徒所喜歡的《詩篇》之一就是 72 篇，這一詩篇所歌詠的就是基督的主權。

　　7、律法與福音、文化使命與福音使命平衡。聖經中所顯明的真道是律法與福音平衡的真道，是文化使命與福音使命並行的真道。惟獨這樣的真道才能不僅使罪人悔改得救，也能夠裝備聖徒在世界中積極地進行文化爭戰。現代教會不知不覺地中了撒但的毒害，反律法，反文化，反神學，反傳統，反宗派，反信條，使得基督徒脫離聖經的全方位真道，脫離教會的歷史性根基，脫離社會的現實性需求，成為社會上的邊緣性人士，喪失了應有的影響社會的光度和「鹽味」。正如真理之旗出版社的編輯所指出的那樣：「目前盛行的神學並不能夠提升社會的道德水平，遏制道德風氣的敗壞。無疑，原因之一就在於誤解律法在恩典之約中的地位和作用。教會需要重新曉得伯頓所陳明的真理：『律法把我們送到福音的面前，使我們因信稱義；福音把我們送到律法的面前，使我們調整我們的生活方式。』」[39]

　　大溪城清教徒改革宗神學院院長周必克牧師在談及清教徒的侍奉時指出：「清教徒傳道人在講解福音之前先講律法，這種作法與保羅寫《羅馬書》前 3 章異曲同工。使徒保羅首先解釋上帝的律法，使罪人在上帝面前無話可說，使整個世界在上帝面前都顯為有罪。清教徒並不急於督促惡人轉

38　轉引自 Leland Ryken, *Worldly Saints* (Grand Rapids: Zondervan, 1986), xi.

39　Samuel Bolton, *The True Freedom of Christian Freedom*, p.11.

離罪行，他們認為罪人能夠做得到。因為清教徒相信，用律法的要求來面對罪人，聖靈會帶領罪人認識到自己在上帝面前的無能，也會認識到他們需要上帝的救恩。」[40]

8、罪人賴恩得救，因信稱義，當分別為聖。清教徒所注重的是恩典的教義，不管是個人的得救，還是物質生活上的興盛，都是因為上帝的恩典。清教徒神學的核心就是確信人類所得到的一切好處都是來自上帝的恩典，絕不是靠人的善行或功德贏得的。在「救恩神學」中，清教徒神學首先強調的是「賴恩得救」，說明得救的本源惟獨在於上帝的主權的白白的恩典，這也是救恩神學五大要義的總結。[41]

清教徒神學始終把救贖分為「稱義」與「成聖」兩個方面，《威斯敏斯德大教理問答》77 問清楚地闡明了「稱義」與「成聖」二者的不同。「因信稱義」說明稱義的途經，「分別為聖」，說明救恩的目的並不在於個人的得贖，個人得贖的目的乃是榮耀上帝，榮耀上帝的途經就是透過聖潔的生活，見證上帝恩惠的福音，完成上帝從創世以來就賜予的治理全地的文化使命。因此，清教徒神學絕沒有以「救恩神學」為終點。

9、國度已經臨到，尚未完全，必最終達成。基督的國度就是基督的統治，傳統上把基督的國度分為權能的國度、

---

[40] 周必克，《清教徒的福音侍奉》，23 頁。
[41] 此五大要義源自《多特信條》的規定：人的全然敗壞，上帝無條件的揀選，基督為選民捨命 (基督救贖的有限性)，上帝的恩典不可抗拒，聖徒永蒙保守。

恩典的國度和榮耀的國度。[42] 就上帝的權能而言，祂作為三一上帝的第二個位格，全地都在祂的掌管之下，是全地的大君王。就上帝的恩典而言，只有蒙恩得救的人才從撒但黑暗的國度進入基督光明的國度，在他們今世的爭戰中，得蒙基督大能的保守。就上帝的榮耀而言，只有當基督再來，審判世界的時候，祂要制伏所有的仇敵。這三大國度的劃分並不是指不同的區域和時間，而是基督行使其王權的不同的方式。因此，要明白上帝的國度，關鍵是明白上帝的主權和基督的王權。

在《威斯敏斯德信條》中，有四處提及「國度」這個詞，在 8 章 5 條、23 章 3 條、32 章 2 條三處提及「天國」，在 25 章 2 條提及「主耶穌基督的國」。清教徒特別強調作為「大君王的基督」，「基督的王權」，「基督的主權」。這種對基督王權的強調最根本的當然是基於聖經中的強調。從歷史背景來考慮，清教徒以基督的王權抵擋當時的兩大專制勢力，一是羅馬天主教，一是世俗的王權。在清教徒神學中，基督的王權絕不僅僅局限於現在人所說的屬靈或宗教領域。

其實，在威斯敏斯德神學中，更強調的是基督在這個世界上的王權。首先是在信徒的生命中，基督是他們的王；其次是在教會中，基督是教會的王；因此，真正執掌大權，掌管世界的並不是魔鬼，也不是各種敵基督的勢力，而是教會的元首、復活的基督。莫里斯評述說：「基督不僅在世上的教會中行使祂的王權，祂與父聯合，也是護理之主，根據祂子

---

[42] Richard A. Muller, *Dictionary of Latin and Greek Theological Terms* (Grand Rapids: Baker, 2004), pp.259-260.

民和國度的利益，統管自然和人類生活中的一切。正如他在世上所行的神蹟所表明的那樣，他過去是，現在仍然是物質世界的至高主宰，物質世界中的一切都在他的意志的統管之下。他的權柄既統管個體性的靈魂，也統管整個人類社會，根據他自己的聖道規範人類社會中多種多樣，經常彼此衝突的各種事務。他也有當然的權柄為各種政府指明律法，根據公義和慈愛的原則規範他們的政策，斥責國家中那些邪惡的計劃，使萬國列邦和每個人都降服在他至聖的統治之下。」[43]

中國教會一直強調的是基督先知和祭司的職分，很少有人強調基督君王的職分；即使有人提及，也往往是把基督君王的職分僅僅局限在宗教或未來的領域中。很多人強調教會的重要性，但很少有人注重基督的國度的恢宏。在與各種各樣的專制爭戰的過程中，需要突出強調基督君王的職分，強調上帝的國度，正如《啓示錄》所顯明的那樣。另外，當我們談及國度的時候，不可避免地要談及末世論的問題。末世論的核心是上帝的國度何時開始，在何處開始。我們從以上概念的界定來看，基督的國度即是既定的事實，也是在不斷進展，逐漸達於完全的歷史過程。威斯敏斯德神學所界定的是聖約性末世論，這種末世論是積極的、樂觀的末世論，因此所有簽署《威斯敏斯德信條》的蘇格蘭牧者在末世論上都是持守後千禧年的立場，赫治、華菲德、霍志恒等老普林斯頓神學家也都是堅定的後千禧年論者。這方面，目前深受時代論前千禧年立場影響的中國教會應當用更多的精力考察歷代聖徒的腳蹤。

---

[43] Morris, *Theology of the Westminster Symbols*, p.341-342.

1967 年鐘馬田的助手尹慕瑞（Iain Murray）先生在倫敦「清教徒研討會」上，試圖打破第一次世界大戰、第二次世界大戰以及接下來的世界範圍的冷戰給基督教帶來的悲觀失望的色調，重提清教徒的以得勝爲核心的後千禧年末世論，他說：「萊爾在 1870 年的時候就說：『作爲一個整體，清教徒對國民性格的提升遠勝過迄今爲止任何一個階層的英國人。』這種影響來自他們的神學，來自他們對待歷史和世界的態度，他們與衆不同，是心懷盼望的人。他們把這種盼望表達在教會的講壇上，表達在他們所撰寫的書籍中，也表達在議會中和戰場上，並且他們的影響不是僅僅停留在他們自己所處的時代，而是極大地激發了他們之後將近二百年左右的人，在各個方面開花結果。清教徒的末世論影響到北美殖民地的宗教思想，教導人們盼望聖靈大大地澆灌，爲世界性的宣教新時代的到來預備了道路。這種末世論也在極大程度上塑造了各個以英語爲主的基督教國家的使命感。像威廉・威伯福斯（William Wilberforce）這樣的十九世紀基督教領袖把世界視爲每個人都必須儘快逃避的破船，而清教徒則把世界視爲基督的產業，是基督國度的所在。」[44] 顯然，我們中國教會也需要清教徒式的積極樂觀的千禧年論。

　　10、純正的教義必須落實於日常敬虔的生活中。清教徒爲什麼注重上帝的律法？核心就在於他們追求敬虔的生活，而眞正敬虔的生活絕不是自行其是的生活，而是以上帝的律法爲規範的生活。加爾文在教導基督徒生活的時候，也常常

44　Iain H. Murray, *The Puritan Hope*（London: The Banner of Truth Trust, 1971）, xxi-ii.

以上帝的律法為依歸。他說：「惟獨當我們行在上帝的律法中的時候，我們才能確信我們已經被收納為上帝的兒女。」[45]「基督徒當以上帝的律法衡量自己的行為，把自己隱秘的心意降服於上帝的旨意之下。」[46] 很多人讚歎清教徒在神學上的深刻和精確，卻常常指責清教徒有律法主義的傾向。其實，他們並不暸解清教徒神學的精髓。對於清教徒而言，神學並不是純粹的學術性的活動或心智性的思辨，著名的清教徒柏肯斯把神學界定為「生活的藝術。」

因此，威斯敏斯德神學把聖經的主要內容界定為兩大部分，一是我們當信什麼，二是上帝吩咐我們當盡什麼責任，也就是我們當如何行。對於清教徒而言，最重要的不僅僅是強調行為，最重要的是屬靈的美德。他們把屬靈的美德視為「蒙恩的標記」。眾所周知，天主教特別強調美德，道德神學是天主教神學的一大塊。很多人認為，在基督教中，道德神學一直比較薄弱。其實不然，清教徒神學有豐富的道德神學，我們甚至可以說清教徒神學就是美德神學。

特別是在《威斯敏斯德大教理問答》中，大篇幅的對律法的解析，核心就是提醒基督徒以上帝的律法為鏡子，不斷地攬鏡自照，省察自己，不斷地靠著上帝恩典，治死自己的邪情私欲，更多地彰顯來自基督的屬靈的美德，在平凡的日常生活中見證基督恩惠的福音。目前的中國教會缺乏什麼呢？是缺乏金錢嗎？是缺乏自由的環境嗎？是缺乏純正的教

---

[45] Calvin, *Golden Booklet of the True Christian Life*, translated by Henry J. Van Andel (Grand Rapids: Baker, 1952), p.13.

[46] Calvin, *Golden Booklet of the True Christian Life*, p.25.

導嗎？是缺乏更多的神蹟奇事嗎？最缺乏的還是屬靈的美德！

11、以個人、家庭、教會和社會重建爲目標。清教徒一方面強調原罪的影響和個人的敗壞，但同時對個人的價值又有合乎聖經的珍視。清教徒神學對人有三重基本的看法：首先，人受造有上帝的形像，是完美的，因此，人在本質上是善的；其次，因著亞當的原罪歸算在他們的身上，以及他們自身所犯的本罪的影響，人都是有罪的人；最後，藉著上帝更新的恩典，人人都能夠得救得榮。正是因爲這種對人公允的看法，以及他們對上帝的主權的積極信靠，對人類歷史的樂觀盼望，使得他們積極地投身自身的建設、家庭的建造、教會的改革和社會的重建。清教徒有清晰的天職觀。

清教徒對天職或呼召的劃分有兩個方面，一是普遍性的天職和特殊性的天職。普遍性的天職就是上帝對基督徒普遍性的呼召，這一呼召就是在生活的各個領域中行事爲人與蒙召的恩相稱。特殊性的天職是指上帝對每個人在工作或職業上的特殊預備和引導。二是複數性的天職，也就是說基督徒的呼召並不是單一性的，而是多重性的。比如一個弟兄，他作爲丈夫，就有作爲丈夫的天職和責任；同時他可能成爲父親，他就有作爲父親的天職和責任；他也有可能身爲人子，就有作爲兒子的天職和責任。他的呼召不僅是在家庭中，也包括在教會中，在社會上。

12、以個人敬虔和社會公義爲主要價值導向。清教徒注重個人的敬虔，認爲敬虔就是力量，敬虔就是幸福。清教徒

生活和靈修的核心就是追求敬虔。清教徒神學的核心就是教導我們如何過一個敬虔的生活。這種敬虔是建立在眞知識的基礎上的，不認識自己所信的是誰，不曉得上帝的旨意，一切所謂的敬虔不過是自我虛飾的墳墓而已。

因此，清教徒所提倡的敬虔是智慧性的敬虔。清教徒注重禱告、默想、禁食等各種屬靈的操練，目的就在於培養敬虔的品格。清教徒之所以強調律法的作用，也是和他們對敬虔的追求有直接的關係。[47] 在《威斯敏斯德大教理問答》97 問中，精確地概括了基督徒與上帝所啓示的道德律的關係：「問 97：對已重生的人，道德律有什麼特別的用處？答：對於已經重生、歸信基督之人，雖然道德律對他們已經不再是行爲之約，他們既不因之稱義，也不因之定罪；但是，除了與所有人共同的用處之外，道德律還有特別的用處，就在於向他們顯明：因爲基督爲他們的益處成全了道德律，替他們承受了咒詛，所以他們對基督有何等的虧欠；由此激發他們更有感恩之心，並且更加謹守，以道德律爲順服的標準加以遵行，從而表達出感恩之心。」

更重要的是清教徒的敬虔絕不僅僅是個人性的敬虔，而是有著積極的社會導向。他們迫切希望建立聖潔的教會、自由的國家，因此他們在英格蘭進行了艱苦卓絕的爭戰，甚至背井離鄉，前往當時北美這片蠻荒之地，爲的就是建立一個敬畏上帝的國家。對律法的精研也使得清教徒能夠修身齊家，治國安邦，歷史上凡是受清教徒所影響的地方所建立

---

[47] 參考 Joel R. Beeke，*Puritan Reformed Spirituality*, pp.101-124.

的，都是高度法治和自由的民主國家，如英國、荷蘭、美國
等。

　　當然，清教徒神學博大精深，我們在此處只能是蜻蜓點
水，略作介紹，難免掛一漏萬，希望有更多的中國基督徒研
究清教徒的神學，翻譯清教徒的神學著作，必能對中國教會
的更新和中國社會的改革帶來巨大的助力。

第四章

新加爾文主義與基督教世界觀

荷蘭新加爾文主義是基督教改革宗正統神學與保守主義思想相結合的經典之作。雅和博經學直接領受十九世紀和二十世紀荷蘭「新加爾文主義」的世界觀神學。這一神學運動以凱波爾（Abraham Kuyper, 1837-1920）、巴文克（Herman Bavinck, 1854-1921）與杜伊維爾（Herman Dooyeweerd, 1894-1977）為代表。它不是生硬地把「加爾文與加爾文主義者對立起來」，而是加爾文主義或改革宗神學在新時代、新環境的復興和發展。[1]

非常重要的是，荷蘭新加爾文主義不僅有深刻的哲學和神學思想，還有明確的政治與治國理念。因此，陳佐人牧師認為：新加爾文主義的健將凱波爾把加爾文主義定義為「整體的世界觀與生活體系，並且提倡普遍恩典的概念來整合一套具兼容性的神學與治國理念」。更重要的是，荷蘭文化與中國文化都曾經擁有黃金時代的光輝歷史，至今在世界舞臺上仍然大有活力。在中國文化現代化向西方基督教文化學習的過程中，「閱讀荷蘭新加爾文主義的著作可以為廣大的中國學者與讀者提供一個具有文化親近的西方藍本，借此來激發我們在中國文化的處境中去尋求創新與雋永的信仰與傳承。」[2]

---

[1] See Richard A. Muller, *After Calvin: Studies in the Development of a Theological Tradition* (Oxford: Oxford University Press, 2003); *The Unaccommodated Calvin: Studies in the Foundation of a Theological Tradition* (Oxford: Oxford University Press, 2000); *Calvin and the Reformed Tradition: On the Works of Christ and the Order of Salvation* (Grand Rapids: Baker, 2012).

[2] 恩雅各，《三位一體和有機體》，徐西面譯（愛丁堡：賢理・璀雅出版社，2020 年），3 頁。

針對以 1879 年法國大革命爲代表的無神論、敵基督、反律法的暴力革命，新加爾文主義乃是改革宗神學內部對其最強有力的回應，旗幟鮮明地強調上帝的主權、基督的救贖和律法的功用。正是因爲新加爾文主義的興起，改革宗神學重新與世界觀結合在一起並重新走向世界，它再次煥發出扭轉乾坤、改變世界、再造文明的強大活力。因此，在雅和博經學中，我們所吸收的不僅是英美清教徒神學和歐美保守主義，荷蘭改革宗神學尤其是其中的新加爾文主義也是我們所參考的非常重要的文本與思想資源。薩拜因強調：「就政治思想而言，教父們的政治思想大都源自西塞羅和塞涅卡的思想。」[3] 中國基督教的發展必須自覺而謙卑地吸收上帝賜給人的各種亮光。

一、新加爾文主義代表人物

　　荷蘭新加爾文主義的三大代表人物是凱波爾、巴文克和杜伊維爾。凱波爾爲荷蘭牧師、政治家、記者、神學家，創建「反革命黨」，明確反對法國大革命式的暴力革命，並於 1901 年至 1905 年當選爲首相。針對改革宗教會在國家保護之下的萎靡不振，凱波爾提倡國家與教會在行政和功用上的分立，強調加爾文主義是一種全方位的世界觀，基督徒應當把上帝的聖言應用、落實到個人與社會生活的各個領域。凱波爾強調在政治領域「上帝在國家和民族命運中的主權和

3　薩拜因著，索爾森修訂，《政治學說史：世界社會》，第 4 版，鄧正來譯（上海：上海人民出版社，2010 年），267 頁。

引領」，再次突顯政治神學在基督教思想中不可忽視的地位和作用，被稱爲「荷蘭新加爾文主義之父」。[4] 對於凱波爾而言，上帝不僅是基督徒的上帝，而是全世界的上帝，當然也是國家和民族的上帝；耶穌基督不僅是教會的救主和元首，更是全世界的救主和元首，當然在國家和民族問題上祂也是萬主之主，萬王之王，我們絕不能把耶穌基督的救贖完全排斥在政治和文化領域之外。

巴文克爲荷蘭改革宗神學家、牧師，幫助凱波爾創建「流淚」運動——流著淚從敗壞的國家教會中被驅逐出來！他一生以在神學院和大學教學、研究、寫作爲主。他在哲學上秉持亞里斯多德風格，思維和表達都十分嚴謹。巴文克強調普遍恩典，透過普遍恩典來建立教會與社會的連接；與其相對，凱波爾注重對立論，強調基督徒與非基督徒在終極性問題上的徹底對立，基督徒應在根基性、前提性的問題上始終忠於上帝和聖經。巴文克所著的四卷本《改革宗教義學》堪稱經典之作，針對十九與二十世紀盛行的自由主義神學的偏頗和基要主義神學的狹隘，巴文克闡明了以聖經爲本的改革宗教義神學博大精深的眞理體系。

遺憾的是，與古典改革宗經典性系統神學之作，如阿奎那的《神學大全》、加爾文的《基督徒敬虔學》，布雷克的《基督徒理所當然的事奉》、查理斯·賀智的《系統神學》、吉爾的《神聖眞道》等相比，巴文克開始把上帝的律法從教義神學中分離出來，在其教義神學體系中不再明確地闡釋上

4　Abraham Kuyper, *Principles of Sacred Theology*, trans. J. Hendrik De Vries (Grand Rapids: Eerdmans, 1968) ; *Lectures on Calvinism* (Grand Rapids: Eerdmans, 1931).

帝的律法，這就是今日改革宗神學背離古典改革宗神學的關鍵之處。在新加爾文主義中，哲學與學術開始占據顯赫地位，而上帝的律法則開始淡出系統神學家的視角，這是值得注意的。[5] 這種缺憾使得荷蘭新加爾文主義不可能像當初加爾文主義那樣帶動教會與社會的全方位改革，無法阻擋荷蘭以及整個歐洲世俗化、多元化與相對化的傾向。

因此，巴文克晚年的時候對新加爾文主義運動中那種世俗、膚淺和驕傲的方面非常失望，他說：「我們中間缺乏了一種非常重要的東西。我們懷念這種屬靈的靈魂之知識。似乎我們不再知道什麼是罪和恩典、罪疚和赦免、重生和歸信。我們在理論中仍然知道這些東西，但是在現實生活中卻已經與之生疏。」[6] 在今日中國大變局中，顯然我們所需要的改革宗神學還需要更多地回到當初加爾文和清教徒的文本與精神，僅僅以新加爾文主義為參照是遠遠不夠的。巴文克對律法的忽略、杜伊維爾對神學的漠視，乃是新加爾文主義中不能迴避的問題。我們能從新加爾文主義中得到一些哲學方面的補充和豐富，但仍然應當回到以加爾文、布雷克等為代表的經典改革宗神學中建立根基和框架。

杜伊維爾為荷蘭自由大學教授，精通基督教神學和哲學。他針對以康德為首的近現代人本主義和理性主義者對自法論的提倡，旗幟鮮明地提出了「宇宙法則論哲學」，強調整個受造界都處於上帝的律法之下，律法就是上帝所設定的

5　Herman Bavinck, *The Philosophy of Revelation* (Grand Rapids: Baker, 1979); *Reformed Dogmatics*, 4 vols. (Grand Rapids: Baker, 2007).

6　溫大衛，「反省新加爾文主義中的『文化使命』」，見亞・凡赫爾馬斯，《加爾文傳（增訂版）》，王兆豐譯（北京：華夏，2014 年），附錄 2.

造物主與受造物之間的界標，我們違背上帝的律法就是違背上帝所設定的界限，僭越上帝的主權，違背做人的本分。杜伊維爾旗幟鮮明地指出，當今西方基督教的衰微就是因為教會不知不覺在哲學和思想的出發點或前提上接受了人本主義「哲學思維的自法論」。當然，不僅是人，整個受造界各個領域中的各個受造物都有上帝創造時賦予的使其自身保持存在的法則，也就是中國古人強調的「天生烝民，有物有則」。[7]

杜伊維爾徹底解開了教會內外自法論者的面紗，使他們不得不正視他們自身的愚頑和傲慢之處，因為他們竟然用自己所自以為是的律法反對上帝明確啟示的律法！他們所謂的「中立」不過是面對上帝及其啟示的冷漠和詭詐，因為即使他們所謂的「中立」仍然沒有擺脫一定的立場和標準，只不過他們的立場並不是站在上帝一邊，他們的標準也不是上帝所啟示的標準。馬塞爾評論說：「對於那些按照上帝的聖言讀懂杜伊維爾的作品的人而言，在杜伊維爾的解釋的核心之處有著一種悲劇式的優美和莊嚴，因為他所揭示的是最後的藏身之地、是罪人的藏寶之處，他所打退的是來自罪人的最狡詐的入侵。罪人就像囚犯一樣，把自己封閉在自己的教條和自法之中，不管他們如何絞盡腦汁地思想，他們的思想都是空虛徒然的。罪人自己不想突破這樣的囚禁，也無法打破這樣的牢籠，他們轉來轉去又回到原地。當然，一條充滿光明的希望之路打開了：把我們自我和所有的功用及其活動

---

[7] 《詩經・大雅・烝民》。

都在聖靈的連接中完全地奉獻給造物主上帝、救世主基督，如斯基督徒的思想就是擺脫各種形式的勉強和妥協，得享真正的自由。」[8] 杜伊維爾強調上帝的主權和律法涵蓋一切受造物，強調世上萬物各有上帝設立的結構、方面、法則與功用，基督徒應當自覺地用超越性的「神權神法」消除教會內外各種不合聖經啟示的「自主自法」的思想，使所有領域和各種思想都降伏在耶穌基督的王權之下。杜伊維爾在思想上的貢獻超過阿奎那和康德，其深刻性和全面性有待更多的人認識。

從杜伊維爾開始，改革宗傳統對上帝律法的強調從此達到了自覺的哲學的深度，改革宗神學在經過將近五百年的發展之後也終於有了自己的「改革宗哲學」。雅和博經學對上帝的律法的強調就是從這種自覺性開始的。我們把前提論從范泰爾所強調的護教學領域、把邦森所強調的神法論從倫理學領域推演到整個哲學與思想領域，這種轉移和拓展主要來自杜伊維爾的影響。[9]

二、新加爾文主義思想特色

「新加爾文主義」是以凱波爾為代表的荷蘭加爾文主義或改革宗的復興。值得我們注意的是，這種復興並不是完全

---

[8]　Pierre Marcel, *The Transcendental Critique of Theoretical Thought*, pp. 259-260.

[9]　杜伊維爾之代表作是四卷本哲學巨著 *A New Critique of Theological Thought*, trans. David H. Freeman and William S. Young, 4 vols. (Philadelphia: The Presbyterian and Reformed Publishing Co., 1953); 另有 *In the Twilight of Western Thought* (Nutley, New Jersey: Craig Press, 1968) 一書，簡明扼要地闡明了他的主要觀點。

地復古法古，而是帶有鮮明的新時代特色。特別是在基督教哲學與世界觀上，新加爾文主義成為一時的集大成者。爲了反對自 1789 年法國大革命開始興起的無神論、敵基督、反律法的暴力革命的狂飆，新時代改革宗神學必須在有神論和世界觀立場上具有鮮明的戰鬥性。這些特色體現在以下十二大方面，其中的上帝主權論——唯獨上帝對於人生的各個領域具有絕對性的主權、領域主權論——各個領域都有從上帝領受的衍生性、協調性的主權、心靈委身論——人的思維前提出於心靈對於上帝的委身與否、心靈對立論——重生者與未重生者在思想和學術上具有終極性的對立性、普遍恩典論——不信者身上的恩賜來自上帝的非救贖性的普遍恩典，這五大學說乃是凱波爾和杜伊維爾特對基督教世界觀的突出貢獻。[10]

1、**上帝主權**。新加爾文主義在全方位強調上帝的主權的前提下，特別強調耶穌的主權，這種主權乃是普世性、全球性的。耶穌基督是受造界各個領域之主，不能把耶穌基督的主權僅僅局限在教會或個人領域。一般福音派神學僅僅強調耶穌是個人的「救主」，注重耶穌基督的人性；一般改革宗神學雖然同時強調耶穌基督的神性和人性，但卻忽視了對於耶穌基督之神性的強調。

新加爾文主義秉承改革宗和清教徒神學的精髓，更加強調耶穌基督的神性和主權，強調耶穌基督是全地的大君王。

10　Taylor, *The Christian Philosophy*, p. 61.

耶穌基督不僅是教會的元首，也是家庭和國家的元首，更是
整個受造界的大君王。我們絕不可以僅僅把耶穌基督的主權
局限在個人信仰和教會生活層面。基督教文明保守主義首先
強調的就是上帝和耶穌基督的主權，從而使得人間的任何權
力和組織都必須承認自身的有限性，並且自覺地降服在上帝
和耶穌基督的主權之下。

當然，正如凱波爾所強調的那樣，最重要的是事實和眞
理就是：拿撒勒人耶穌基督是彌賽亞，是萬王之王，萬主之
主，擁有「天上地上所有的權柄」。祂並不是一般的「信心
的英雄」，也不是「可敬的殉道者」，而是君王──「主權
的承擔者」。當初耶穌基督就是被羅馬人以「猶太人的王」
的名義釘死在十字架上，不管是在初期教會前三百年，還是
時至今天，最受人攻擊、最令人困惑的就是耶穌基督的主
權。[11]

2、人生全部。生活的各個方面都當被救贖，耶穌基督
的救贖影響到個人生活的各個方面。在希臘柏拉圖哲學影響
下，中世紀以及宗教改革時期的教會多「以救贖爲中心」，
且把救贖視爲脫離身體和世界。新加爾文主義更強調以上帝
爲中心，以榮耀上帝爲人生首要目的，「救贖」的目的不是
讓人脫離世界和文化，而是讓人在世界和文化中發揮光與鹽
的作用，給整個世界帶來更新。因此，在古典改革宗神學和
新加爾文主義體系中，個人的「救贖」不是中心，而是「起

---

[11] Abraham Kuyper, "Sphere Sovereignty," in James D. Bratt, ed., *Abraham Kuyper: A Centennial Reader*, p. 464.

點」，人從救贖開始重新成為上帝百般恩賜的好管家，重新
承擔起治理全地的文化使命。基督教文明保守主義既不反對
文化，也不逃避文化，當然也不高舉文化，而是自覺地以聖
經啓示的眞理體系轉化文化，使其得以升華和成化，成為眞
正意義上的基督教文明。

3、**文化使命**。強調上帝在創世時賜予人的文化使命，
擔任上帝百般恩賜的好管家，以榮耀上帝之心來管理世界。
福音派只是強調福音使命，「以福音為中心」，忽略甚至否
定文化使命的存在，在末世論上持守悲觀立場的改革宗也開
始忽略文化使命的重要性，逐步退出公共領域。新加爾文主
義重新強調文化使命的首要性，因為這一使命是上帝在創造
人時就賜予人的，福音使命的目的也是讓人歸回文化使命，
重新成為上帝百般恩賜的好管家。因此，文化使命不僅涉及
到人的本質——也就是人的社會性、關係性、公共性和文化
性，並且也涉及到上帝救贖我們的目的，即使我們重新歸
位，重新成為上帝的僕人，完成上帝賜予的使命。基督教文
明保守主義強調文化使命乃是上帝起初就賜給人的不可逃避
的使命，這種使命使得我們在身份上成為上帝所創造的世界
的管家，而我們的使命和職責就是治理和管理，也就是透過
我們的工作和服務而使上帝所創造的本來就美好並且非常美
好的世界更加美好。

4、**領域主權**。人生劃分為各個不同的領域或區域，比
如家庭、教會、學校、國家等，每個區域都有自己獨特的權
威和功用，都當降服在上帝的主權之下，彼此之間不能互相

逾越踐踏，應當互相尊重，彼此成全。非常重要的是，我們不可把「領域主權」視為每個領域都各有自己的主權，而是指受造界各個領域都在上帝的主權之下，而此處的「主權」在本質上指向上帝的「全能」。正如泰勒所揭示的那樣：「終極性的主權屬上帝，而衍生型的主權則屬人類社會的各個領域，因此這些領域彼此之間是協作性的，而不是從屬性的。」[12] 魯斯德尼認為，在其精義上也許「領域主權」翻譯為「領域法則」更合適，因為杜伊維爾強調的就是各個領域都有其自身的法則。[13] 要對抗十九世紀資本主義自由社會中盛行的粗糙的自私自利的個人主義，以及極權暴政的共產主義社會中提倡的令人窒息的集體主義，凱波爾的「領域主權」論為基督徒提供了強有力的武器。

針對人本主義者推動的世俗化、多元化潮流，新加爾文主義強調這種上帝主權及其約法之下的多元治權，唯獨上帝的主權是至高無上的，同時上帝又在受造界中設立了不同的領域，各個領域都有自己的內在本質和法則，他們的權柄最終都是直接來自上帝的主權的授予。正如中世紀和宗教改革時期一致強調的那樣，路德、加爾文等十六世紀宗教改革領袖們在總體上仍然主張「神權制」和「神法論」，認為終極性絕對性的主權唯獨在於上帝，終極性絕對性的標準唯獨在於上帝的律法。其實，這是任何稍有思維能力的基督徒都不會否認的，無奈反智主義使得大多數基督徒喪失了基本的常

---

12 Taylor, *The Christian Philosophy*, p. 50.
13 Herman Dooyerweerd, *The Christian Idea of the State*, trans. John Kraay (Grand Rapids: Vraig, 1968), ix-x.

識，反律主義使得大多數基督徒喪失了對於上帝的律法的基本認識和順服。基督教文明保守主義主張多元主義，但這種多元主義始終是以聖經中所啓示的「上帝是我們所信靠的」，始終強調國家應當是「上帝之下統一的國家」。正如歷史學家諾勒所指出的那樣，不管是美國建國時期的基督教神學，還是此前歐洲的基督教神學，他們長期以來共同認定的就是「人生的各個領域在上帝之下的統一」。[14]

這種多元主義絕不是敵基督、排斥基督教的多元主義，也絕不是把基督教視爲與其他中國宗教完全平等的一種宗教，而是始終認爲唯獨基督教秉承上帝特別的啓示，傳遞上帝在耶穌基督裡拯救罪人的獨特信息，並且也唯獨基督教乃是現代憲政民主的文化根基。

5、反對二元劃分。反對自然與恩典、律法與福音、理性與信心、上帝與世界之間截然二分對立的二元論，強調二者之間的有機性和整全性聯繫。改革宗神學院系統神學教授弗蘭姆先生深得新加爾文主義的精華，爲了保持上帝所啓示的眞理體系的有機性和整全性，他提出了「三角思維法」，強調從規範、處境、存在三大角度來考察各個神學主題。基督教文明保守主義始終強調獨一的上帝、獨一的國度、獨一的約法、獨一的救主、獨一的福音、獨一的教會，儘管其在不同處境中的體現不同，個人在良心上的領受不同，但基督教的上帝及其國度絕不是隨人割裂的對象，上帝始終是獨一

---

[14] Mark A. Noll, *America's God*, p. 33.

的至高無上的賜律者、審判者和執法者，全世界都在上帝的主權和約法之下。

6、**框架與方向**。強調聖約框架與人心的傾向。聖約框架以律法爲標準，而人心的傾向則有順服與悖逆之分。杜伊維爾特別強調基督徒的思維框架應當是以創造、墮落、救贖爲歷史進程，而我們是否順服上帝的律法，則顯明我們心靈的傾向和委身。任何人都有宗教性的信心，這種信心最終的導向都是人所以爲的終極性的本源。我們或者是以創造天地的耶和華上帝爲萬有的本源，或者是把受造界中的某個方面無限擴大而上升到本源的層面，二者必居其一。

當然，更能具體地說，這種心靈的傾向和委身就是基督徒心中當有的對於上帝的國度的渴慕和追求，這種心靈的傾向各有其體現在基督徒對於上帝的律法的愛慕和遵行上。[15] 杜伊維爾強調「創造、墮落與救贖」的框架，並且認爲這是基督教哲學的「基本範式」。雅和博經學對於聖約框架、歷史框架和心靈傾向的強調主要來自杜伊維爾的影響，我們把杜伊維爾的基本範式修正爲「創造、救贖與成全」的模式，並且把這一模式融合到聖約與歷史框架之中，強調世界歷史在關係上處於聖約的框架之內、在時間進程上則使從創造、經救贖而到最終的成全，而我們心靈的方向就是在聖約框架內並在歷史進程中對於上帝的歸向和忠誠。基督教文明保守

---

[15] See James K.A. Smith, *Desiring the Kingdom: Worship, Worldview, and Cultural Formation*, (Grand Rapids: Baker Academic, 2009); *Imagining the Kingdom: How Worship Works* (Grand Rapids: Baker Academic, 2013); *Awaiting the King: Reforming Public Theology* (Grand Rapids: Baker Academic, 2017).

主義始終注重的就是守約守法的契約文化、從創造走向成全的歷史進程以及以個人為主體的內在心靈秩序。不管我們如何強調上帝的主權、聖約和律法，關鍵還是個人的心靈傾向。

重生就是上帝親自藉著祂的聖言和聖靈扭轉我們心靈的傾向，使得我們接受耶穌基督的救贖，從敬拜受造物轉向敬拜造物主。當我們的心如此轉向敬拜造物主上帝的時候，我們自然就會降伏在祂的主權之下，接受祂的聖約，遵行祂的律法。這樣，我們就排除了一切律法主義的虛幻，當然也排除了反律主義的毒酵。

7、**普遍恩典**。強調普遍恩典的重要性，儘管人仍然處於罪的影響之下，但上帝透過普遍恩典來抑制人的邪惡，使得社會基本秩序得以保存，科學和文化得以發展，不信者和信者之間可以展開一定程度的合作。

普遍恩典的教義使得教會與社會再次連接起來，神學與文化再次連接起來。基督徒不需要絕然排斥聖經與教會之外的一切亮光，因為一切美善的恩賜最終都是來自眾光之父。基督教文明保守主義不會完全排斥異教哲學和文化，而是在堅定不移地持守基督教真理和文化傳統的前提下博采眾長，取長補短，精益求精，追求卓越。因此，正如巴文克所言，因著上帝的普遍恩典所帶來的普遍啟示的影響，即使在異教徒身上也有道德與宗教的亮光，也有值得我們學習和借鑒之處。巴文克甚至承認異教徒中間也出了很多傑出的「聖人」：「由於文化與文明的急速發展就產生了衝突。從此衝突中，無疑是由於上帝之護理，有些聖人屆時而生，將此衝

突和解並企圖將宗教從極深的墮落中拯救出來。這些人如約於主前七百年波斯拜火教的始祖瑣羅亞斯德（Zoroastor）。又如主前六百年中國的孔夫子。主前五百年印度的釋迦牟尼。主後七百年亞拉伯的穆罕默德。尚有許多不知名之士。」[16] 普遍恩典的教義使得我們正視、承認不信主之人身上所具有的美善的東西，並且明確底把原因歸於上帝，而不是歸於人性本身的美善。

當然，我們不可把這些基於普遍恩典的普遍啟示亮光與基於上帝特殊恩典而賜下的特殊啟示混淆，前者不具有救贖性，唯獨後者才具有，這是二者本質性的區別。有形教會乃是上帝在基督裡拯救罪人的特殊恩典的制度性表現，這種特殊恩典關涉到人類的超時間根源，即上帝本身；而普遍恩典則局限於人的時間性的生命，家庭、社會與國家都在上帝的普遍恩典的眷顧之下。當然，我們不可把特殊恩典與普遍恩典截然對立起來，首先因為二者都是上帝的恩典，其次在其運作的範圍上，特殊恩典的功用也不僅僅局限於個人靈魂的得救，而是給人帶來根本性、整體性的改變，使得救之人重新成為上帝的管家，重新管理上帝在其普遍恩典下保守的世界和文化。

更重要的是，普遍恩典是因為特殊恩典的存在而存在，正如杜伊維爾所解析的那樣：「在完整的聖經意義上，基督耶穌是『第二亞當』，在祂裡面，上帝創造的一切都不會失落。唯有在祂裡面，地上的萬國萬民才照著聖經的見證蒙

16　巴文克，《基督教神學》，趙忠輝譯（臺北：改革宗出版社，2015 年），39 頁。

福。唯有在祂裡面，上帝才願意憐憫墮落的受造物，也唯有在祂裡面，普遍恩典的保存效果才有其受造根源。在祂之外沒有，神聖恩典，也沒有『普遍恩典』，只有上帝因罪而發的烈怒的彰顯。這種保存性的普遍恩典也包括了背叛、死亡的人類成員，是為了包括在『基督身體』即『無形教會』中的全體和真正的人類的益處。」[17] 因此，「特殊恩典」就是「更新性」或「重生性的恩典」，唯獨包括無形教會，也就是所有真正重生得救的人。

　　這種更新性的恩典絕不僅僅停留在有形教會之中，而是遍及於人類社會的各個領域。正如杜伊維爾所總結的那樣：「上帝的受造界在基督裡得到更新，這種更新不會隱藏在時間之中，而是必然顯明出來，成為時間過程中保守型的恩典的根基。這種無形教會在時間中的彰顯，彌漫在時間中的人類社會的各個結構之中。不管基督徒的人生態度在時間歷程中用什麼形式表達出來，人們所見到的都是無形教會在現實社會中的彰顯。因此，保守性恩典與重生性恩典的之間更深度的合一體現在人類社會的各個領域之中，它所展現的是基督徒的精神影響，不僅僅局限於基督徒的機構中。」[18] 總之，在普遍恩典和特殊恩典的關係上，改革宗神學明確強調二者之間不是二元對立的關係，各有自己的功用，都是來自上帝的同一恩典，都在耶穌基督裡實現其真正的意義。[19]

17　Dooyeweerd, *New Critque of Theoretical Thought*, vol. III, p. 525.

18　Dooyeweerd, *New Critque of Theoretical Thought*, vol. III, p. 525.

19　Pierre Marcel, *The Transcendental Critique*, pp. 211-212.

8、**前提論護教學**。人的思維都是從不證自明的前提出發的，而對這種不證自明的前提的認可都是源自人的心靈，人的心靈的導向直接決定了我們認知與行動的前提，這種導向就是人的「心靈的委身」。

基督徒當自覺地以聖經中所啓示的上帝爲本體性前提，以上帝所默示的聖經爲認知性前提，自覺地建立合乎聖經的世界觀，這是心靈的委身問題，不需要任何理性的證明，也無法從理性的角度得到證明，這種終極性的心靈的委身只能是「不證自明的」。基督徒不必苦苦地向那些不信上帝的人證明上帝的存在和聖經的無謬性。我們不僅無法證明這些終極性問題，即使證明了，也無法說服不信的人歸信。關鍵還是要明確自己的前提，把注意力集中到自身思想和社會的建造上。基督教文明保守主義一定要不斷回到聖經啓示，回到大公教會的正統神學，否則就會成爲無根之木，無源之水。如果我們心靈的委身不是轉向上帝及其啓示的眞理爲終極性的權威和絕對性的標準，我們就會「把受造界中相對性的東西絕對化」，[20] 各種形式的偶像崇拜都是由此而來。

因此，我們不僅是要對付世上的各種罪惡，更是要思考各種對於罪惡的「判斷」。這些判斷到底是基於什麼樣的前提和標準做出來的，這是更深刻的追問和思考。當然，最深刻的追問還是要回到人的心態，人的判斷或者是出於重生之心，或者是出於離經叛道之心，一切問題最終的分野是在於人的心靈。當初亞當和夏娃的犯罪不僅在於他們違背上帝的

20　Taylor, *The Christian Philosophy*, p. 79.

律法，更在於他們的判斷的前提是以自己爲絕對的權威，而他們作出判斷所依賴的標準就是他們自己內心的喜好。前提論護教學對我們所要求的就是：對問題提出問題，對判斷進行判斷，直到最終回到提出問題和作出判斷所依據的終極性的權威與標準，然後由此顯明人的心中到底是以「神權神法」爲前提，還是以「人權人法」爲前提，這種心靈的導向和委身直接決定了我們的問題和判斷。對於杜伊維爾、范泰爾和弗蘭姆而言，基督教前提論所強調的就是以上帝的存有和主權爲本體性的前提，以上帝所設立和啓示的律法爲倫理性的標準，而在此之外的異教理論都是以「理論理性的自法性」爲前提的。[21]

9、**心靈中的對立**。每個人心中都有一定的掙扎，面臨不同的選擇，或者降服在上帝的主權和約法之下，或者是悖逆違犯，這就是人心靈深處都存在的「對立」。這種對立大而言之乃是上帝的國度與背叛上帝的黑暗國度之間的對立，體現在個人與社會生活的各個方面。

基督徒當自覺地攻克己心，在面對內心的對立或爭戰時靠主得勝。這是保羅在《羅馬書》第七章中重點描述的內在掙扎，關鍵是我們要進入第八章，對於在耶穌基督裡獲得救贖形成堅定不移的確信，並且靠著聖靈的大能大力遵守上帝的律法，靠著上帝在耶穌基督賜下永不改變、永不離棄、永不失敗的大愛勝過世界。基督教文明保守主義絕不會相

21　See Marcel E. Verburg, *Herman Dooyeweerd: The Life and Work of a Christian Philosopher*, trans. Herbert Donald Morton and Harry Van Dyke (Ontario, Canada: Paideia Press, 20154), p. 327.

信「我沒有敵人」，而是始終意識到處於慘烈的屬靈爭戰之中，一旦我們在心靈深處喪失爭戰意識，喪失仇敵意識，就會不冷不熱，死於安逸！這種心靈中的對立指向兩個方面，一個是信主的人和不信主的人最終的對立都是心靈中的對立，二是即使已經真正信主的人心中仍然罪污的殘餘，仍然經常出現邪情私欲與聖靈的爭戰，正如保羅所指明的那樣。

因此，在一切的衝突中，關鍵不是教會與社會的衝突，也不是律法與福音的衝突、宗教與政治的衝突，關鍵是個人的心靈中的對立。那些真正得蒙聖靈的光照的人，他們的心靈必然轉向上帝的主權和約法，必然能夠識破世上一切所謂的矛盾和對立，真正認識萬有在上帝裡的統一性。

10、排除思想中立。 在世界與人生的本源問題和終極標準上，任何理論思維都不是中立的，人的思維和行動都受一定世界觀的影響和支配，而這種世界觀的根基或多或少具有宗教性。

宗教性的終極是本源的問題，在本源的問題上是不存在任何中立性的，我們或者是承認上帝及其創造，或者是否定上帝及其創造，在本源問題上這兩種立場是不存在任何妥協的餘地的。基督徒當自覺地以合乎聖經的世界觀來更新自己的心思意念，否則我們的內心世界仍然在很大程度上被仇敵盤踞，也就無法按照上帝的旨意來改變世界。基督教文明保守主義強調觀念總是具有一定的後果，世界的爭戰就是歷史的爭戰，歷史的爭戰就是文化的爭戰，文化的爭戰就是思想的爭戰，思想的爭戰就是觀念的爭戰，觀念的爭戰的最終戰

場是在我們的心靈深處和心靈秩序之中，上帝賜給我們聖靈，聖靈住在我們的心中，成爲我們心思意念和心靈秩序的元首，帶領我們在內心深處不斷得勝。

因此，在我們心靈終極性的選擇和委身上，我們的思想是絕沒有中立可言的。特洛維奇在《基督教的絕對性》一書的簡介中反思說：如果我們採取一種「文化相對主義」的態度，我們就無法指責納粹德國的暴行。即使是客觀性的科學研究也不能使我們在價值判斷上保持中立的立場。一旦我們否認眞理的絕對性，尤其是否認基督教眞理的絕對性，人類就會重新陷入蒙昧主義的洞穴之中。[22]

11、律法的角色。上帝的律法不僅包含摩西十誡，而是包括上帝所啓示的一切道德律，「十誡」不過是道德律的綜述而已。更深度言之，上帝的律法不僅涉及到道德層面或領域，作爲上帝在受造界所設立的秩序，還涉及包括社會、心理、邏輯、歷史、語言、經濟、美學、司法、信仰等各個領域的法則。這正是杜伊維爾在其宇宙法則論哲學中所強調的。

我們不能僅僅從救贖的角度看待上帝的律法，而要從世界秩序和文化使命的角度認識律法的地位和功用。要順服上帝，必須順服上帝設立的秩序；要順服上帝設立的秩序，必須順服上帝設立的律法；違背上帝的律法必然造成的就是各種形式的「違法」與「失序」。重建秩序，當回到上帝的律

---

22 Ernst Troeltsch, *The Absoluteness of Christianity and the History of Religions* (Richmond, Virginia: John Knox Press, 1971), pp. 7-20.

法。基督教文明保守主義深信，秩序之爭必然是律法之爭，律法之爭必然是主權之爭，主權之爭最終是心靈之爭，而心靈之爭最終必然是奧古斯丁所強調的愛心傾向之爭。我們愛上帝，就屬「上帝之城」；我們愛自己，就屬「地上之城」。一旦我們的心靈得蒙上帝的光照，我們的心靈就會被上帝的大愛吸引、澆灌，我們就會從愛自己轉向愛上帝，並因著愛上帝的緣故，會自覺地降服在上帝的主權和律法之下，從而成為真正意義上的上帝的國度的子民。

那些心靈沒有得蒙重生的人，對於上帝的主權和律法始終處於叛逆的狀態，他們是不可能也沒有能力順服上帝的律法的。

12、歷史的進程。世界歷史的進程就是創造、救贖與成全，創造奠定了世界秩序的根基，雖然人的墮落敗壞了上帝所設立的道德和社會秩序，但上帝的救贖仍然使得世界與歷史走向復興、更新與成全的方向。

這種復興和更新絕不是機械性地回歸伊甸園，而是進一步地把上帝賜給個人的恩賜和世界的潛能發揮出來，從而使得上帝已經創造的本來已經非常美好的世界更加美好，世界歷史的進程就是文化不斷發展、分殊的進程，直到最終世界上的萬國萬民都成為「敬畏上帝，信靠基督；愛主愛人，守約守法」的基督教國家。這就是文化使命的精義。純正的基督教神學絕不僅僅是以個人的救贖和稱義為中心，而是不斷地歸回以上帝為中心，以榮耀上帝為人生的首要目的，積極地承擔上帝賜予的治理全地的文化使命，在個人與社會生活的各個領域中分別為聖，尊主為大，在具體的歷史進程中與

上帝同行。[23]

　　基督教文明保守主義確信，要擺脫人間各種思辨哲學和意識形態的影響，關鍵還是回到聖經中所啟示的與創造、救贖與成全爲進程的歷史哲學。

三、新舊加爾文主義對比

　　2009 年 3 月 12 日美國著名的《時代周刊》發文，稱「新加爾文主義」是「現在仍然在改變世界的十大思想體系之一」。[24] 新加爾文主義與舊加爾文主義相比，雖然在基本的原則和框架上都是一致的，但也具有顯明的特色，馬可（Mark Driscoll）牧師總結爲四大項。這四項總結是對新加爾文主義思想體系特色的簡約化概括，且集中在教牧和實踐方面，並沒有觸及根本性的神學問題，但也具有一定的提點作用：

　　1、**更新文化**。在舊加爾文主義中，具有基要主義傾向的一個分支強調的是與文化分離，成爲敬虔派；而具有自由主義傾向的一個分支則是與文化混合，成爲自由派。舊加爾文主義始終在基要主義和自由主義這兩個分支之間搖擺掙扎。新加爾文主義則是以宣教爲導向，努力拯救舊文化，創造新文化。這種對宣教的重視突破了極端加爾文主義的局

---

[23]　請參考 James Bratt, *Dutch Calvinism in Modern America* (Grand Rapids: Eerdmans, 1984); Gordon J. Spykman, *Reformational Theology: A New Paradigm for Doing Dogmatics* (Grand Rapids: Eerdmans, 1992); Albert M. Wolters, *Creation Regained: Biblical Basics for a Reformational Worldview* (Grand Rapids: Eerdmans, 1985; 2nd edition 2005).

[24]　http://www.time.com/time/specials/packages/article/0,28804,1884779_1884782_1884760,00.html，2003 年 8 月 1 日查考.

限，使得新加爾文主義成為積極的富有開拓精神的文化力量。舊加爾文主義在末世論上受無千禧年論的影響，放棄了更新文化、改變世界的信心和異象；新加爾文主義面對以法國大革命為代表的無神論暴力革命的衝擊，再次煥發得勝的鬥志和信心，重新強調治理全地、勝過世界的文化使命，這是新加爾文主義的靈魂。沒有這種在歷史中與耶穌基督一同作王得勝的末世論，所謂的加爾文主義或改革宗正統神學就是一條死狗，根本發不出任何強有力的聲音來！

2、**得著城市**。舊加爾文主義逃離城市，認為城市是罪惡的淵藪。新加爾文主義涌入城市，要為主得著城市，在城市中發動福音運動。為主贏得城市，使城市重新成為恩典的福音的大本營，這是新加爾文主義的雄心。城市是文化爭戰的主戰場，新約聖經中保羅所撰寫的教牧書信，大部分都是寫給當時的諸多城市教會的。因此，新加爾文主義注重使傳道人在哲學、神學和世界觀諸方面都具有比較全面和精深的裝備，使得這些傳道人更容易在城市中立足發展，使人的心思意念都降伏在耶穌基督的主權之下。為主得著城市，就容易輻射影響到周圍的鄉村；否則僅僅退隱在鄉村之中，就不能充分發揮光與鹽的作用。由於重新回到積極、樂觀、得勝的末世論，新加爾文主義向城市進軍，向大學進軍，要重新贏回城市和大學，把上帝的律法刻進國家與文化的深處。

3、**注重靈恩**。舊加爾文主義主張在使徒時期或新約聖經成典後行神蹟奇事的恩賜已經終止，即主張「聖靈恩賜終止論」。新加爾文主義則是相信上帝仍然「**行大事不可測**

度，行奇事不可勝數」，這就是神學上所強調的「聖靈恩賜繼續論」。當然，特殊的「標記性的神蹟奇事」確實已經終止，聖經已經完全成典，今日任何基督徒都不可因為自己有行神蹟奇事的能力而自稱是特殊意義上的先知或使徒，在聖經之外增加新的啓示，甚至納入聖經正典之中。但是，當教會或個別基督徒面對特別的逼迫和困苦時，上帝確實常常格外賜恩，用神蹟奇事的方式來拯救祂的教會，安慰祂的子民，包括上帝賜下先知與使徒性的人物力挽狂瀾。因此，新加爾文主義在某種程度上對「靈恩派」持開放的態度，但總體來說仍然比較審愼和保守。毫無疑問，新加爾文主義者強調聖靈的同在和大能，尤其強調聖靈把上帝的律法刻在聖徒的心版上，從而使得基督徒能夠承擔治理全地的文化使命。我們不僅需要上帝賜給我們個人的靈恩，更是需要上帝在中國大陸帶來大規模的靈命的復興，只有這樣的復興才能使得整個社會的氛圍得到根本性的扭轉，使得中國走向眞正的憲政民主之路。米德談及美國教會復興與革命的關係時指出：「喬治・懷特菲爾德的復興傳道影響到整個殖民地，加上喬納森・愛德華茲發起的大覺醒運動，信徒那令人震驚的排山倒海般的宗教熱情，爲美國革命鋪好了道路。」[25]

4、**強調合作**。舊加爾文主義對於其他基督徒持擔心懷疑的態度，總是害怕別人在神學上有問題，很難與其他宗派人士交流、合作。新加爾文主義則是愛戴所有基督徒，包括各種不同宗派背景的基督徒，並且願意在他們中間修橋補

25　米德，《上帝與黃金：英國、美國與現代世界的形成》，327 頁。

路，擔負補足與成全的角色。舊加爾文主義強調自己的宗派特色，建立自己的宗派教會，與其他宗派隔絕，新加爾文主義更多地強調大公性、普世性教會，有宗派立場，但不搞宗派主義。他們明確自己的信仰經歷，同時尊重別人的信仰經歷。不管我們在教義和靈命上如何純正，都是源於上帝的恩典，我們沒有任何可以驕傲的地方；不管我們在教義和靈命上如何精進，離上帝所要求的完全仍然相差很遠；不管我們在教義和靈命上如何整全，我們仍然能夠從其他宗派的弟兄姊妹學習到很多有益的東西。[26]

26　https://eugenecho.com/2009/03/12/new-calvinism-as-3rd-post-powerful-idea/　，2018 年 4 月 27 日查考。

第五章

凱波爾與杜伊維爾論領域主權

談及基督徒的「天國戰略」，突破性的神學與理論建構就是荷蘭新加爾文主義者凱波爾和杜伊維爾提倡的「領域主權」論。[1] 聖經啓示和改革宗神學的特色之一就是強調上帝的主權，巴文克指出，改革宗神學的「根源和原則是宣信上帝的絕對主權」。[2]

　　這種主權體現在個人與社會生活的各個領域之中。因此，改革宗神學院對於上帝的主權的強調不是抽象的，而是落實在具體的領域、法則和責任上。因此，凱波爾的一句名言就是：「在我們人類存在的整個領域中，基督都是在一切之上的主權者。祂要對著整個領域中的每一寸說：『我的！』」。[3]

一、領域主權的原則

　　泰勒在分析凱波爾和杜伊維爾所主張的領域主權論時分析說：「領域主權的原則是什麼？回答就是：唯獨上帝是絕對的主權者。世上任何享有權柄的人都不享有其他權柄由之而出的最高主權。不管是社群還是組織，甚至是國家，都不可徹底涵蓋個人。唯獨上帝的國度可以涵蓋所有的人之利

---

[1] See Kuyper's "Sphere Sovereignty" in *Abraham Kuyper: A Centennial Reader*, ed. James D. Bratt (Grand Rapids: Eerdmans, 1998), pp. 461-490.

[2] 徐西面編輯，《赫爾曼‧巴文克：論荷蘭新加爾文主義》，60頁。

[3] James D. Bratt, *Abraham Kuyper: A Centennial Reader*, p. 488.

益。當然，我們不可按照集體主義的看法，把上帝的國度等同於世上任何組織。每一個世上的組織都必須反映上帝的愛的律法，因為統治永恆的上帝的國度就是愛的律法。」[4] 在雅和博經學中，我們強調上帝的主權是中心點，個人的心靈是出發點，創造、救贖與成全的進程是歷史的主線，而荷蘭新加爾文主義所闡明的領域主權和多方面說則，使得我們對人生和世界走向更加整全、系統、有機、全面的認識。

二、上帝的直接性統治

在凱波爾所提倡的領域主權論中，上帝既不是透過教會來掌管各個領域，也不是只掌管教會卻任憑其他領域各行其是，而是直接掌管家庭、教會、國家、藝術、經濟、科學等各個領域。[5] 我們容易承認上帝和耶穌基督在個人、家庭和教會中的主權，福音派教會常常高舉「耶穌基督是我家之主」，「耶穌基督是教會的元首」，卻很難承認耶穌基督在國家和政治領域中的主權，這是極其常見但卻怪誕的現象。

凱波爾和杜伊維爾強調的領域主權說，不僅能夠幫助我們更加充分地認識上帝和耶穌基督的主權，也能夠幫助我們更加整全地認識個人與社會生活的各個領域，避免我們把某個領域「絕對化」。正如杜伊維爾所言，世界上盛行的各種「主義」的偏頗性就是「為了在理論上全面掌握人類社會，

4　Taylor, *The Christian Philosophy*, p. 415.
5　See Richard J. Mouw, *Abraham Kuyper: A Short and Personal Introduction* (Grand Rapids: Eerdmans, 2011), p. 41.

就把某一個方面絕對化」。[6] 弗洛伊德把人的感覺方面無限擴大成為社會中的性力派，馬克思把人的經濟方面無限擴大成為唯物主義，康德等啓蒙主義者把分析方面擴大化走向理性主義，基督教內部的基要主義者則把信仰絕對化，等等。各種類型的絕對化不能用其他形式的絕對化來解決，而杜伊維爾所提出的「理論思維的超驗批判」則是解決之道。他不僅以聖經啓示做為出發點，並且明確地以創造、救贖與成全為基本範式，從而杜絕各種形式的抽象化與二元對立，也以領域主權論為我們對於現實世界的觀察提供了更加整全的多層次觀察的視角。

三、絕對主權與相對主權

領域主權論把這種上帝的絕對主權體現在個人與社會生活的各個方面，使得我們不僅承認上帝獨有的至高無上的主權，也承認上帝在各個領域中的「文化授權」，如此各個領域都能夠在上帝面前具有相對獨立的空間和發展，這乃是上帝一元性絕對主權之下的多元性相對主權論──唯獨上帝享有至高無上的絕對性主權，個人和社群都在自己的領域中享有一定的衍生性、相對性的主權。

我們在本書中一再強調，世界的轉型有賴於教會的轉型，教會的轉型有賴於心靈的轉型，而心靈的轉型有賴於思想的轉型，而思想的轉型有賴於我們對於上帝所啓示的真理

---

[6] Doyeeweerd, *A New Critique of Theoretical Thought*, Vol. III, p. 161.

的更加整全、本真和深刻的認識，即真理的轉型。中國社會的轉型必須從中國教會的轉型開始，而中國教會的轉型則是從心靈與真理的轉向開始。教會的轉型就是趙天恩牧師所強調的「教會國度化」，其中的關鍵是強調上帝的國度，這種上帝的國度集中體現在聖靈在人心中的內住和掌權上。這種「教會國度化」絕不僅僅停留在個人性的心靈的層面上，而是從得蒙聖靈光照的個人心靈出發，以上帝的國度的律法和福音之真理不斷地更新、轉化世上的文化與國家。教會的轉型的核心就是「教會要成為教會」，要在自己的領域中發揮塑造聖徒、教化天下的功用。

四、領域主權中兩大秩序的平衡

這些領域是上帝在受造界秩序設立的不同領域，各個領域都有自己固定的範圍、法則與功能。既然上帝在創造世界時使受造物「各從其類」，物各有則，我們必須承認並珍惜受造界中上帝設定的這種多樣性。基督教文明保守主義信仰反對世俗的多元化，但並不否定上帝所創造的世界的多樣性和豐富性。

在領域主權中要保持兩大秩序的平衡，首先就是確保上帝作為造物主與受造物之間的秩序，唯獨上帝的主權是至高無上的，不可把任何個人與社會組織的相對性主權提升到至高無上、定於一尊的絕對性位置；其次，各個領域之間應當保持獨立，各司其職，不可逾越上帝設立的疆界，吞噬其他領域的主權和功能。比如國家主要是負責社會公義的，所以國家不可干預家庭內部的子女生育問題，搞所謂的「計劃生

育」；當然，國家也不可干預教會內部的治理與傳道問題，以國家力量推動所謂的「基督教中國化」，宗教的發展應當由宗教信徒和組織根據自發自願的原則來推動，國家應當保持在自己的疆界之內，不可直接干預宗教與教會事務。

五、領域、法域與意義

在我們個人和社會生活中存在很多領域；同時，就具體的領域而言，任何一個領域都存在不同的方面，而不同的方面又有不同的法則，我們把這樣相對獨立的領域稱為「方面法域」，簡稱「領域」或「法域」。我們既不能把某一個領域孤立起來，也不能把不同的領域混合在一起，更不能抹煞其他領域的存在，甚至張冠李戴，把一個領域的法則硬加到不同的領域。

在這十五個領域中，正如杜伊維爾自己所強調的那樣：「此處上帝的律法的更深度的統一性得以豐富地表達出來。誰在任何一個時間性的法域中違背了上帝的律法，實際上就違背了上帝設立的各種法則的整個一貫性；更深入而言，也違背了上帝透過耶穌基督向我們所啟示的神聖律法的宗教根基及其統一性。上帝的律法如此豐富、深刻，在各個法域中都不容許只是部分性地成全。」[7]

---

[7] Dooyeweerd, *The Christian Idea of the State*, p. 34.

此十五項領域包括：數字性與數量、空間性與廣延、運動性與移動、物理性與能量、生物性與生命、心理性與感覺、邏輯性與分析、歷史性與發展、語言性與符號、社會性與交往、經濟性與節儉、審美性與藝術、司法性與公義、倫理性與慈愛、信仰性與信心

另外，非常重要的是，上帝在創造世界之時在受造界中設立的法度與上帝在其聖言中所啓示的律法是完全一致的，這就是說，這些上帝設立這些法度的目的都是爲了教導人愛上帝，並且愛鄰如己。因此，我們不能把聖經所強調的愛主愛人的誡命與其他誡命對立起來，也不可把聖經中記載的上帝的律法與受造界的法則對立起來，不管是愛的誡命還是其他誡命，不管是上帝透過特殊啓示在聖經中顯明的律法還是上帝在受造界中設立的律法，都是上帝的律法，在根本上都具有一致性和統一性，我們不可把三者對立起來。[8]

六、世界的統一性、連貫性與多樣性

上帝創造世界，因此世界本身具有「統一性」，其中的存在彼此之間具有「連貫性」與「多樣性」。上帝以其不可思議的「方式」創造了豐富多彩、同爲一體的現實世界，而上帝創造萬有的「做工方式」就是設立「法則」。因此，在存有的本質上，法則本身就是萬有「存在的方式」，是上帝和受造物之間的「邊界」，即「律法是上帝之『存有』與受造界之『意義』之間的界限」。[9]

因此，犯罪就是違背上帝的律法，就是僭越上帝設立的界限。在杜伊維爾的人論中，雖然承認身體與靈魂的不同，但絕沒有那種把人的身體和靈魂對立起來的那種二元論的看法。人是一元性的，這種一元性在於人的心靈或靈魂，而身

8　See Taylor, *The Christian Philosophy*, pp. 294-295.

9　Dooyeweeerd, *A New Critique of Theoretical Thought*, vol. I, p. 99.

體則是人的靈魂的載體，人透過身體參與世界和歷史。因此，人的心靈具有超越性，乃是我們真正的「自我」、「自性」：「不存在『心理性與物理性的自我』，也不存在『超越性與邏輯性的自我』、『歷史性與存在性的自我』，自我也不是人類『歷險記』中的『心理』中心。人之自我使所有人類經歷都聯繫在一起的，這種自我是統一的，也是同一的：它超越各種形態的功用，也超越人之存在於一切時間中的個體結構。對於所有個體結構而言，這種自我是唯一的中心性的參照點，任何科學都不能成為自我的目的。」[10]

　　這就是杜伊維爾所強調的「心靈的超時間性」。因此，在他們認識這十五大方面的時候，我們不能誇大任何方面的作用，也不能使任何方面發揮一種定義性的作用，因為人本身的整全發展關涉到每一個領域，同時人的靈魂或自我本身又超越這些領域的任何一個乃至全部。即使我們強調信仰領域的重要性，我們不能把人界定為僅僅是信仰性的存有，人的其他領域也是人不可缺少的方面。每個領域都有各自的範圍和法則，也有各自的功用。我們必須從整體性、有機性、連貫性的角度去看待這些領域之間的關係，不可誇大甚至抹殺其他領域的存在和意義，更不可把任何領域無限誇大，走向各種形式的偶像崇拜。

　　在界定一個領域的重要性的時候，既要「瞻前」、「顧後」，在各個領域的彼此連結、互相配搭中更好地界定我們自己的角色和工作。這些領域都在上帝的主權和約法之下，

10　Dooyeweeerd, *A New Critique of Theoretical Thought*, vol. II, p. 115.

當然也都在人的心靈的觀照之下。我們在這些領域中經歷到上帝的同在和祝福，同時人的心靈對於所有這些領域又都具有超越性。上帝是超越和內在的上帝，作為具有上帝的形像的人，我們在這個世界上也類似地具有超越性和內在性。但人的超越性和內在性始終是在心靈與上帝的關係中展開的。

七、領域主權論四大建構性原則

杜伊維爾強調，領域權具有四大建構性特徵。

1、**全歸創造原則**。受造界的一切都是上帝創造的，在上帝之外不存在其他任何自有自存的東西，受造界中的一切都處於上帝的法則之下，也都有上帝賦予其存在的意義。因此，任何受造物都有「事實面」與「法則面」。「事實面」指向其存在的事實——上帝創造並掌管的有序的世界，任何受造物都有其自身實存的運轉架構和意義內核，科學研究的前提就是以研究對象本身的客觀存在；「法則面」指向上帝為受造界中設立的法則——上帝設立的受造世界的秩序，每個受造物都尤其自身必須遵守的法則，科學研究的任務就是去發現上帝設立的存在於研究對象中的法則。

2、**不可化約原則**。受造物都是由多方面組成的，我們不能把多方面簡化為一個方面，也不能把某一個方面視為其它方面之所以可能或實際存在的原因。理性主義片面突出理性，馬克思主義認為物質決定一切，敬虔主義把基督徒的生

活化約爲讀經、禱告、講道等，目前盛行的新紀元運動則是片面地高舉人的心理或意識的作用。這些各種形式的「主義」都是片面突顯存有的一個方面，甚至把這個方面絕對化而造成的。[11]

3、**普世大同原則**。任何方面都具有自身的法則，這些法則都是上帝設立的，都是相同的，都具有普世性。因此，我們不可把人所崇尚的任何理念視爲普世價值，而是以上帝所設立和啓示的好的法則爲眞正的普世價值。

4、**不可分離原則**。任何方面都是聯繫在一起的，不可把任何方面與其它方面分裂、隔絕看待。這就要求我們的思維要具有整全性、有機性和發展性，不可以片面的、機械的、靜止的觀點看待一切。[12]

八、領域主權與政教並立

我們在本書中在政教關係上強調「政教並立」而非「政教分立」，更不是「政教分離」，就是考慮到這些方面所具有的不可化約、不可分離的關係。史金納在研究中世紀政教關係的時候強調：「在中世紀，由於使封建的社會組織得以堅固的法律假設，並由於教會自稱是作爲與世俗當局同時並存的而不是從屬它的立法者行事，所以不可能存在任何這種

---

[11] Taylor, *The Christian Philosophy*, pp. 72-74.

[12] See Roy A. Clouser, *The Myth of Religious Neutrality*, pp. 241-260.

單一的政治主權形像。」[13]

叢日雲教授在其研究中指出：「中世紀西歐的基督教社會形成了一種獨特的二元化的政教關係。政權與教權各自獨立，互相平行、並立、平衡並互相制約，形成各自傳統的相對穩定的控制領域。由此便把人的生活分成兩個部分，使人具有二重的社會角色，也產生了獨特的指向雙重權威的兩種忠誠。」[14]

同理，在立法、司法與執法三大權力上，我們強調「三權並立」，而非「三權分立」，更不是「三權分離」，因為這些方面同時存在、不可分離、各有各自的功用。因此，華菲德強調，加爾文在日內瓦幾十年侍奉中所竭力爭取的就是使教會勸懲脫離世俗政府的管制，使得教會本身具有自我管理的權柄，因此加爾文堪稱是「基督教教會的締造者」。[15]

更重要的是，不管是教會還是國家，都在上帝和耶穌基督的主權之下。因此，唯獨上帝的主權是至高無上的，而在上帝之下國家和教會各有自己的相對的領域和主權，而這種主權都是來自上帝的賜予，其範圍也都有上帝的律法予以界定。在政教關係上，基督徒所常犯的最大的錯誤就是：把上帝限制在超自然、教會、聖禮和傳福音的領域中，否定上帝對於律法、政治、經濟和國家的主權，這是與聖經啟示直接相悖的。

13　昆廷・史金納，《現代政治思想的基礎》，奚瑞森、亞方譯（南京：譯林出版社，2011年），下卷，372頁。
14　叢日雲，《西方政治文化傳統》（長春：吉林出版集團，2007年），489頁。
15　B. B. Warfield, *Calvin and Augustine* (Philadelphia: Presbyterian and Reformed, 1956), p.18.

九、一種恩典，兩種運行

　　杜伊維爾在政教關係上的突破就是把教會和國家都置於上帝與耶穌基督的主權之下。教會主要是「特殊恩典的組織」，這種「特殊恩典」乃是「重生性的恩典」。「普遍恩典」則是「保守性的恩典」，而國家則是「普遍恩典的組織」。[16] 更重要的是，特殊恩典並非是與普遍恩典截然分開的恩典，杜伊維爾強調特殊恩典本身是「更新性的恩典」，目的就在於使那些真正重生得救的人重新回到上帝所賜給的使命中去，使得上帝用普遍恩典所保守的世界得到真正的全方位的更新和成全。在普遍恩典和特殊恩典的關係上，我們不可把二者對立起來；在教會與國家的關係上，也不可把二者對立起來。

　　更重要的是，不管是保守性的普遍恩典，還是更新性的特殊恩典，上帝在這個罪惡的世界中所賜下的一切恩典都離不開主耶穌基督，唯獨他是一切祝福的源泉，也是世界的救贖主。[17] 斯皮爾指出：「上帝的恩典以保守性和更新性恩典這兩重形式運行，但都是上帝的恩典，都在整個的人生領域中運行。保守性和更新性恩典的運行的領域不是分開的。人生也不會分為兩個截然不同和的領域。」[18]

　　因此，我們強調「一個恩典」，即上帝的恩典，而這種恩典是以兩種方式運行的。我們不能按照任何異教或哲學的

---

[16] Taylor, *The Christian Philosophy*, p. 531.

[17] Dooyeweerd, *The New Critique of Theoretical Thought*, Vol. III, pp. 523-526.

[18] Spier, *An Introduction to Christian Philosophy*, pp. 226-227.

教訓來理解教會和國家，而是必須按照聖經的啓示來界定教會與國家的關係。在這種關係中，教會不必俯伏在國家的掌管之下，成爲國家的一個宗教部門；國家也不必俯伏在教會的管制之下，成爲教會使用的行政工具。二者各有各的地位和功能，不可混淆，但可以彼此配搭，教會要成全國家，國家要保護教會，它們各自的權柄最終都是直接從上帝而來，都是因著耶穌基督的救贖而在歷史過程中具有各自的地位、功用和意義。這就是聖經中啓示的眞正的神權論，是在上帝的一元性的主權與約法之下的教會與國家的二元並立。[19] 是否承認上帝的主權，這是立場與歸屬的問題；是否順服上帝的律法，這是對錯與忠誠的問題；是否承認耶穌基督爲救主和君王，這是是否得蒙救贖與生命的問題。眞正得蒙耶穌基督救贖的標記就是在立場和歸屬上承認上帝的主權，承認上帝是自己的上帝；在對錯上順服上帝的律法，表明自己是上帝的子民。

十、領域主權與聖約神學

杜伊維爾在《理論思維新批判》一開始就強調實體本身各個方面之間內在的「連貫性」：「在宇宙中各個方面這種內在的一貫性中，任何一個方面都不是單獨存在的；每一個方面在其內部和外部都與其他所有方面聯繫在一起。」[20]

---

[19] Taylor, *The Chrsitain Philosophy*, pp. 522-525.

[20] Dooyeweerd, *The New Critique of Theoretical Thought*, Vol. I, pp. 3.

當然，各個方面也各有其內在的特性，各有其不同的地位與功用，彼此之間互相成全，但不可試圖僭越、取代其他方面。因此，杜伊維爾強調說：「生活中任何領域的文化權力的行使都受限於相關領域的特性。作為現世中的組織，教會不能主張所有的文化權力都屬它。上帝對科學、藝術、國家或經濟企業等都有歷史性的呼召，這是祂沒有賜給教會的。教會的屬靈性的權柄不能與其他權力領域混合在一起。」[21]

　　因此，不管是教會，還是國家，都不能大權獨攬，成為極權政府。真正的神權制乃是各個領域都在上帝的主權與法則之下各就各位，各盡其職，彼此成全，一同歸榮耀於上帝。這就是杜伊維爾所強調的「和諧的文化發展」，僅僅是一花獨秀，唯獨強調一個或幾個方面，不管所強調的是科學、藝術還是教會、國家，最終只能導致畸形的病態的不和諧的文化發展。[22]

十一、律法面與主體面

　　在這些領域中，始終存在著「律法面」和「主體面」，絕不可混淆兩者，也不可讓其中一方面化為烏有。斯皮爾指出：「律法面始終在主體面之上，正如上帝始終在祂所創造的世界之上一樣。上帝與宇宙之間的巨大界線在橫向的角度貫穿每一個領域之中。主體始終是主體，永遠不能成為律

21　Dooyeweerd, *Roots of Western Culture*, p. 81.
22　Dooyeweerd, *Roots of Western Culture*, p. 86.

法：律法始終是律法，永遠不能成為主體。」[23]

　　這在歷史領域中非常容易說明。有人主張，歷史從來就不是規範性的，永遠不能把歷史視為行動的標準；有人主張，恰恰相反，歷史確實具有規範性。這兩種主張到底哪一種有道理呢？如果說，歷史性的行動在主體方面是由歷史性的法則決定的，從這個角度而言，歷史確實具有規範性。但是，如果我們把歷史理解為由主體進行的文化不斷展開的過程，那麼歷史就不是規範性的。這就是說，人不可用歷史事實作為自己行動的標準，因為歷史事實始終具有主觀性。換言之，歷史性的主體絕不能成為歷史性的規範，因為每一個歷史性的主體都始終受制於一種歷史性的法則。

　　涉及到各個領域的律法面，應當注意兩點。第一點，在前五大領域，即數學、空間、物理、生物和心理中，上帝直接賜下律法，這種律法是不會被違背的。動物總是按照它的心理本能行事，不會偏離。植物和無機物也是絕對性地處於造物主為它們設定的法則之下。另外一個方面，也就是在更高級的人類領域中，其中的律法卻具有規範的性質，這種規範用於指導人作出正確的行為，但卻會因為人的自由選擇而違背。在我們的思維上，我們可能會在推理上不合邏輯，從而違背思維的法則。我們在語言的使用上，有時也會違背語言的規則。在社會領域中，我們更有可能犯罪，缺乏愛心等等。這就是我們所說的人的罪。

23　*Spier, What Is Calvinistic Philosophy?* P. 32.

第二點,在這些規範性的法域中,上帝賜給人的任務是與律法有關的。因為在這些領域中,上帝的律法始終是原則性的。不管是在邏輯思維上,還是在文化發展、語言、社交、司法、慈愛等等領域中,我們必須把這些原則具體化,把上帝啟示的律法化為實證法,與具體的環境和關係相適應。比如愛的律法適用於家庭生活。但是,如何把這一律法運用在子女與父母的關係中,要由父母從這一總體性的原則中得出一些應用性的細則來,成為「家規」,如此才能治理家庭。

十二、領域主權論的重要性

杜伊維爾對於我們所面對的現實生活的十五個方面的劃分雖然不是絕對性的,但肯定有益於幫助我們認識現實生活的複雜性和多樣性,學會從多個方面和角度更加整全地認識世界和人生。泰勒認為,在杜伊維爾的社會學和政治科學中,領域主權論也許是最有意義的,因為杜伊維爾透過此論想為當今基督徒所提供的就是反對當今社會中盛行的各種極權主義傾向的思想利器。[24]

荷蘭新加爾文主義哲學家斯皮爾在其《基督教哲學簡介》一書 261 頁的篇幅中,用了 93 頁的篇幅專門闡述「宇宙形態或法域論」,[25] 可見此論在杜伊維爾哲學和基督教改革宗神學中的重要地位。要明白創造、救贖與成全的根本範

---

24 Taylor, *The Christian Philosophy*, p. 413.
25 Spier, *An Introduction to Christian Philosophy*, pp. 29-122-.

式，必須首先明白「創造範式」的內涵與意義，尤其是其中各個方面內在的屬性、彼此的關係與不同方面之間的契合性。非常重要的是，在分析社會的時候，要明白把人生的各個方面連接在一起的乃是信心，把社會的各個方面連接在一起的乃是「在亞當裡墮落但在耶穌基督裡重新與上帝相連的宗教群體」。[26]

杜伊維爾自己談及領域主權論在當今社會中的重要性：「在我們當今的時代，我們已經見證並經歷到邪惡的極權主義政權的專制。……何謂最強有力的抵擋這種專制的理論基礎？就是貫穿領域主權的創造論，這種創造論是以基督教所持守的聖經中啟示的根本範式為根的。不管是人本主義生髮出來的現代自由主義還是社會主義、馬克思的共產主義，都不能從根本上動搖這種極權主義國家的絕對專制。只有當我們注目人類在宗教方面的根本統一性的時候，才能清晰地洞察各個社會領域的本質屬性、彼此之間的正確關係以及內在的連貫性。對於人類社會而言，領域主權論到底有何意義呢？領域主權論確保每個社會領域內在的本性與生命的法則不受侵犯。在這種保障之下，它提供了一個原本性的權威與能力的根源，使各個領域的權威不是來自其他領域的權威，而是直接來自上帝的最高權威。」[27] 這就從根本上破除了當今盛行的一切權威或權力都是出自國家的專制神話。

總之，領域主權論強調上帝的主權，強調人生與社會分為不同的區域，各個區域都有自身的法則與功用，歷史的發

26　Dooyeweerd, *Roots of Western Culture*, p. 49.
27　Dooyeweerd, *Roots of Western Culture*, p. 49.

展就是文化的殊分化，而文化的殊分化就是各個領域都能夠充分發揮自己的功用，實現自身的潛能。但是，杜伊維爾強調：「如果把領域主權論與聖經中啓示的創造範式分離，就被剝奪了其眞實的意圖，這一理論本身也不能裝備我們抵擋極權主義。」[28] 因此，我們必須把領域主權論與杜伊維爾所強調的「創造、墮落與救贖的根本範式」結合起來，前者使我們注重上帝之下多元性的發展，確保各個方面的相對性的對立與自由；後者使我們注重歷史之中總體的導向，確保上帝的子民作爲一個整體在歷史進程中自覺地進行爭戰並得勝。二者並舉，才能全方面的高舉至高上帝的主權，保障個體之人的人權，抵擋教會與國家都具有的極權主義傾向。

---

[28]　Dooyeweerd, *Roots of Western Culture*, p. 129.

第六章

美國重建主義與神法論

美國重建主義和神法倫理乃是清教徒神學的正傳，也是美國基督教文明保守主義或基督教右翼的主導性思想。蘇格蘭神學家鄧肯強調：「在神學之中，沒有律法的倫理如同沒有倫理的律法一樣糟糕」。[1] 更重要的是，重建主義者和神法論者強調歸回清教徒的傳統，尤其強調基督在個人成聖和社會工作中當竭力歸回《威斯敏斯德準則》所強調的以上帝的律法爲基督徒順服的標準的傳統，有利地遏制了近現代改革宗神學中反律主義泛濫的趨勢。

　　我們必須認識到，西方文化仍在經歷「基督化」的過程，我們不要認爲西方文化已經達到了基督教文明的巔峰，從此就開始由盛期轉向衰退。這種以斯賓格勒爲代表的「現代社會中的西方文明衰亡論者」，[2] 不過是要透過「報惡信」來削弱基督徒的鬥志，使得我們放棄戰鬥而已。這些人就像當初打探迦南地情況的惡探子們一樣，若不悔改，必然倒閉在絕望和痛苦之中。

　　雖然在靈知主義的顛覆性的衝擊下，西方基督教文明的大廈搖搖欲墜，但基督教所揭示的靈魂的眞理和憲政的秩序仍然處於統治性的地位。歐美基督徒的關鍵不是要放棄基督教國家和文明，而是要認罪悔改，警醒謹守，尋求來自上帝

---

[1]　John Duncan, *Colloquia Peripatetica*, p. 104.

[2]　Edmund Fawcett, *Conservatism: The Fight for a Tradition* (Princeton and Oxford: Princeton University Press, 2020), p. 306.

的復興，繼續走「基督化」的路子。因此，沃格林指出：「我們自己的『西方化』仍在有增無減。面對這一世界範圍的擴張，有必要重申一個顯而易見的道理：人性不變。在現代靈知主義中，靈魂的封閉能夠壓制靈魂的真理，以及明確地體現於哲學和基督教的那些經驗，卻不能從實在的結構中移除靈魂及其超越。」[3] 不管是歐洲，還是美國，仍然生活在基督教王國所帶來的憲政民主的制度之下，不管社會主義如何滲透，不管穆斯林移民如何建立國中之國，歐美各國在整體上仍然生活在是基督教國家和文明的保障之下。非常重要的是，上帝仍然是又真又活的上帝，祂也不斷地保守、更新祂自己的教會，使其在仇敵諸般的攻擊、滲透和顛覆中浴火重生。我們絕不可因為仇敵的囂張和蠱惑，就認為基督教在歐美已經全然失敗、徹底絕望、完全放棄！正如川普總統在 2020 年美國總統大選中一再強調的那樣：「絕不放棄！絕不讓步！絕不！絕不！」

沃格林在歐洲長大，在德國納粹迫害期間又流亡美國，他分析說：「即使就我們西方社會而言，人們能做的也不過是指出，靈知主義儘管有其喧囂的影響，但迄今為止並沒有它自己的根據地；西方古典的和基督教的傳統依然健在；建設對靈知主義一切變種的精神上的和智識上的抵抗，是我們社會裡的一種重要因素；重建一門關於人和社會的科學，是本世紀後半葉引人注目的事件，如果以將來的後見之明來回顧，這或許是我們時代最重要的事件。」[4] 美國當今重建主義

3　沃格林，《新政治科學》，段保良譯（北京：商務，2018 年），170 頁。
4　沃格林，《新政治科學》，171 頁。

和神法論倫理的出現反映了西方基督教文明的根基仍然存在，他們所延續的乃是「十八與十九世紀祖先所提倡的古老的神權論的傳統」，[5] 這是我們考察和學習西方文化時必須注意的。

一、重建主義與神法倫理

二十世紀以范泰爾（Cornelius Van Til, 1895-1987）和魯斯德尼（Rousas John Rushdoony, 1916-2001）、諾斯（Gary North, 1942-）、邦森（Greg Bahnsen, 1948-1995）為代表的注重基督徒思維前提的重建主義和神法倫理，強調基督徒當依靠聖靈的大能大力，成為上帝百般恩賜的好管家，自覺地以上帝所賜予的神聖約法為藍圖和工具，完成上帝所賜予的治理全地的使命，建造基督教世界觀，建立基督教文明。

這一重建神學結合荷蘭新加爾文主義所強調的前提論與世界觀，並繼承英美文化保守主義的基本價值，成為美國基督教右翼保守勢力的神學旗艦，乃是基督教文明保守主義的集中代表。不管是研究現代改革宗神學在美國的發展，還是研究歐美保守主義，特別是基督教文明保守主義，以魯斯德尼為代表的美國重建主義乃是其中一個不能迴避的標記式的里程碑。

當然，神法論倫理並不是重建主義新發明的倫理學說，古斯塔松在 1981 年談及神學與倫理學的關係的時候，就明確地指出：「從加爾文之立場合乎邏輯地得出的倫理學是神法論倫理學。正確的行動就是神聖律法約束的那些行

5　Harp, *Protestans and American Conservatism*, p. 172.

動。……自法論倫理學是不存在的，人的行動當符合上帝的旨意。既然上帝的護理是無所不在的，那麼人之行動的每一個領域都不會超出上帝的統治和目的。」[6]

美國重建主義和神法倫理乃是以清教徒爲代表的改革宗神學在新時代的處境化之作，他們所致力於復興的是聖經啓示和清教徒領受的理想，就是把個人的救贖與上帝的國度在全世界的拓展結合在一起。大衛・丘頓（David Chilton, 1951-1997）的綜述非常精到：「基督徒對世界的目標就是在全世界發展聖經啓示的神權制共和國，使人生的各個領域都得到救贖，都置於耶穌基督的主權之下，置於上帝的律法的規範之下」。[7]

二、范泰爾及其思想貢獻

范泰爾爲荷蘭裔美國改革宗神學家，老威斯敏斯德神學院創院教授之一，首倡前提論護教學。范泰爾精通哲學與改革宗神學，其教學和著述影響多人，弗蘭姆、邦森、魯斯德尼等多位當今神學家都自願居其門下。[8]

范泰爾繼承荷蘭新加爾文主義的精粹，進一步把改革宗

---

[6] James M. Gustafson, *Ethics from a Theocentric Perspective*, volume one, *Theology and Ethiccs* (Chicago: The University of Chicago Press, 1981), pp. 166-167.

[7] David Chilton, *Paradise Restored: A Biblical Theology of Dominion* (Tyler, TX: Dominion Press, 1985), p. 226.

[8] Cornelius Van Til, *A Christian Theory of Knowledge* (Philipsburg, New Jersey: Presbyterian and Reformed Publishing Co., 1969); *Common Grace and the Gospel* (Nutley, New Jersey: Presbyterian and Reformed Publishing Co., 1972); *The Defense of the Faith* (Philipsburg, New Jersey: Presbyterian and Reformed Publishing Co., 1963); *An Introduction to Systematic Theology* (Philipsburg, New Jersey: Presbyterian and Reformed Publishing Co., 1978); *Christian Theistic Ethics* (Philipsburg, New Jersey: Presbyterian and Reformed Publishing Co., 1980).

正統神學與改革宗哲學結合在一起，以其清晰而自覺的前提論使得古典的改革宗正統神學與改革宗哲學水乳交融，完美地結合在一起。繼承杜伊維爾的思路，范泰爾強調基督徒終極性的委身或忠誠就是上帝的終極性權威，因此基督徒必須旗幟鮮明地反對各種形式的「自法論」。弗蘭姆評論說，「范泰爾之思想的根基及其最有說服力的原則」就是對自法論的批判和拒絕，因為「基督徒的思想，正如基督徒生活的各個方面一樣，都當降服在上帝的主權之下。」[9] 范泰爾是荷蘭新加爾文主義與美國重建主義之間的重要橋梁，也是改革宗正統神學與文化保守主義的重要橋梁，他長期擔任杜伊維爾所主持的「宗教改革哲學」期刊編輯部的編輯之一，儘管他在某些方面和杜伊維爾有所不同，但他始終強調：「杜伊維爾博士是一位非常偉大的基督教哲學家，他在其著作中所尋求的就是忠於聖經中的基督。我從他的著述受益良多。」[10]

不明白自法論的泛濫和險惡，就很難明白神法論的精義和功用。教會內外形形色色的人之所以大力反對神法論，是因為他們已經發自內心地擁抱了自法論。忠臣不事二主，在上帝及其約法上，任何人都不可能在自法論和神法論的問題上二者兼顧。在對上帝的順服上，我們必須回到上帝的旨意；在對於上帝的旨意的順服上，我們必須具體到上帝的律法就是上帝顯明的旨意，這是改革宗正統神學的正傳，也是基督教文明保守主義所重點強調的。弗蘭姆在其研究中指

9　John M. Frame, *Cornelius Van Til, An Analysis of His Thought* (Philipsburg, New Jersey: P&R Publishing, 1995), p. 405.

10　*The Banner*, 30 August, 1974, p. 20. Quoted fromn Verburg, *Herman Dooyeweerd*, p. 465.

出：「保守主義承認，要使人性本身成爲可能，天意，即上帝的旨意，是必須接受的。諸如尼采之類的人物拒絕天意，試圖擺脫天意的約束，最終卻成爲他們自己的幻想的奴隸。尼采試圖取代上帝，否定信仰，超越善惡，最終達成的只能是把人性置於野獸般的自我崇拜的瘋狂之中。」[11]

　　杜伊維爾提出了「理論思維的超越性批判」，而范泰爾也在護教學上提出了著名的「超越性論辯」。在這一論辯中，范泰爾強調，本體性三一論涉及到上帝三個位格之間的互動性的關係，上帝在本質上是獨一的上帝，在位格上卻是三個獨立的位格，並且三個位格之間是同質、同權、同榮的關係，三個位格之間不存在任何的從屬性，也不存在任何的衝突性，而是完美地共存共融。這種關係模式從根本上解決了哲學上難於解決的「一與多的問題」。正如范泰爾自己所強調的那樣，在非基督教哲學中，統一性和多樣性始終是分離的：「整個知識論的問題經常就是如何把一與多聯繫起來的問題。當人向外觀望、向內省察的時候，他所看到的是種類極其繁多的事實。接下來的問題就是，在這多樣性中是否具有統一性，是否有一個原則與這些事情的出現和發生相一致。所有的非基督徒思想，即使運用超世俗的存在這一觀念，也是僅僅把這一超世俗的存在用來裝飾知識的統一性或先驗性，同時仍然堅持知識的後驗性是由共相來裝飾的東西。」

11　Bruce Frohnen, *Virtue and the Promise of Conservtism: The Legacy of Burke & Tocqueville* (Lawrence, Kansas: the University Presss of Kansas, 1993), p. 145.

要解決統一性與多樣性的關聯性問題，必須回到基督教本體性三一論上來：「本體性三一是我們處處都要用到的解釋性的概念。上帝就是我們具體的共相；在祂裡面，思想和存有是連在一起的，知識的問題也得到了解決。如果我們一開始就以本體性三一為我們具體的共相，我們顯然不同於任何一派哲學，也不同於任何一派科學，不僅僅是在結論上，也包括在我們的起點和方法上。對於我們而言，事實就是事實之所是，共相就是共相之所是，因為它們都是以本體性三一為共同的依賴的。如此一來，正如我們此前所討論的那樣，事實就與共相相互關聯起來。正是因為這種關聯性，在歷史之中才會有真正的發展，歷史中的每一時刻才都具有意義。」因此，魯斯德尼評論說：「范泰爾所有著述的目的就在於闡明本體性三一及其哲學上的含義。」[12] 沒有特殊性，只有純粹的統一性，這樣的統一性是一塊白板；沒有統一性，只有純碎的特殊性，這樣的特殊性是一片混沌。弗蘭姆指出，這樣的一塊白板和一片混沌「在其自身而言是沒有任何意義的，也不可能彼此連接起來。如此以來，未歸信上帝的世界觀始終會淪為不可思議的荒謬。這就是范泰爾對世俗哲學的批判的精義，范泰爾對基督教哲學的影響的精髓也在於此。」[13]

　　范泰爾思想體系的兩大主張是：（1）人在各種思考中都有責任以上帝的存在為其思維的前提，因此范泰爾嚴肅地批判了思想上的自法論，人不是獨立自主的存在，更不是可

---

[12] R. J. Rushdoony, *The One and Many*, p. 32.

[13] John Frame, *Cornelius Van Til*, p. 74.

以根據自我而為世界立法的人：（2）不信者在其思想和生活的各個方面都會拒不履行這一責任，因此范泰爾一直強調罪對人的思想的影響。[14] 罪人之所以冥頑不化地拒絕上帝的主權和律法，不是因為他們缺乏教育或說服，而是因為他們心靈的叛逆，他們明明知道上帝的存在，明明知道上帝的律法，也明明知道上帝必要懲罰那悖逆他的人，但他們仍然倒行逆施。

　　弗蘭姆總結范泰爾的貢獻時說：「在教義闡述上，范泰爾也許沒有什麼原創之處，但他對這些教義闡述的應用卻是值得注意的。在范泰爾的筆下，上帝的主權成為認識論以及宗教性和形上性的原則。三一論成為回答哲學上一與多這一疑難問題的答案。普遍恩典成為基督教歷史哲學的鑰匙。范泰爾對這些大家都熟悉的教義的應用不可避免地擴展了對這些教義本身的認識，因為他們由此而對這些教義對他們的要求有了新的賞識。」[15] 弗蘭姆認為，現代世俗哲學中最重要的哲學家是康德，而最重要的基督徒思想家乃是范泰爾。[16] 桑德林指出，與范泰爾所強調的出發點保持一致，改革宗思想至少有五大方面的發展：「首先，拒絕各種形式的二元論；第二，反對把世上的任何方面永恆化；第三，強化歷史性改革宗的律法論；第四，贊同基督教信仰在歷史過程中的不斷得勝；第五，根據聖經中所其時代基督教真理重新調整

---

[14]　John M. Frame, *Cornelius Van Til, An Analysis of His Thought*, p. 404.

[15]　John M. Frame, "Van Til: The Theologian," http://www.reformed.org/apologetics/index.html?mainframe=/apologetics/frame_vtt.html.

[16]　John M. Frame, *Cornelius Van Til, An Analysis of His Thought*, p. 46.

人在各個領域中的努力。」[17]

　　可惜，范泰爾雖然與荷蘭新加爾文主義一道強調造物主與受造物之間的不同，強調基督徒當以聖經中所啓示的上帝爲本體性的前提和起點，以上帝所默示的聖經爲認知性的前提和標準，但他的思想和貢獻主要集中在基督教護教學或神學上，要把他所提倡的前提論思維推廣到社會與政治思想中，則是魯斯德尼等基督教重建派或神法論者所做的事，正如歷史學家沃森所指明的那樣：「范泰爾的著述爲魯斯德尼的思想提供了知識上的鎮流器，使得魯斯德尼確信：聖經是一切現實的根基。當然，范泰爾本人並沒有爲他所摧毀的各種哲學提供任何替代品，他既沒有爲社會提供基於聖經的大綱，也沒有爲自然法提供綜合性的替代品。魯斯德尼致力於從事的就是填補這一塹壕。」[18] 因此，我們可以說，范泰爾是美國重建主義神學的鋪墊者，而魯斯德尼則是其直接的開創者。

　　雖然范泰爾自己沒有明確地承認自己是「神法論者」，但其思想中確實隱含著這樣的種子。作爲認信性的改革宗神學家，不管是從《威斯敏斯德小教理問答》還是從《海德堡教理問答》的界定而言，范泰爾當然承認上帝所啓示的律法乃是基督教行事爲人的最高標準，這是毋庸置疑的常識。因此，范泰爾的高足弗蘭姆明確強調：「有關范泰爾的最好的資料是來自迦克頓群體，就是魯斯德尼、諾斯和邦森，……

---

[17] P. Andrew Sandlin, "The Genius of the Thought of Rouas John Rushdoonuy," in P. Andrew Sandlin, ed., *Comprehensive Faith: An International Festschrift for Rousas John Rushdoony* (San Jose: Friends of Chalcedon, 1996), p. 7.

[18] Molly Worthen, "The Chalcedon Problem: Rousas John Rushdoony and the Origins of Christian Reconstructionism," *Church History* 77, no. 2 (2008), p. 406.

唯獨他們真正創造性地運用了范泰爾的著述，並在范泰爾之成就的基礎上，把范泰爾的思想應用到范泰爾自己也沒有想過的眾多領域之中。」[19] 當然，英美很多改革宗牧者反對神法論，也不欣賞范泰爾的前提論護教學，因為按照范泰爾的推論，神法論是不可避免的。范泰爾敏銳地指出：「我們希望闡明基督徒和非基督徒倫理的不同之處，遠遠超出人們平常所設想的程度……或者是自法論，或者是神法論，此外沒有別的選項。試圖逃離上帝、逃到另外一個世界尋找永恆法，不過是徒然勞力而已。」[20] 范泰爾自己也不認為自己是一個神法論者，他在千禧年的立場上也不是後千禧年論者，但魯斯德尼、諾斯、邦森等美國重建主義的領軍人物在護教學上，都是明確的跟隨范泰爾之方法的前提論者，在神學立場上他們也都是堅定的認信性的改革宗神學家。[21]

正如弗蘭姆曾經指出的那樣，美國的神法論者不過是把范泰爾的前提論從護教學領域推廣到倫理學領域而已，他們強調基督徒順服上帝的標準就是上帝啟示的律法，這是歷代大公教會與改革宗教會的正傳，並沒有任何新奇之處。因為很多人恨惡上帝的律法，所以他們恨惡神法論，當然也恨惡並且想方設法地攻擊那些熱愛上帝的律法的人。根據其思想脈絡和歷史傳承，我們把范泰爾與美國重建主義聯繫在一起，其實在思想源流上，他是荷蘭新加爾文主義和美國重建主義之間過渡的橋梁性人物。

19　John M. Frame, "Van Til: The Theologian," http://www.reformed.org/apologetics/index.html?mainframe=/apologetics/frame_vtt.html.

20　Cornelius Van Til, *Christian Theistic Ethics*, p.134.

21　John M. Frame, *Cornelius Van Til, An Analysis of His Thought*, pp. 391-394.

三、魯斯德尼及其思想貢獻

　　魯斯德尼是美國改革宗牧師、哲學家、歷史學家、教育家和神學家，知識淵博，旗幟鮮明，對於美國改革宗教會和保守主義文化都產生了巨大的影響。特別是在神權制和神法論上，魯斯德尼使得教會重新回到聖經啓示和教會認信的傳統立場。筆者認爲，魯斯德尼不僅是美國重建主義之父，更是思想史和神學史上罕見的把改革宗正統神學和文化保守主義結合在一起的集大成者。哈普在分析美國基督徒與基督教文明保守主義時明確強調：儘管二十世紀福音派開始大規模地參與政治與公共事務，但其中很少人把他們的政治活動建立在不斷更新的聖經研究的基礎上，也很少人注重從基督教歷史性教義的角度來分析時政，只有伸手可數的寥寥幾個人對美國文化和政治事務進行了系統的神學思考，其中最有影響力的兩位福音派基督徒思想家就是魯斯德尼和薛華。儘管在學術界和認信性改革宗圈子內，有些人對他們頗有微詞，甚至嘲笑、封殺，但他們仍然在基督徒中間和社會上大有影響。哈普甚至直接稱魯斯德尼爲「推動（保守主義）運動的神學家」，是「宏觀性的理論家」。[22]

　　魯斯德尼是第二代亞美尼亞移民，又曾在印地安部落宣教，深知文化爭戰之尖銳和跨文化宣教之艱難。其思想恢宏博大，其著述旁徵博引，其風格汪洋恣肆，其爲人文質彬彬，其著述橫跨多域，實在是改革宗神學百年難出的天才人物！其思想和著述不僅影響到基督教內部，甚至影響到社會

22　Harp, *Protestant and Ameircan Conservatism*, p. 199.

與政治層面，這是那些僅僅躲在教會和神學院的圍牆內竊竊私語、自言自語的神學家和教授無法望其項背的，因此很多人常常對他妒火中燒，無法原諒。對他妄加非議的人很多，但真正能夠理解、欣賞他的人則少之又少！他是老牌的具有戰鬥性的改革宗思想家，曾任美國正統長老會牧師，從未受到教會法庭的審判和勸懲，卻因其主張古典的神權神法論而被很多不學無術的牧師和神學家恨得牙根疼，因為魯斯德尼把純正的改革宗神學與歐美保守主義結合在一起，從根本上暴露了那些在教會和神學院內部互相撕咬、在社會和文化領域中卻毫無作為的牧師和神學家所披戴的不過是「皇帝的新裝」！他們就像被蒙蔽的雅各一樣，以為自己所擁抱的是自己所愛的拉結，實際上卻是被拉班偷偷塞進來的利亞！

　　魯斯德尼被稱為「重建神學之父」，也是美國方興未艾的基督徒家庭學校運動的捍衛者，更在美國基督教文明保守主義中發揮了旗幟旗艦性的作用。魯斯德尼強烈地反對世俗化和民主化，強調上帝的主權的至上性和上帝的律法的權威性，甚至主張上帝的律法中的刑法部分仍然有效，旗幟鮮明地贊同死刑，反對同性戀，成為世俗主義者、多元主義者和反律主義者忌恨的對象。其代表作就是三卷本的《聖經律法原理》和兩卷本的《系統神學》。其實，刑法的重要性是任何一個法學專家都承認的，沒有刑法的保障，其他法律的執行都喪失了保障。因此，孟德斯鳩甚至強調說：「公民的自由主要依賴於優良的刑法。」[23] 中國基督徒認識不到上帝設立的刑法的重要性，就不會明白何謂真正的自由！西方人忘記

23　孟德斯鳩，《論法的精神》，許明龍譯（北京：商務印書館，2015 年），12 章 2 節，222 頁。

上帝所其實的刑法的重要性，最後就會喪失他們已經得到的自由！可惜，目前大多數基督徒包括神學家和牧師不具備基本的法律常識，在錯誤神學的影響下幾乎都成了「法盲」！反智主義使得基督徒成為「文盲」，反律主義使人成為「法盲」，如此「文盲」加「法盲」式的人物，不管口頭上和表面上如何敬虔，都很容易成為毛澤東式的無法無天的「流氓」！

　　魯斯德尼勸勉每個基督徒都當按照上帝所啓示的神聖約法重建個人與社會生活，其中的關鍵不是街頭運動和暴力革命，而是聖靈的重生和個人的歸正。因此，魯斯德尼強調的不僅是上帝的約法，更強調個人在耶穌基督裡眞正的重生。罪人一旦眞正獲得重生，就會重新領受上帝當初就賜予亞當夏娃的治理全地的使命，甘心樂意地遵守上帝的誡命，使人生與學術的各個領域都降服在耶穌基督的主權之下。他不僅重新使人重視上帝的約法和個人的重生，並且在教會中復興了後千禧年的末世論信仰，使人深信基督徒在今生今世就能夠投入到治理全地、重建秩序的使命中去，完成上帝所賜予的文化使命。當然，沒有人幼稚地相信我們一代人就能徹底完成文化使命，只有當主耶穌基督二次降臨時整個世界才會達成徹底的更新，在此之前我們都是「知其不可爲而爲之」，把文化使命作爲上帝賜予我們的使命來竭力遵行，更重要的是在遵行使命的過程中使自己的生命得到歷練，在品格上效法我們的救主耶穌基督，用我們的美德和善行來吸引人歸向上帝和耶穌基督！

　　魯斯德尼在教義神學上深受凱波爾、杜伊維爾和范泰爾的影響，在政治神學上則是深受康托茲（Ernst Hartwig

Kantorowicz, 1895-1963）對於中世紀歐洲政治研究的影響。[24] 弗蘭姆高度贊揚魯斯德尼對於基督教神學和思想的貢獻，認為他對范泰爾之前提論的詮釋和推廣、對於上帝的律法的注重和講解、對於公立學校和福利國家的批判以及在屬靈爭戰方面拒絕接受失敗主義這四大要點，對於許多不完全贊同基督教重建主義的人也產生了巨大的影響。[25] 可以說，魯斯德尼是一位「基督教自由意志論者」，他所強調的絕不是教會或國家的強制，而是個人的自由。他深知世俗的自由意志論者的致命缺陷，就是「沒有道德性的根基，它所擁有的是與自由主義同樣的人本主義的根基。」儘管他強調上帝啟示的聖經律法，他所深信的是「最基本的政府是個人的自治，然後是家庭和教會的自治。基督教重建主義所主張的是從底層開始的方式。」[26] 有人認為，魯斯德尼誤用凱波爾和杜伊維爾的理論，因為凱波爾重視原罪對個人和社會的影響，從而對於基督徒在基督再來之前在地上建構基督教秩序持守一種比較悲觀的心態，而他們所主張的領域主權乃是為了強調宗教寬容。[27] 筆者並不贊同此類分析，不管是開博爾還是杜伊維爾，他們略帶悲觀的心態是基於他們所持守的無千禧年立場，而魯斯德尼和重建主義者所領受的始終是清教徒與老普林斯頓神學所主張的積極、樂觀的後千禧年論，這是改革宗內部的不同側重，本身並沒有本質性的不同或衝突。至

[24] 德裔美國歷史學家，研究中世紀政治與思想史，其代表作為 *The King's Two Bodies* (1957)，考察了中世紀政治權威與個人魅力的關係，是研究中世紀政治神學的經典之作。

[25] Andrew Sandlin, ed., *A Comprehensive Faith: A Festschrift for R. J. Rushdoony* (San Jose, CA: Friends of Chacedon, 1996), pp. 3-5.

[26] Harp, *Protestant and American Conservatism*, p. 203.

[27] Harp, *Protestant and American Conservatism*, p. 205.

於領域主權論，凱波爾和杜伊維爾的本意都是強調基督徒應當把上帝的主權和聖言落實在個人與社會生活的各個領域中，這是改革宗神學一貫的立場。至於主張宗教寬容甚至多元，雖然我們並不排除此類引申，但這顯然不是領域主權這一教義的主要目的和功用。

像魯斯德尼這樣把哲學、神學、法學和政治學結合在一起的神學家乃是上帝賜予教會的不可多得的明燈。真正的基督教神學家都應當具備這四個方面的素養，因為哲學使得我們在思維上具有自覺性和深刻性，神學使得我們歸向上帝的主權和真理，法學使得我們在倫理上具有嚴謹性和規範性，而政治學則是哲學、神學與法學的集大成者，真正的政治學指導我們自覺地把個人與社會生活的各個方面都置於上帝的主權和約法之下，把上帝啓示的真理與約法落實在具體的現實生活之中。

魯斯德尼大有思想，高瞻遠矚，並且仗義執言，當然不討人喜歡。把他的觀點大眾化的重要人物之一是薛華（Francis Schaeffer, 1912-1984），薛華也是屬保守的改革宗長老會陣營，他用樸實的語言、藝術的形式傳講了神權神法的理念，明確強調基督徒和共和國當以上帝所啓示的律法為高級法。他在惠頓大學的講課稿整理而成的三部曲《同在的上帝》，《逃避理性》，《上帝臨在，並不沉默》都成為暢銷書，而他所寫的《前車之鑒》一書更是翻譯為中文，成為華人教會巨大的祝福。他最後出版的書籍是《基督徒宣言》，此書把改革宗神學與共和主義結合在一起，直接闡明了基督教文明保守主義的立場。

薛華有一位著名的學生，名叫拉哈耶（Tim LaHaye,

1926-2016），他發表《思想之戰》一書，成為暢銷書，使得魯斯德尼與薛華的基督教文明保守主義更為廣傳，此書強調以老普林斯頓神學院為代表的美國為基督教國家論，強調世俗人本主義並不代表美國教會與社會的主流和正傳，他特別談及：「我們獨特的政府權力相互制約與平衡的制度絕不是人本主義想出來的」，這一制度設計是「直接從聖經借來的」。他強調，「人本主義者嘲笑清教徒的工作倫理、自由企業、土地私有制、資本主義——儘管這些觀念都是從聖經的教導衍生出來的。」[28] 拉哈耶堅決反對自由派所主張的世俗人本主義，強調基督教國家與文明。

四、諾斯和邦森的貢獻

凱利·諾斯具有深厚的經濟、歷史、哲學和神學素養，頭腦敏銳，言辭激烈，觀點鮮明，著述等身，可謂下筆千言，倚馬可待，是美國「重建神學」的大將。諾斯不僅具備精深的理論思維和表達能力，而且具有戰略性眼光和推動能力，他成立「基督徒經濟研究所」，大量出版重建神學的著述，對於消除時代論錯謬神學在美國內外的影響，推動改革宗神學在新時代的發展，發揮了至關重要的影響。[29] 他雖然和魯斯德尼在某些觀點上有所分化，魯斯德尼更注重的是家

28　Tim LaHaye, *Battle for the Mind* (Old Tappan, NJ: Revell, 1980), pp. 5, 39.

29　Gary North, *Tools of Dominion: The Case Laws of Exodus* (Tyler, Texas: Institute for Christian Economics, 1990); *Political Polytheism: The Myth of Pluralism* (Tyler, Texas: Institute for Christian Economics, 1989); *Conspiracy in Philadelphia: The Broken Covenant of the U. S. Constitution* (Draper, Virginia: Nicene Council.com, 2004); *Millennialism and Social Theory* (Tyler, Texas: Institute for Christian Economics, 1990).

庭在社會重建中的作用，而諾斯則更多強調建制性教會的作用，但二人在基本理念和思路上應當是完全一致的。歷史學家麥克維卡評論說：諾斯「訴諸大眾，毫不疲倦地推動重建主義的世界觀。我們可以說，在魯斯德尼之後，在為基督教文明而重建世界方面，諾斯的貢獻勝過其他重建主義者。」[30]他們對全世界基督徒最大的貢獻就是把福音派神學和自由意志論有機地結合在一起，強大有力地促進了基督教文明保守主義者對政治的認識和參與。

諾斯和趙天恩牧師在威斯敏斯德神學院相識，1963 年他們一起開著一輛破車從加州前往費城威斯敏斯德神學院讀書。趙牧師去世的時候，諾斯專門寫了「約拿單之死」一文紀念，強調趙牧師在隱秘戰線作戰，幫助中國大陸的牧師抗擊馬克思主義、列寧主義與毛澤東思想，他雖然名不經傳，可謂是個「隱形人」，但卻是上帝重用的僕人。[31] 因此，從神學的源流來看，趙牧師不僅親自從范泰爾足下受教，他對荷蘭新加爾文主義與美國重建主義都有所接觸。他親自把「文化使命」傳遞給中國教會，而文化使命本身乃是荷蘭新加爾文主義與美國重建主義的精粹，可見上帝那看不見的膀臂如何透過人做工。

魯斯德尼的研究和影響更多是在基督教改革宗圈子內，而諾斯透過其大量的著述把重建主義的基本理念傳遞到強調教會復興的基督徒中間，甚至在靈恩派為背景的教會中，也

30　Michael J. McVicar, "The Libertarian Theocrats," *Public Eye* 22. No. 3 (2007), p. 2-3.
31　Gary North, "The Death of Jonathan," https://banneroftruth.org/us/resources/articles/2004/the-death-of-jonathan-chao/ ，2022 年 4 月 26 日查考。

開始越來越強調上帝賜給人的治理全地的權柄和使命，這就是目前流行的「國度神學」或「治理神學」的由來。在「國度神學」中強調的是上帝的主權和基督的王權，強調上帝的國度已經隨著主耶穌基督的復活而大有權能地臨到世界，基督徒和耶穌基督一同今生今世在地上執掌王權，這就是上帝賜給基督徒的治理的使命和特權。

邦森是范泰爾的高足，深得范泰爾前提論護教學的真傳，並且將之應用、推廣到基督徒倫理學中。他針對各種形式的人本主義自法論，提出了以上帝為中心、以上帝的律法為標準的神法論，深得神本主義者的愛戴，深受教會內外各種反律主義者的嫉恨，爭議纏身，英年早逝。范泰爾委員會將編輯《范泰爾護教學：閱讀與分析》這一巨著的責任托付給他，並且他不負眾望，編輯、撰寫出無可取代的精品著作，可見邦森學問之精深。其代表作為其碩士論文，《基督教倫理學神法論》，使人在基督徒倫理學領域中重新認識上帝的律法的規範性和教育性功用。此書一版出版，成為基督教倫理學經典作品之一。[32]

五、重建神學五大特色

美國基督教「重建神學」是「新加爾文主義」在美國的翻版，也是古老的改革宗神學在美國當下文化中的現代化和處境化。重建神學注重凱波爾所提倡的世界觀神學，同時范

32　Greg L. Bahnsen, *Theonomy in Christian Ethics* (Presbyterian and Reformed Pub. Co., 1984).

泰爾的前提論也為之提供了獨特的方法。可以說，重建神學就是把范泰爾所主張的前提論護教學擴展到整個基督教神學與思想領域。因此，范泰爾可以說是重建神學的精神之父。事實上，重建神學三大巨擘魯斯德尼、諾斯和巴森都自認是范泰爾的門徒，弗蘭姆也公開承認他們是范泰爾前提論思想的重要繼承者。「重建神學」有五大特色：

1、**大公性改革宗**。基督教重建主義者是加爾文主義者，持守歷史性的、正統的大公基督教與偉大的改革宗信條。他相信宇宙內外的中心，是上帝而不是人；主宰將來一切的是上帝而不是人；人必須取悅並順服的是上帝而不是人。他相信上帝拯救罪人。上帝並不幫助人拯救自己。基督教重建主義者相信，信仰應當運用到生活的所有方面，並不僅僅是「屬靈」的方面。信仰適用於教會、禱告、宣教、查經，也同樣適用於藝術、教育、技術和政治。因此，這種改革宗神學所注重的並不是宗派主義式的分門別類，自高自大，而是不斷地改變自身，攻克己身，精益求精，把上帝的聖言應用在個人生活和社會生活的各個方面。改革宗的大公精神就是不斷改革，當仁不讓，盡心、盡性、盡意、盡力愛上帝，並且愛人如己。這種大公性的改革宗跨越宗派和時代的局限，強調合乎聖經的政權的真理體系，特別體現在基督徒的世界觀和文明論上。

2、**神法論倫理學**。「神法」就是「上帝的律法」。重建主義秉承聖經的啟示和改革宗的傳統，高舉上帝在聖經中所默示的聖潔、公義、良善的律法。作為公義的標準和治理的

工具，上帝的律法並沒有廢止。但是，對於接受基督之救贖的人而言，律法不再具有指控和定罪的作用，因為基督在十字架上擔當了人犯罪應受的刑罰。上帝的律法所反映的是上帝的性情和旨意。上帝不變，律法不變。上帝的律法有三大用途：首先，驅使罪人單單信靠基督，惟有基督是完美的遵行律法的人。其次，為基督徒提供順服的標準，基督徒由此可以判斷他在聖潔方面的長進。第三，維繫社會秩序，抑制社會犯罪，因此國家也當以上帝所啟示的道德律為「高階法」。與神法論相對應的是「自法論」，就是罪人以自己為最高權威，根據自己的理性、經驗和意志為自己制定標準。正如余達心教授所指出的那樣：「自法乃指人以自己為一切法律、道德規範的依歸。」[33]

3、前提論方法論。前提論者並不試圖「證明」上帝的存在，或聖經的真實可靠。他之所以持守真道，因為這是聖經說的，並不是因為他能夠「證明」，而是因為聖靈與他的心同證這是上帝默示的無謬無誤的聖言。前提論者並不試圖說服未歸信的人相信福音的真實可靠。當他們聽到福音的時候，他們已經知道是真實可靠的。他們所需要的是悔改，而不是證據。當然，基督教信仰是有證據的。事實上，世上的一切都在見證基督教的信仰，因為這一切都是上帝造的，都在見證上帝，指向上帝。問題在於未歸信者雖然不缺乏證據，但缺乏順服。重建神學不僅深信聖經的無謬性和權威

33 2018 年 1 月 16 日 facebook 討論留言，https://www.facebook.com/zhiyong.wang.12。

性，並且深信上帝的主權和大能，我們自己不能說服別人，不能改變生命，但在上帝則沒有難成的事。

4、**聖約性千禧年論**。守約蒙福，背約受禍。重建神學繼承清教徒所強調的聖約神學，並把這種神學擴展到家庭、教會和國家三大聖約共同體，深信敬畏上帝、信靠基督、愛主愛人、守約守法的人已經得蒙上帝的賜福，也必然繼續得蒙上帝的賜福，而那些無法無天的狂妄之輩本身就沒有經歷真正的心靈悔改的經歷，他們始終生活在上帝的咒詛和審判之下。重建神學相信只有在聖靈恩膏教會，使教會有能力在歷史上拓展基督的國度之後，基督才會再來地上。重建主義者並不是烏托邦主義者，他不相信基督的國度會迅速地毫無痛苦地得以拓展。他知道我們進入上帝的國度要經歷很多的苦難。他知道基督徒是在為「遙遠的將來」爭戰。他相信教會迄今可能仍然處在她的嬰兒階段。但他相信基督教信仰終必得勝。總體而言，雖然具體的教會在歷史過程中會多有起伏，但在聖靈的大能之下，作為一個整體，耶穌基督的教會只會在這個世界上不斷得勝，不會失敗。這種末世論顯然具有明確的樂觀主義的色彩，正如蘇格蘭神學家鄧肯所強調的那樣：「樂觀主義和有神論是彼此聯繫在一起的。」[34]

5、**文化派治理論**。重建神學繼承以凱波爾為代表的荷蘭新加爾文主義對文化使命的重視，強調基督徒當認真對待

---

[34] John Duncan, *Colloquia Peripatetica*, p. 4.

聖經中所吩咐的義人治理全地的使命。這是福音和大使命的目標，上帝的福音不是讓我們逃離世界，而是讓我們真正能夠在這個世界上作上帝百般恩賜的好管家。重建主義者相信全世界都是屬上帝的，被罪所轄制的每一領域都將根據聖經的啟示得以「重建」。這包括，首先是個人；其次是家庭；第三是教會；第四是廣義的社會，包括國家在內。所以，重建主義者堅定地相信基督教文明。他們堅信教會與國家的分立，但這種分立並不是國家或其它任何事物與上帝的分離，而是教會與國家各有自己的組織和功用，當彼此尊重，不可互相轄制。他不是革命者；他並不相信用軍事、暴力推翻人類政府就能夠帶來根本性的變革。他有無限地超越槍支和炸彈的強大武器，他所有的就是不可戰勝的上帝之靈，絕對無謬的上帝之道，無與倫比的上帝的福音，這些都是不會失敗的。[35]

六、美國重建神學反思

美國重建主義強調舊新約聖經之間的連續性，強調律法與福音的和諧性，按照聖約神學的思路強調以十誡為綜述的道德律在基督徒治理全地的文化托付中的積極作用，這些無疑都是十七世紀英美清教徒神學的延續和發展。另外，這一神學思潮因為吸收了荷蘭新加爾文主義所強調的前提論和世

35 See Gary North and Gary DeMar, *Christian Reconstruction: What It Is, What It Isn't* (Tyler, Texas: Institutes for Christian Economics, 1991); Gary DeMar, *The Debate over Christian Reconstruction* (Atlanta, Georgia: American Vision Press, 1988).

界觀，強調普遍恩典和特殊恩典的劃分，使其在論述和表論中更有自覺性和整全性。十七世紀清教徒神學在英國經歷了巨大的政治變化，受到了來自教會內部殘酷的迫害和打壓，同樣，因爲重建主義是改革宗神學內部的復興和改革，所以首先在改革宗教會內部引發了激烈的反彈，甚至在某些方面充滿了圍追堵截的硝煙，大有把重建主義打成異端邪說、滅之後快的味道。荷蘭新加爾文主義的興起針對的是以法國大革命爲代表的無神論、敵基督、反律法的運動，范泰爾的前提論護教學則對基督教內部的證據論護教學以及世俗化的自法論哲學提出了尖銳的批判。美國重建主義繼承新加爾文主義和前提論護教學的聖火，這種背景也使得重建主義具有強烈的護教性和戰鬥性。

世俗主義認爲重建主義非常「危險」，因爲重建主義主張的是神權制和神法論，針對政治上正確的世俗化、相對化和多元化而旗幟鮮明地高舉上帝的主權和律法。有些改革宗神學家則認爲重建主義具有極端甚至異端之嫌，認爲我們不可主張把舊約聖經中記載的律法直接應用於當今多元化的時代，尤其是不可直接應用到國家或公共領域中，連大有學問和見識的弗蘭姆也認爲魯斯德尼「強調舊約聖經與新約聖經之間的極強的連續性，特別是舊約律法對新約信徒的權威性。在當今眾多的改革宗作者之中，魯斯德尼獨樹一幟的主張就是：摩西律法中所有民刑律中的刑罰對於當今世界的公民政府而言仍然具有約束力。」[36]

---

[36] John Frame, *Cornelius Van Tuil: An Analysis of His Thought*, p. 393.

弗蘭姆的這種解讀不像是經典的改革宗神學家的筆調。嚴格而言，尤其是對於經典性的改革宗神學家而言，並不存在「舊約律法」，關鍵是上帝所啓示的「聖經律法」、「道德律」！至於民刑律中刑罰部分的效力，稍有法學常識的人都知道，首先，任何法律體系必然有刑罰部分，否則法律就是一紙空文，沒有任何效力。其次，在具體地適用律法對於具體的案件做出裁決之前，還存在律法的識別和解釋的問題，沒有任何審判官或仲裁者能夠直接把任何法規應用到具體的案件之中，當然重建主義者也不曾提出這樣荒唐的主張。之所以有人提出這樣的質疑，我們不得不說，實在是因爲現在很多基督徒甚至神學家缺乏基本的法學常識，更不用說對於上帝的律法的一點一劃都作出詳盡的考察和論述了。正是因爲這種在律法上的實務甚至常識性的缺乏，無怪乎美國最高法院九大法官中一位基督徒法官也沒有，有的只是天主教和有調教的法官！當初改教家馬丁・布瑟（Martin Bucer, 1491-1551）在英國向英王愛德華六世提供建議的時候強調「當在你治理的領域中恢復基督的國度」。他在《論基督的王權》一書中明確強調，敬虔的執政官應當發揮「基督徒君王」的角色，效法舊約聖經中記載的敬虔的君王的作爲，以《約法十章》爲框架治理國家，對於犯姦淫者、叛逆之子以及褻瀆上帝的人判處死刑，布瑟直接引證的就是民刑律。[37] 因此，基督教國家顯然可以繼續適用民刑律，這也是《威斯敏斯德大教理問答》的立場和作法。

---

[37]　See Hall, *The Puritans*, pp. 160-161.

筆者認為重建主義仍然處於改革宗正統神學的大框架之內，但其在教牧、靈修和宣教上則是弱項，或者還沒有充分的時間和空間把重建神學的深刻發現，全方位地落實在這三大領域之中。當然，正是因為重建主義誕生在改革宗教會內部日趨消沉、教會外部文化爭戰不斷激化的環境中，這就使得重建神學具有強大的革命性和生命力，能夠突破目前基督教教會和神學院中那種不痛不癢、不冷不熱、不死不活的平庸習氣，使人耳目一新，在新時代背景中重新復興當初清教徒神學的戰鬥精神，把上帝的聖言——尤其是上帝聖潔、公義、良善的律法——應用到個人與社會領域的各個方面，這確實是在重新為真理樹立旌旗。重建主義對聖靈的大能和恩賜的強調，使得基督教重新煥發了活力和信心；對聖約框架的具體闡釋也使得上帝在聖經中所啟示的聖約成為家庭、教會和社會重建的神聖藍圖；更值得人注意的是，重建主義對聖經律法的強調為教會所面對的相對主義和多元主義的困境提供了來自上帝的具有超驗性、絕對性和普世性的道德規範與價值標準以及治理工具，為基督教提供了徹底擺脫律法主義和反律主義兩大異端的正統之道，使基督教真正成為拯救靈魂、經世致用的大學問。

重建主義的影響不僅是在教會之內，更是走向社會和文化，成為基督教參政議政、重建美國的武器，魯斯德尼創建的迦克頓基金會甚至成為幫助美國基督教右翼參政的智庫性組織，被譽為是美國基督教文明保守主義的旗艦。1973 年美國最用影響的福音派雜誌《今日基督教》把魯斯德尼所著的《聖經律法要義》列為福音派必讀書之一。美國保守主義活動家菲利普（Howard Jay Phillips, 1941-2013）稱魯斯德尼

爲「二十一世紀最有影響力的人」，「整個基督教文明保守主義政治運動的開端就在於魯斯德尼。」根據 2018 年，美國家庭研究會舉行的一項聯合性的調查，有 25,000 名牧師盛讚魯斯德尼，稱其爲「美國的基督徒家庭教育運動的強有力的推動者」，「挑戰他所在的時代的基督徒領袖們在公共領域中堅守聖經啓示的眞理」。魯斯德尼是一個奠基性、開創性的基督教思想家，他的觀念的影響會繼續擴大。[38] 魯斯德尼在社會中發揮的這種巨大的影響，是神學院很多以神學研究和教學爲專業、隔絕在教會和學術圈子內的教授們所無法企及的。

在今日充斥著價值虛無主義、相對主義和多元主義的所謂「後現代」社會和教會中，重建主義旗幟鮮明的眞理立場，無疑具有振聾發聵的作用。因此，對於重建主義我們不要一味排斥，因爲上帝仍然是又眞又活的上帝，祂在我們面對新時代和新挑戰的時候仍然不斷賜下新的亮光。但是，我們也不應盲目吸收，照搬照抄，因爲任何神學體系都有其本身的個人性與時代性的局限。關鍵還是要以聖經啓示和教會正傳爲根基，對其予以尊重性的理解、批判性的分析、借鑑性的使用和創造性的發揮。當然，不管是強調現代性還是強調後現代性，基督教所堅持的根基性與核心性的眞理是不以時代爲轉移的。世界仍然是上帝所創造、救贖和更新的世界，我們仍然活在上帝的主權和約法之下，也仍然活在耶穌基督的救贖和祝福之中，我們需要繼續靠這上帝的恩典爲眞

38　See Katherine Stewart, "A Founder of American Religious Nationalism", 3/6/2020, https://historynewsnetwork.org/article/174498 .

理打那美好的仗。當然，重建主義一些代表性的作者在其寫作風格上往往對自己的對手諷刺挖苦，在表明自己的立場時候則是鋒芒畢露，是否能夠以更溫柔、更謙卑的方式來和對手對話，這是可以商榷的。[39] 但眾所周知，面對眾多的攻擊者、誤解者，要闡明新的觀點，那種四平八穩、不偏不倚的風格幾乎是不可能的。

作為基督徒和改革宗牧者，筆者在倫理學上當然是「神法論者」，強調上帝所啟示的以十誡為綜述的道德律就是人當順服上帝的標準，這是一切認信《威斯敏斯德準則》的長老會牧者都一致贊同的。同時，筆者在此基礎上更深入一步，強調「美德倫理」，[40] 就是說上帝賜予我們律法的目的不僅在於使我們順服，更在於培養我們的品格，使我們在各樣屬靈的美德上不斷長進，更加能夠效法上帝，效法耶穌基督，用美德和善行吸引人歸向上帝。因此，我們在道德神學方面強調人當以上帝的訓誨和法度為標準，在德修神學方面則強調基督徒在三大聖德（信德、望德、愛德）、四大公德（明智、公義、勇敢、節制）方面不斷長進。因此，我們既要充分地尊重、順服上帝的律法，更要知道上帝賜予我們律法的目的是要讓我們得福，就是讓我們更加認識上帝的心情和旨意，更加愛主愛人，行事為人與蒙召的恩典相稱。因

[39] See Thomas Robbins and Susan J. Palmer, eds., *Millennium, Messiahs, and Mayhem: Contemporary Apocalyptic Movement* (New York and London: Routedge, 1997), pp. 197-204.

[40] See Alasdair MacIntyre, *Afer Virtue: A Study in Moral Theory,* third edition (Notre Dame, Indiana: University of Notre Dame Oress, 2007); Stanley Hauerwas and Charles Pinches, *Christian among the Virtues: Theological Conversations with Ancient and Modern Ethics* (Notre Dame, Indiana: University of Notre Dame Oress, 1997); Roger Crisp and Michael Slote, ed., *Virtue Ethics* (Oxford, New York: Oxford University Press, 1997).

此，針對重建主義對於上帝的主權和律法的強調，我們在完全贊同的基礎上強調上帝的大愛、基督的救贖和聖靈的更新。對於基督徒而言，上帝的主權是甜蜜的保障，上帝的律法是愛心的指南，因為上帝在耶穌基督裡賜給我們的是永不改變、永不離棄、永不失敗的大愛。

第七章

歐美保守主義與基督教文明論

歐美保守主義不是一般的保守主義，乃是指向以清教徒神學爲根基、以上帝的律法爲高級法的保守主義，這種保守主義不僅是一種政治哲學，更是明確地強調基督教傳統與文明。正如沃格林所強調的那樣，一言以蔽之，歐美保守主義的目的和精粹不是捍衛抽象的自由，也不是強調泛泛的秩序，而是旗幟鮮明地「挽救基督教傳統」。[1]

　　在歐美保守主義中，我們特別強調英美保守主義。我們之所以使用「歐美保守主義」是因爲不僅是因爲英國本身屬歐洲，也因爲歐洲大陸也有一定的基督教文明保守主義的思想，加爾文主義的首發地是在歐洲大陸的瑞士，而加爾文主義在現代社會的復興是在歐洲大陸的荷蘭。作爲注重上帝所設立的超驗秩序和制度的連續性的政治哲學，即使在馬克思和希特勒的故鄉德國也是根深蒂固的，雖然這種保守主義不斷受到各種異質思想的衝擊和顛覆，但保守主義的火焰始終在很多人的心中燃燒著。[2] 在美國保守主義學界頗有影響的沃格林、施特勞斯和阿倫特等人都是來自德國的流亡者，他們深受深知暴政之苦。沒有這樣的切膚之痛，錐心之痛，他們是無法對暴政進行深刻的分析和嚴屬的批判的。

---

[1] Voegelin, *The New Science of Politics*, p. 188.
[2] 關於德國的保守主義，請參考卡爾‧曼海姆，《保守主義》，李朝輝、牟建君譯（南京：譯林出版社，2002 年）；曹衛東等著，《德意志的鄉愁：20 世紀德國保守主義思想史》（上海：上海人民出版社，2015 年）；曹衛東主編，《危急時刻：德國保守主義革命》（上海：上海人民出版社，2014 年）。

當然，自16世紀以來，正如米德所言，自從英國清教徒革命以來，英國和美國先後成爲世界強權，在文化上占主導地位：「盎格魯-撒克遜國家建立了有史以來最廣闊、最強大、文化意味顯著的霸權——不顧其他有能力發動軍事和意識形態戰爭來反對英美秩序的賦予強大的國家的激烈反對。英美人已經不斷壯大，越來越富有，而他們的對手遭受恥辱而蒙羞，直到他們學會適應英美秩序。」[3] 不管是天主教背景的西班牙帝國、國家社會主義背景的德國、共產主義背景的蘇聯，都先後敗於以英語爲母語的國家和文明面前，英美保守主義成爲歐美保守主義中的旗艦。因爲本書談及的「基督教政治哲學」不僅來自英美的清教徒神學，也直接來自荷蘭新加爾文主義所提倡的改革宗教義神學和保守主義政治哲學，因此我們在強調「英美保守主義」的同時更多強調廣義上的「歐美保守主義」。

最重要的是，研究歐美保守主義，卻不明白基督教傳統，肯定沒有登堂入室，只是在門口徘徊觀望；喜歡歐美保守主義，卻不願意歸向基督教文明，肯定是葉公好龍，自欺欺人。沃格林總結說：「作爲一個整體，西方社會是一個深度分層的文明，其中美國和英國的民主代表西方文明傳統種最古老、最穩固結合的層次，而日耳曼地區所代表的則是西方文明中最日益現代的層面。在這種形勢下，仍然有一線希望之光，因爲美國和英國的民主在其制度中極其堅強地代表著靈魂的眞理，同時也是實存中最強大的勢力。但是，要使

---

[3]　米德，《上帝與黃金：英國、美國和現代世界的形成》，108-109頁。

這絲微光燃燒成為熊熊火焰，需要我們竭盡全力，抑制靈知主義的敗壞，恢復文明的力量。」[4] 高全喜先生指出：「保守主義或保守的自由主義是燈塔，燈塔不是道路。」[5] 真正的道路仍然需要回到基督教，回到清教徒神學，回到我們個人心中對上帝及其所啟示的全部真理的經歷，這是我們研究保守主義必須時刻注意的。我們在護教學上從證據論走向前提論，從前提論走向文明論，所要強調的就是不僅要為上帝的存在類似的命題辯護，不僅要為改革宗所代表的整個大公教會所傳遞的正統教義辯護，也要為以基督教國家為導向的整個的基督教世界觀和文明論作出辯護。

一、歐美保守主義的界定

清教徒神學為我們帶來的是教會和神學上的歸正與重建，而歐美保守主義主要是一種政治哲學，可解決中國社會轉型期間所需要的政治思想和國家制度的問題。[6] 作為一種以基督教為背景的政治哲學，歐美保守主義強調上帝的主權和約法、個體之人的人權與責任、國家與社會的分離、反對共產主義與社會主義思想及其導致的極權統治。歐美當代保守主義的突出任務之一就是回擊自法國大革命以來就盛行的自由主義對基督教的攻擊，捍衛以基督教信仰為根本的傳統美

4　Voegelin, *The New Science of Politics*, p. 189.

5　高全喜，「保守主義、自由主義，抑或保守的自由主義──散論拉塞爾‧柯克兩部譯著的得與失」，新京報《書刊周刊‧思想》，2019 年 11 月 30 日。

6　王建勛：「保守主義已在中國登場。這一時刻具有重要意義，不僅對中國而言，而且對世界而言，因為它將有助於這個東方大國的命運。」參考王建勛《馴化利維坦：有限政府的一般理論》（北京：東方，2017 年）。

德和價值觀。[7]

　　二十一世紀中國大陸最獨特的現象就是以清教徒神學爲典範的改革宗神學和以歐美保守主義爲典範的政治保守主義的興起，而本書所呈現的基督教文明保守主義乃是二者在神學和思想上的連接與綜合。在談及歐美保守主義的時候，我們始終強調清教徒神學和普通法傳統乃是歐美保守主義的根基和精粹。一旦喪失了清教徒神學所強調的上帝的主權——神權制，英美普通法所強調的上帝的律法，中世紀經院主義的美德倫理，所謂的歐美保守主義就沒有任何實質性的東西可以保守。

　　荷蘭改革宗政治家和歷史學家普林斯特（Guillaume Groen van Princtere, 1801-1876）在研究歷史的時候作出的偉大發現就是，國家與民族的興衰有賴於是否「無條件地順服那位在聖經中啓示祂自己的上帝的律法」。[8] 他進一步發現，在十九世紀荷蘭社會中，所謂的保守主義政黨與自由主義政黨的對立是虛幻的，因爲這兩大政黨都把權力的本源歸於人民，而不是歸於「全能的上帝的主權」。儘管這兩大政黨都反對法國大革命中的極端做法，但他們所採納的原則和理論都是來自盧梭和孟德斯鳩，都是啓蒙運動中理性主義的學說，其核心就是：強調個人意志的至上、人類理性與國家的主權，反對上帝的聖言的至上、上帝的主權，推翻「上帝設立的神聖秩序」。[9] 因此，我們對於歐美各種保守主義和自由

---

[7] 羅杰・斯克拉頓，《保守主義的含義》，王皖強譯（北京：中央編譯出版社，2005 年），2-11 頁。
[8] Tayler, *The Chrisitain Philosophy*, p. 31.
[9] Tayler, *The Chrisitain Philosophy*, p. 33.

主義都不能一味地認同，必須按照上帝所啓示的眞理予以辨識。

二、基督教神學與文化保守主義

自從清末立憲以來，憲政民主制度在中國始終不能落地生根，其關鍵原因是因爲憲政民主制度所依賴的基督教神學和文化保守主義沒有眞正深入地進入中國。今日中國社會和文化要完成百年以前就已經開始的大轉型，必須在這兩個方面補課。張鳴先生在分析辛亥革命的時候強調：「革命帶來了民主共和制度，但這個制度在中國卻落不了地，落不了地的制度，也就沒法修正，中國回不到更合適的君主立憲體制那裡去，因爲在上層信奉的進化論歷史觀裡，制度的演進，是進化的必然，已經進化到先進的制度，任何『退步』，都是開歷史的倒車。」[10]

清教徒神學在中國的傳播必爲中國教會的轉型提供強大的助力，而歐美保守主義思想的傳播也必然會爲中國社會的轉型提供新的血液，因爲清教徒神學本來就是以英國爲代表的歐洲社會大轉型時期的神學，而歐美保守主義也是英美基督徒思想家針對 1789 年法國大革命所提出的無神論暴力革命思想而特別因應的思想對策。歐美文化保守主義強調確保個人的自由，反對國家的集權和暴政，強調人的罪性，特別是理性的自負，主張人類社會是不斷演化的產物，絕非人類

10　張鳴，《辛亥：搖晃的中國》（南寧：關係師範大學出版社，2011 年），14 頁。

理性設計的產物。妄圖構建人間天堂的一切努力，最終帶來的必然是匱乏、奴役和巨大的災難。

這種文化保守主義重視經驗和傳統，反對激進的革命，對各種形式的變革都持有審慎的態度。保守主義尤其強調上帝設立的秩序，甚至認為在社會層面上不好的秩序勝過沒有秩序，因此提倡對於國家政權的邪惡之處予以最大程度的忍耐、最大程度的妥協，並且最大程度地透過對話、談判與改革的方法解決雙方面對的問題。雅和博經學同時提倡清教徒神學和歐美保守主義，用基督教世界觀和文明論框架把二者連接並融合在一起，必然會幫助中國教會內外更多人避免各種思想上的偏頗和極端，使得基督教在中國教會與社會大轉型時期發揮自己當有的作用。

三、西方基督教大學和神學院的分隔

談及基督教文明，我們必須參考歐美保守主義，因為目前歐美大多數神學院已經喪失基督教文明的異象和理論。本來基督教大學和神學院是聯繫在一起的，二者一同傳遞基督教文明論，大學更多注重的是哲學、文學、政治學、經濟學等各項社會與自然科學，而神學院則集中在神學的研究和教導上。但是，隨著基督教大學的世俗化，本來在基督教大學中傳授的基督教哲學、法學、政治學、經濟學等人文科學也隨之走向世俗化，與此同時，基督教神學院則被孤立起來，只是教導聖經神學、系統神學、歷史神學、實踐神學、宣教神學等基本的神學課程，喪失了對於基督教世界觀和文明論的研究和持守。

隨著啓蒙運動的狂飆突進，在理性主義的催逼之下，以德國的施萊爾馬赫、康德等人爲代表的德語傳統的學術神學開始把基督教信仰放逐到個人感覺的領域，排除在理性思考和公共辯論的範圍之外。在這種思潮的影響下，大學與神學院、理性與信仰、神學與社會科學的分裂愈演愈烈，我們甚至可以說自從 1914 年至 1918 年第一次世界大戰以來，現代神學所目睹的就是「神學在文化與社會裡放棄其核心作用的漫長的、有時還是曲折的過程」。進而言之，「實際上，按照『大理論』所理解的社會學，在某種意義上可以合理地理解爲是接替了神學地位的『諸科學的女王』。存在著這樣一種自然進展的東西，即從曾經是無所不知的神學家的『心態』轉向了雄心勃勃的當代社會科學家的『心態』；後者的目標不僅是對人的生活世界的全面解釋，而且也旨在促進社會科學的解放作用——因爲它本身就是啓蒙現代性的動因。與此相反，神學現今則盤踞著一個萎縮了的、邊緣化的殘餘區域，並面對著一個充滿敵意的世俗化現實：這樣的神學在縮減了的環境下繼續存在著。」[11] 因此，我們在本書選材上並沒有局限於目前狹隘的「神學著作」的領域，而是開放地借鑒哲學、政治學、歷史學、法學、特別是社會學與心理學方面的書籍和研究。

---

11 福特，《現代神學家：二十世紀基督教神學導論》，董江陽、陳佐人譯（香港：基督教文化研究所，2005 年），696 頁。

四、秩序情結與中庸心態

要眞正學習基督教世界觀和文明論，我們必須研究、借鑑英美文化保守主義。雅和博經學的一大特色就是不僅吸收西方教會的正統神學，也明確地借鑑歐美保守主義思想傳統，會通中國傳統文化，從而爲中國文化與社會的轉型提供出路。

歐美保守主義乃是 1789 年法國大革命之後興起的基督教文明保守主義思潮，目的在於針對啓蒙運動高舉理性所造成的人本主義和暴力革命，強調上帝設立的道德與心靈秩序，是對現代文化中無神論和暴力革命傾向的反彈。這種保守主義的思想根源就是人心中的傾向：一是秩序情結，即對於道德秩序和心靈秩序的嚮往，唯獨秩序能夠給人帶來安全和穩定感。秩序乃是人心靈最基本的需求，不良的秩序勝過缺乏秩序。彼得・杜拉克指出：「在缺乏眞正秩序之下，民衆用組織來代替秩序；在沒有上帝可以崇拜、沒有關於人的概念值得遵循的情況下，它們只好膜拜惡魔，這些強烈顯示了：民衆亟需一個秩序、一個信仰，以及一個理性的人的觀念。」[12]

二是中庸心態，即喜歡穩中求變，在保持傳統的延續性的基礎上追求漸進、和平、審愼的變革。這一傳統的代表性人物就是英國的柏克（Edmund Burke, 1729-1797）、美國的列奧・施特勞斯（Leo Strauss, 1899-1973）、沃格林（Eric

---

12　彼得・杜拉克，《經濟人的末日》，120 頁。

Voegelin, 1901-1985）和柯克（Russell Kirk, 1918-1994）等。
幾百年來，中國改革開放的進程一直常常被各種形式的激進
主義綁架，無法安靜下來進行漸進的深度的建造。筆者深
信，二十一世紀清教徒神學與歐美保守主義在中國大陸的登
陸必然能夠遏制教會內外各種激進主義的思潮，使得中國人
能夠從個人性的深度、全面的悔改做起，然後按照上帝的聖
約建立家庭和教會兩大生命共同體，從而塑造民心民情，從
根本上改良中國文化的土壤，必然能夠穩步地帶領整個中國
走向真正憲政民主之路。

五、埃德蒙·柏克（1729-1797 年）

柏克是愛爾蘭人，著名的英國保守主義政治家與思想
家，他旗幟鮮明地支持美國獨立戰爭，反對法國大革命，被
稱爲「現代保守主義的創始人」，也是「古典的自由主義」
的代表人物之一。柏克的父親是律師、新教徒，而母親則爲
天主教徒，柏克本人是英國國教安立甘宗新教徒，但他一生
堅持宗教寬容的主張。他在大學期間研習法律，畢業後轉向
文學生涯，後被聘爲愛爾蘭總督秘書的私人秘書，由此而
轉向政治和思想界，在 1765 年當選爲英國議會下院代表，
直到 1794 年退休。因此，柏克本人有著豐富的政治實踐經
驗，其寫作和三十多年的政治生涯爲十八世紀英國憲政的穩
定和轉型發揮了積極性關鍵性的功用。

馬克思在《資本論》第一卷中有五處談及或引證柏克，
認爲柏克是「可憎的政治僞君子」、「獻媚者」：「這位忠
於上帝和自然的規律的人總是在最有力的市場上出賣他自

己。」[13] 柏克的特徵確實是忠於上帝及其設定的自然法，這也是馬克思所特別討厭和攻擊的。可惜，中國人在百年前無法接納柏克的保守主義，因為我們沒有柏克在英國所要致力於保守的基督教傳統和憲法精神。因此，我們最容易接受馬克思主義式的激進式的理論，透過暴力革命來打破現狀。但在目前建設的時期，我們就需要虛心接受基督教傳統及其所孕育的憲政精神。

柏克的核心思想包括兩個方面：第一，強調經驗的重要性，正是因為經驗使得人類的理性不會陷入理性的自負和無窮的思辨之中。因此，柏克並不懷疑理性，但他懷疑啟蒙時代興起的理性至上主義。我們在這個世界中所學到的東西是透過習俗和不斷重複的經驗，而經驗是在人類歷史過程中逐漸積累、自發演化的。第二，柏克強調傳統是人明白上帝的旨意的媒介，這樣就使得人在認識論上免得蹈入懷疑主義。保守主義的本質也包括兩個方面：首先就是破除理性的自以為是的權威，從而保護個人的自由，因為強調理性的權威無非是強調個人的思想或認識的權威，最終這種理性的自負導致的就是意識形態的暴政；其次是強調宗教的重要和上帝的權威，從而維持社會的秩序，因為終極性、絕對性、超驗性的權威只能是宗教的約束和上帝的權威。離開宗教的約束和上帝的權威，缺乏對於上帝的敬畏和順服，人就會為爭奪這種終極性權威而陷入無窮無盡的鬥爭和混亂之中。

---

[13] 馬克思，《資本論》，第一卷，見《馬克思恩格斯文集》，5 集（北京：人民出版社，2009年），871 頁。其他四處是 240、272、375、832 頁。

柏克最受人矚目的是對法國大革命的反思。柏克明確批判法國大革命，認為法國大革命已經演變為一場顛覆傳統和正當權威的暴力叛亂，而非追求代議制憲政民主的改革運動。法國大革命否定上帝的存在和傳統的價值，試圖靠個人理性所發明的理論體系重塑整個社會秩序，最終導致的就是人類尊嚴與社會文化的大災難。[14] 柏克認為：「法國大革命是迄今為止世界上發生的最令人震驚的事件。在許多情況下，最美妙的事情，竟是公然以最卑鄙無恥的手段、最荒唐可笑的方法、最荒謬絕倫的方式發生的。在這場奇特、輕率而又殘暴的混亂之中，各種罪行和各種蠢行混雜在一起，所有的事物都偏離了自然本性。」[15] 柏克認為，法國大革命及其所提倡的無神論的人權觀不是解決人類問題的「靈丹妙藥」，而是「一場需要我們建立最嚴格的檢疫隔離來加以防止的瘟疫」。[16] 在抽象的權利和權力之間爭論不休，一定會對一個國家的真正幸福造成傷害，以妥協與和解達成實際可行的方案才是睿智的政治家當採取的方式。柏克強調：「宗教是公民社會的基礎，是一切善和慰藉的源泉。」當然，柏克在此處所說的「宗教」絕不是泛泛而論的任何宗教，甚至也不是天主教，而是基督新教，他明確地強調：「我們成為新教徒，不是冷漠，而是出於熱忱。」更加寶貴的是，柏克明確地指

---

[14] 代表作是 *Reflections on the Revolution in France*, ed. J. C. D. Clark (Stanford, California: Stanford University Press, 2001); 中文譯本《法國大革命》，林毅譯（南昌：江西人民出版社，2015 年）。*A Philosophical Enquiry into the Origin of our Ideas of the Sublime and Beautiful* (Notre Dame: University of Notre Dame Press, 1968).

[15] 柏克，《法國大革命反思錄》，28 頁。

[16] 柏克，《法國大革命反思錄》，136 頁。

出，「心靈是無法忍受真空的」，一旦我們拋棄基督教，「某些粗野、有害以及墮落的迷信就可能會取代它的位置」。

柏克雖然激烈地反對法國大革命，但他並不反對真正的改革。正如諾曼所總結的那樣，在柏克所主張的保守主義中，好的政治領導力必須聚焦於「改革」。這種改革具有七大基本特徵。第一是改革的預先性，就是要在某個問題之完全後果被感知前預見到它的出現。第二是個改革的平衡性，就是改革要與所針對的罪惡成比例，以便限制改革引發的一些負效應。第三是改革的計劃性，就是改革應當建立在既有的安排和先前改革的基礎上，以便它可以吸取先前的教訓。第四是改革的溝通性，就是改革必須徵詢各個方面的意見，考慮到各個方面的利益，以便主導改革的人和受改革影響的人可以適當地相互調適。第五是改革的共識性，就是改革應當首先透過調查和對話達成共識，以便改革過程中可以避免不必要的衝突，也可以避免改革週期超出改革領袖的掌權任期。第六是改革的嚴肅性，就是改革在精神上必須是嚴肅的，以便珍惜變革過程中達成的共識。第七是改革的現實性，就是改革措施的每一步都必須是可操作的和可實現的。最重要的是，政治領導力從來都不只是事關改革或法律或政策，而是直接涉及到改革領袖本身的美德與品格，也在這兩方面都忠於公共服務和公共利益。[17]

因此，我們可以說，柏克的保守主義思想是直接以基督教信仰為根基的。柏克實際上是一位基督教哲學家，他以自

17 諾曼，《埃德蒙‧柏克：現代保守政治教父》，田飛龍譯（北京：北京大學出版社，2015年），262-264頁。

覺的心志所從事的就是抗擊法國大革命那種重估歐洲基督教文明和社會道德原則的無神論與敵基督思想。因此，柏克的哲學完全根植於基督教信仰，而自然法則是其哲學中關鍵的和統一性的原則。[18] 劉軍寧強調：「保守主義的矛頭是指向激進主義的，並不是針對自由主義的，除非這自由主義在哲學上信奉理性主義，在政治行動上追隨激進主義。保守主義的關鍵不在保守與否，而是在保守什麼。若撇開了保守的具體對象，保守主義便空洞無物。『保守』是任何人都可能具有的一種天然傾向，並不自動構成『主義』。……柏克創立的保守主義保守英國的憲法，保守親和自由的制度。柏克的保守主義並不爲任何傳統尤其是自由的傳統進行辯護或是提供理論依據。所以，援引柏克爲一切傳統辯護當屬無稽之談。」[19] 諾曼指出：「自由主義——如其現代後裔自由至上主義或新自由主義一樣——強調個體至上；柏克則強調社會秩序的重要性。自由主義講自由視爲意志障礙的闕如；柏克則視自由爲一種有秩序的自由。自由主義確信一切盡在理性的掌握之中；柏克則確信傳統、習慣和『成見』。自由主義強調普遍原則；柏克則強調事實和處境。自由主義無視過去；柏克則表示異議。自由主義傾慕激進變革；柏克則憎惡之。自由意志不能從屬義務；柏克則堅持之。」[20]

在中國向西方學習的過程中，我們需要深入到以柏克爲代表的基督教傳統和保守主義。對於保守主義者而言，傳統

---

[18] See Frank O'Gorman, *Edmund Burke: His Politican Philosophy* (London: Routledge, 2004), p.9.

[19] 劉軍寧，「保守的柏克，自由的柏克」，《讀書》，1995 年第 3 期。

[20] 杰西・諾曼，《埃德蒙・柏克：現代保守政治教父》，6 頁。

就是共享的智慧，那些一味地反傳統的人就是以個人的愚蠢取代共享的智慧。那些反對基督教傳統的人，更是落在異教傳統可怕的黑暗與殘酷之中。這種自由主義所導致的就是對基督教傳統的消解，使得西方文明的源流被攔腰切斷。余英時先生強調，中國近現代大多數知識分子面對中國的落後和野蠻，急於改變現狀，走的都是反傳統的激進主義的路子，尤其是共產主義，給中國人民帶來了巨大的禍害。我們必須深刻面對各種形式的激進主義的危險，避免浮躁和狂熱。

其實，以柏克為代表的英美保守主義的精粹不在於政治哲學，而在於他們的宗教信仰和審美情趣。沒有發自內心的基督教信仰的熏陶，沒有對於崇高與美麗的深思，我們的思想和情感就難免流於膚淺、狂躁、混亂甚至卑鄙，法國大革命的精神之父盧梭本身就是這樣的人，他所謂的《懺悔錄》不過是高級版「我是流氓我怕誰」。儘管他宣稱為讀者提供一個裸露和無偽裝的自我，但這也成為一種關於虛榮和自我肯定的宣揚。他和情婦生了 5 個孩子，自己作為父親不去教育，卻把孩子送到育幼院去，還振振有詞地寫了《愛彌兒》一書論教育！

柏克首先的也是最主要的著作就是在 1757 年 28 歲時發表的《關於崇高與美觀念之根源的哲學探討》，這本書的主題是他在 15 歲時就開始思考的。此書論及人生的痛苦與喜樂，集中在人類的激情上，柏克一開始就把最主要的激情分為兩類，一類是自我保存性質的，一類是社會實現性質的。柏克的這種劃分正如二百年後所謂的深度心理學家榮格的劃分一樣，後者也把個人的實現分為個體性與群體性兩個方面。柏克在此書中強調愛的重要性，不管是基於性愛、對人

類之愛還是對生氣勃勃的大自然的愛，愛都是一種人能夠經歷到的實實在在的感覺。能夠激發愛的就是美，能夠使人欣喜的，就是崇高。[21] 對於柏克而言，社會秩序本身是崇高的：「他遠遠地超越了人類理解，觸發了尋求把握這一秩序的自我保存本能以及敬畏與謙卑感。」[22] 沒有這種對於上帝和秩序的敬畏與謙卑感的人，不管他們提出的理想如何光彩亮麗，他們自己都是無法無天、無惡不作的狂徒。

英美保守主義之所以強調小政府、大社會的原因很多，但其中重要的原因就是按照古典的基督教信仰，每個人都應當首先致力於認識上帝和自己，致力於透過默想和靜觀體驗到內在的與上帝合一的愉悅，每個人都應當在上帝的律法之下管理好家庭、教會與國家。國家透過高稅收、高福利的方式來滿足人民的需要，乃是極其低俗、醜陋、虛偽的東西，既不崇高，也不優美，乃是赤裸裸的「唯物主義」。不被權力迷惑，不受物質勾引，不向環境屈服，要達到這樣的境界，確實需要柏克所強調這種崇高感和審美上的愉悅。

六、列奧‧施特勞斯（1899-1873 年）

德國裔、美國籍政治哲學家，出生在德國的正統猶太教家庭，後來移民美國，在芝加哥大學多年教授政治學。早年接受新康德哲學的訓練，領受過胡塞爾和海德格爾的教誨，

---

[21] 埃德蒙‧柏克，《關於我們崇高與美觀念之根源的哲學探討》，郭飛譯（鄭州：大象出版社，2010 年）；Edmund Burke, *A Philosophical Enquiry into the Origin of our Ideas of the Sublime and Beautiful* (Motre Dame, Indiana: University of Notre Dame Press, 1968).

[22] 諾曼，《埃德蒙‧柏克：現代保守政治之父》，227 頁。

後來集中研究希臘哲學家柏拉圖和亞里斯多德的作品，根據猶太教哲學的解讀來指導當代政治理論。他認為尼采是第一個真正理解相對主義的含義的思想家：「上帝死了！人人都可以成為上帝！」因此，相對主義的毒根就是否定絕對性、超驗性的上帝的存在，這樣就為道德和價值上的各種謬論打開了大門。在政治哲學上，施特勞斯反對馬克斯·韋伯以來把價值與科學截然二分的作法，認為這是來自尼采之影響的相對主義，這種所謂的價值中立的科學性的分析，不過是自欺欺人，因為這種方法本身就有自己的價值判斷。

1、**批判現代自由主義。**施特勞斯對現代自由主義持批判立場，認為現代自由主義強調追求個人的自由是最高目標，但這種極端化的個人自由卻喪失了價值或道德標準。個人的自由是為了實現人性中的卓越，而這種卓越只有透過美德才能呈現出來，而美德的核心就是合乎一定的價值或道德標準。真正的哲學研究是人類理性的最高活動，這種研究必須擺脫政治的干預，必須始終對於既定的社會、教會和國家政治提出質疑、追問和挑戰，這樣才能保持哲學的崇高地位和作用，避免使哲學成為任何既得利益階層的附庸和工具。施特勞斯始終以西方兩大思想——聖經信仰（「耶路撒冷」）和古典哲學（「雅典」）——為經緯來省察現代性的興起。[23]沒有以耶路撒冷為代表的聖經啟示，我們就無法找到具有絕對性和超越性的律法；沒有以雅典為代表的古典哲學，我們

---

23 凱瑟琳·科扎特、邁克爾·科扎特，《施特勞斯的真相：政治哲學與美國民主》，宋菲菲譯，劉輕校（北京：商務印書館，2013年），83頁。

就無法對上帝的啓示和律法作出合乎理性的解釋。二者之間雖有鬥爭和張力，但並不是始終矛盾或對立的。

作爲歐美保守主義思想的代表，施特勞斯強烈反對「自由主義」。他認爲現代形式的自由主義具有一種內在的不可擺脫的傾向，就是在價值判斷和道德標準上走向極端的相對主義。這種相對主義又導向兩種類型的虛無主義。第一種虛無主義就是野蠻型的虛無主義，以尼采和馬克思主義者政權爲典型代表，此類意識形態都是啓蒙運動理性主義的產物，試圖摧毀一切傳統、歷史、倫理和道德標準，然後以各種形式的暴力來取而代之，給人類帶來巨大的混亂和損害。隨著納粹德國、法西斯意大利、以蘇聯爲首的邪惡的共產主義極權政府的垮臺和蛻變，世界人民已經充分地意識到此類意識形態的野蠻和危害。

第二種虛無主義就是西方自由民主制所表現的溫柔型的虛無主義，這種虛無主義所提倡的是不講任何價值判斷與道德標準的享樂主義以及放縱式的平等主義。此種思潮彌漫、毒害今天歐美各個國家，他們在思想上強調法國大革命所主張的「自由、平等、博愛」，在實踐上推動高稅收、高福利的社會主義政策，使得個人自由和市場經濟的範圍不斷受到打壓，國家政權從人民手中逐漸攫取更多更大的權力，社會逐漸喪失獨立性和創造性。二十世紀西方開始盛行的相對主義、科學主義、歷史主義和虛無主義等導致了西方社會與文化的衰微，使得類似中國這樣的以國家形式出現的裙帶資本主義和專制政權不斷崛起，並且雄心勃勃地要輸出「中國模式」。歐美世界長期在政治和經濟上的綏靖政策不僅沒有使得中國走向憲政民主，而且隨著經濟的增長、技術的進步和

財富的增加，對於其內部基本人權和宗教自由的打壓越來越嚴苛、殘暴，整個西方文明也都處於逐漸被收買、滲透和顛覆的危險之中。[24]

2、憎惡各種形式的極權主義。 施特勞斯憎惡各種形式的極權主義，包括西方右翼的法西斯主義與東方左翼的邪惡的共產主義。他認為哲學的任務就是始終小心暴政的危險，那些不洞察和指責暴政的哲學家稱不上是真正意義的哲學家，只不過是專制政權培養或收買的走狗，因為暴政所威脅的不僅是人在政治方面的尊嚴，也直接戕害人的哲學生活。暴君酷吏透過暴力恐嚇使人無法進行自由而冷靜的思考，又透過控制教育和輿論而對人進行洗腦和精神轄制。

哲學之所以要充分理解政治，就是為了捍衛自身的尊嚴，使人不至於陷入根據自己的哲學亮光來改變政治世界的幻想中去。哲學家也是人，也是罪人，非常容易陷入到柏拉圖所陷入的那種試圖以自己的意識形態建立各種形式的「理想國」的致命的理性自負之中。其實，神學也要充分理解政治，否則我們的神學研究和教會生活不僅會受到敵基督的政治的轄制和迫害，這顯然不合乎上帝顯明的旨意。上帝把治理全地的使命交托給人，神學家的首要責任就是幫助人認識上帝，並且完成上帝賜予人的使命和托付，而這種治理全地的使命和托付顯然是公共性、社會性和政治性的。對於哲學家而言，最深的哲學是政治哲學；對於神學家而言，最深的

24　See Michael Pillsbury, *The Hundred-Year Marathon: China's Secret Strategy to Replace America as the Global Superpower* (New York: St. Martin's Griffin, 2016).

神學乃是政治神學。政治哲學從理性的思考出發，政治神學以上帝的啟示為前提，二者共同面對的就是靈魂的秩序與公共性的善。

3、闡明隱微式寫作。施特勞斯出版了《迫害與寫作的藝術》一書，提出「隱微式寫作」──為了避免受到迫害，透過諷刺、晦澀甚至自相矛盾的語詞表達，使其文本具有多重或多層意思，最終使那些心領神會的讀者能夠透過文字的表達而明白文字之外的真義。這種寫作的核心並不是要膚淺、機械地傳遞哲學家自己的觀點，而是透過文本引導讀者進行獨立的思考，激發讀者自己提出問題，自己尋找答案。

因此，讀者閱讀這種隱微式寫作的作品，關鍵不是要得到具體知識，而是深化自己對具體知識背後所隱藏的問題的理解。在基督教信仰受到迫害和打壓的地方，要突破獨裁政權在出版方面的封鎖，正式出版基督教著作，有時也不得不採用這種「隱微式寫作」的方式，以力爭作品的發表和傳播。在信仰上，施特勞斯是猶太教徒，他認為猶太教注重上帝的律法，恭守上帝的誡命，使人有敬虔的智慧，而現代哲學的大眾啟蒙與基督教的普世拯救都是同樣不可能實現的烏托邦。非常重要的是，隱微式寫作不是欺詐，而是隱秘，只要細心閱讀字面，他隱意自會浮現。施特勞斯的代表作是《論暴政》與《城市與人》。[25]

---

[25] 英文重要著作有：*On Tyranny* (Chicago: The University of Chicago Press, 2000); *Philosophy and Law: Contributings to the Understanding of Maimonides and His Predecessors,* trans., Eve Adler (Albany: State University of New York, 1995); Spinoza's *Critique of Religion (*Chicago: The University of Chicago Press, 1997); Jewish *Philosophy and the Crisis of Modernity: Essays and Lectures in Modern Jewish*

七、埃里克·沃格林（1901-1985 年）

　　美籍德裔基督徒政治哲學和歷史哲學家。沃格林的突出貢獻就是深刻地解釋了古代基督教諾斯底主義異端（或譯爲「靈知主義」）於啓蒙運動之後在西方思想中的復興。這種諾斯底主義強調的就是人的知識和理念，認爲人能夠透過對這些知識和理念的使用而改變世界，體現就是以人的理性爲本的各種意識形態的泛濫。正如桑多茲所指明的那樣，「沃格林本人是在 20 世紀極權暴政——布爾什維克主義和國家社會主義——的陰影下寫作，而且他自身深受其害。他的分析致力於理解這些暴政，因爲它們是對人類實在的簡約描述，這種描述隱匿了宰製意志（libido dominandi）或權力欲——自世界開始以來，這種宰製意志就是每一種暴政的標記。」[26]

　　沃格林是一位基督徒，他爲自己的喪禮所選擇的兩節經文分別是《約翰福音》12 章 24 至 25 節、《約翰一書》2 章 15-17 節，帶有深刻的奉獻和悔改精神。他的哲學思想博大精深，很難分總分派，他自認爲是一個追求眞理和熱愛智慧的「神祕主義哲學家」，絕非以研究和教導爲業的學院派哲

Thought. Ed. Kenneth Hart Green (Albany: State University of New York Press, 1997); *What is Political Philosophy?* (Chicago: The University of Chicago Press, 1988); Persecution *and the Art of Writing* (Chicago: The University of Chicago Press, 1988); *City and Man* (Chicago: The University of Chicago Press, 1978); *Natural Right and History* (Chicago: The University of Chicago Press, 1965); Liberalism *Ancient and Modern* (Chicago: The University of Chicago Press, 1995).

[26] 埃利斯·桑多茲，《沃格林革命：傳記性引論》，徐志躍譯（上海：上海三聯書店，2012年），7 頁。英文參照 Ellis Sandz, *The Voegelinian Revolution: A Biographical Introduction* (Baton Rouge and London: Louisiana State UnivedrsityPress, 1981).

學家。[27] 沃格林的代表作是八卷本《政治思想史研究》和五卷本《秩序與歷史》。[28] 沃格林一生致力於尋求真理和秩序，他對政治學和學術做出了七大突出性貢獻。

1、批判實證主義，使政治學重新成為一門科學。實證主義的方法迴避價值判斷和超驗本源的問題，把法律和政治變成了單純的事實和數據的分析。沃格林指出，價值或道德性的判斷是難免的，人對事實和數據的分析總是出於一定的價值或道德上的前提，這些前提都是不證自明的。同時，真正的價值或道德的標準最終必然來自超驗的本源，即來自上帝和上帝的啓示，否則就是來自個人的觀念以及這種觀念所組成的意識形態，而任何個人把自己的某種觀念或成體系的意識形態強加在別人身上，都是出於理性的致命的自負，帶來的必然是思想上的暴政。

2、診斷西方文明的危機，強調靈魂的疾病。西方文明的危機不僅僅是思想的危機，而是來自靈魂的疾病，也就是人的意志和意識的危機。這種意志的危機就是個人意志的叛逆，不願意降服在上帝及其所設立的秩序之下；這種意識的危機就是對超驗者上帝缺乏認識、敬畏和愛慕的意識，人的意識中充斥的是自己的身份和欲望，終將導致的就是大部分民眾麻木不仁，成為拜金主義和享樂主義的信徒，而少數野

---

[27] Ellis Sandoz, *Republicanism, Religion, and the Soul of America* (Colubnia and London: University of Missouri, 2006), pp. 114-120.

[28] See Eric Voegelin, *The Collected Works of Eric Voegelin*, eds. David L. Morse and William M. Thompson (Columbia and London: University of Missouri Press, 1998), 34 vols.

心家則是瘋狂地想成為上帝，扮演救世主的角色，要把自己的意志和觀念強加在麻木不仁的大眾頭腦中。十九世紀興起的各種各樣的意識形態就是對上帝和他人的叛逆，就是想透過政治宣傳和武力征服的方式實現個人所設想的烏托邦夢想，不管是法西斯主義還是馬克思主義，都是如此。

因此，沃格林強調，許多自由派知識分子反對極權主義，但是，他們並沒有認識到，他們自己的意識形態傾向與邪惡的共產主義和納粹主義是完全一致的。他甚至明確地說：「不容置疑的是，自由主義向邪惡的共產主義的過渡有著內在的一致性和誠實性；如果我們把自由主義理解為主張對人和社會的內在性拯救，那麼邪惡的共產主義顯然不過是自由主義最激進的表達方式。約翰‧密爾已經預見到這種由自由主義到邪惡的共產主義的演進，他的信仰就是最終邪惡的共產主義在全人類的降臨。」[29]「人們對戰爭的恐怖和納粹大屠殺感到震驚，卻不能認識到這些恐怖行為不過是把宗教界和知識界的恐怖思想轉移到身體的層面而已。」[30] 因此，沃格林旗幟鮮明地強調：「在目前的危機中，真正的分界線並不是在自由主義者和極權主義者之間，而是在以下兩大陣營之間：一方面是宗教和哲學上的超驗主義者，另一方面則是那些主張極權主義內在論的偏執狂。」[31] 那些特別注重上帝的超驗性和神祕性，卻否定上帝在世界歷史過程中的內在

[29] Eric Voegelin, *The New Science of Politics*, forward by Dante Germino (Chicago: The University of Chicago Press, 1952), P. 175.

[30] Eric Voegelin, *Order and History: Plato and Aristotle*, vol. III, p. 202.

[31] Eric Voegelin, *Published Essays 1953-1965* (Columbia, MO.: University of Missouri Press, 2000), p. 22.

性和主權性的宗教與哲學，使得信徒徹底脫離對於世界歷史和現實政治的關注與參與，也使得信徒無法在這個世界上發揮光與鹽的作用。這種反政治、反文化的基督教其實是非常邪惡的諾斯底主義的變種，根本不是基督教的正傳。

另外，從沃格林的分析來看，不管是胡適之類的自由主義者所引進的杜威的實用主義，還是李大釗、陳獨秀、張國燾、毛澤東等人所選擇的史達林化的馬克思主義，最終在本質上都不過是一丘之貉。他們都一致否定超驗的上帝的存在，當然也否定上帝所設立的超驗的律法的有效性，因此他們最終伸張的都是個人的觀念，也就是自己的意識形態。這種意識形態因為否定上帝及其律法的超驗性，必然在有限且有罪的受造界內尋求最高的權威、標準和拯救者，最終必然導致的就是個人或群體的無法無天、不擇手段的極權、暴政與恐怖。因此，意識形態的問題是靈魂疾病的問題，而靈魂疾病的問題就是靈魂秩序紊亂的問題，治療這個疾病的關鍵就是重新發現上帝所設立的靈魂秩序。

3、批判極權主義和現代各種意識形態運動。「意識形態」就是人的「觀念的科學」，也就是以人的理性為本所構建的各種人本主義的自法性的思想體系。不管是在二次世界大戰時期的德國，還是在建設邪惡的共產主義的蘇聯、中國和柬埔寨，國家在「現代化」的名義下所主導的，對手無寸鐵的和平居民的大規模屠殺是二十世紀的瘡疤。

造成這種大屠殺的根源到底是什麼，這既是政治學的問題，也是哲學和神學的問題。表面上，造成這種大屠殺的根源是極權主義，但是沃格林更加深刻地揭示了極權主義背後

意識形態的因素，就是自由主義、實證主義等各種以人為本的意識形態的陰暗性、虛偽性、暴力性和醜陋性。這些意識形態的普遍特徵就是攻擊上帝的超驗性，藐視上帝在人的心靈中和社會中所設立的基本秩序和法則，從而摧毀文明所賴以存在的精神根基，為那些無法無天的思想與政治狂人的倒行逆施鋪平了道路。既然沒有上帝，當然也就沒有上帝所設立的秩序和法則，那麼人人都可以根據自己的知識和能力來重新塑造自己和這個世界。各種各樣的烏托邦夢想及其實踐就是出於這樣的思路。

沃格林認為，人民被暴君統治，是咎由自取，因為只有人民變壞時，才會發生這樣的事。人民變壞是因為他們拋棄了律法和正義。強人只有將人民貶為無法無天的芸芸眾生時，才能施行暴政。暴民、暴君和暴政是三者合一的！一切暴民、暴君、暴政的特色就是隨心所欲，不願意降服愛上帝的秩序和律法之下。社會秩序是組成社會的人心秩序的大寫，人心秩序是意識秩序的大寫。唯獨當人心歸正，愛慕上帝及其神聖秩序時，社會秩序才能因為人的靈魂秩序的改變尤其是意識秩序的歸正而產生徹底的改變。用我們中國人的話來說：假如我們不敬畏、順服聖潔公義的上帝的主權，我們就會落在各式各樣無法無天的皇帝的暴政之下。

4、恢復對秩序的重視，強調失序和秩序的重建。 沃格林甚至被人稱為「秩序哲學家」，後人關於他的一本傳記之名就是《沃格林：秩序的復興》。[32] 對於柏拉圖和亞里斯多德

32　See Michael P. Federici, *Eric Voegelin: The Restoration of Order* (Wilmington, Delaware: ISI Books, 2002).

而言，哲學家的主要任務就是探求政治秩序。自從啓蒙運動以來，人本主義思潮在西方逐漸興起，尤其是 1789 年法國大革命，更是人本主義在西方的集中性大爆發，無神論者以「自由、平等和博愛」這些抽象概念來顛覆西方以基督教世界觀為根基的文明。

　　西方文明的危機就是秩序的紊亂、秩序的危機，尤其是「宗教或心靈的失序」。沃格林的哲學探索就是對「秩序之眞理」的探索。[33] 對於沃格林來說，歷史就是具體的人在政治性群體中不斷地為秩序而戰的過程，歷史的秩序就從秩序的歷史中浮現出來。對於政治性的社會而言，秩序是不可避免的問題。非常重要的是，沃格林把人對秩序的尋求與對意義的尋求結合在一起。秩序的本源就是上帝，意義的本源也是上帝，不管歷史如何發展、分化，「人仍然在這個世界上，處於上帝之下，並且處於祂的本性所設置的界限之內，也在社會和歷史之中，肩負人之存在不可擺脫的義務和責任。」[34]

　　今日哲學家和政治學家所經常性、普遍性忽略的就是律法與秩序、意義的關係。沃格林在大學所接受的是政治學方面的教育，他的第一個教職就是在維也納大學法學院擔任政治學助教，後來他還在美國路易斯安納州立大學法學院教授法理學這一課程。因此，沃格林的歷史和政治哲學擺脫了現代哲學家和神學家中常見的那種注重思辨、蔑視法則的習氣。沃格林直接強調：「在存有的所有領域中，『律法』都

[33] Eric Voegelin, *Order and History*, II, p. 68.
[34] Eric Voegelin, *Published Essays 1953-1965*, p. 174.

是秩序的本質」。[35]「律法是一種秩序類型，好的律法是一種好的秩序。」[36] 其實，真正的政治哲學所要考察的就是政治價值和政治實質，為社會政治生活建立規範和評估標準。對於沃格林而言，律法並非作為一個分離的、抽象的實體而存在的，律法本身就組成了社會秩序賴以存在的基本框架。律法絕不僅僅是來自利維坦式的國家政權所頒布的命令，也不僅僅是偽稱自己具有自法性的個人締結社會契約的結果，甚至也不僅僅是大多數人為確保今世最大程度的利益而明示的意志，而是上帝所設立的社會秩序的一部分。因此，歷代真正有智慧的法學家都一致承認，真正的律法不是人隨意創設的，而是智者在社會中發現的，最終律法的本源在於上帝。科學家的任務絕不是去創立此前並不存在的法則或規律，而是在自己的研究領域中去發現已經存在並運行的法則與規律。

更重要的是，律法不僅在本體上反映「存有秩序」中的「實然」，就是上帝已經設立的秩序；而且作為治理的規範，律法直接指導人的行動，使之合乎「應然」的秩序，這就是律法的「規範性」，也就是「秩序的應然」。這種「秩序的應然」在本質上就是「秩序的真理」。[37] 律法的有效性就在於律法「在本體意義上的規範性」，[38] 而這種本體意義上的規範性就是指律法反映社會現實的真相，合乎上帝所啟示

[35] Eric Voegelin, *The Nature of the Law and Related Legal Writings* (Baton Rouge and London: Louisiana State University Press, 1991), p. 24.

[36] Eric Woegelin, *Plato and Aristotle*, p. 405.

[37] Eric Voegelin, *The Nature of the Law and Related Legal Writings*, pp. 44-45.

[38] Eric Voegelin, *The Nature of the Law and Related Legal Writings*, p. 66.

的真理，因此不管個別人的看法和感覺如何，律法仍然有其有效性。真正的律法絕不會因為人的違背、否定或藐視而不再存在！沃格林從比較性的觀察和研究的角度出發，認為：「在所有律法文化中，秩序的主要源泉都在於超驗的實體」；[39]「對公義的秩序的理解透過人的靈魂對秩序的超驗本源的具體反應而進展。秩序的超驗本源與環境中的不公義處於對立的狀態，而人必須對這種對立狀態保持敏感。」[40] 因此，不管是在哲學的層面，還是在歷史學與政治學的層面，沃格林再次強調了上帝及其所設立的秩序的重要性，在這種秩序中我們必須自覺地順服在上帝之下，因為這種秩序始終是以上帝所設立的律法為規範和標準的。

5、為人提供了一套歷史哲學。作為一個基督徒，沃格林認為「歷史就是大寫的基督」，是上帝透過基督而創造、救贖與成全的過程。在這個過程中，人也透過基督而認識上帝，認識上帝造人本有的上帝的形像，從而不斷發現並實現自己。在這個歷史過程中，人既不是僅僅在這個世界上，也不是完全離開這個世界，而是在這個世界上享受上帝的同在，處於永恆與暫時之間，並且處於從朽壞的生命走向不朽的生命的過程和運動之中。

在《自傳性反思》最後一章「末世論與哲學：面臨死亡的實踐」中，沃格林向他的學生桑多茲總結道：「因此，每一種歷史哲學都必須認識到這個事實：歷史的過程不是內在

---

39 Eric Voegelin, *The Nature of the Law and Related Legal Writings*, p. 79.
40 Eric Voegelin, *The Nature of the Law and Related Legal Writings*, p. 81.

的，而是在此世和彼世之間運動。不僅如此，人對於這種歷史過程的「間際性」的經歷，不是作為無限時間中的結構，而是作為朝向末世性終結的運動，那種最終的末世狀態超越間際，也超越時間。除非承認歷史過程中這種根本性的末世性特徵，可以認為，任何一種歷史哲學都沒有對歷史問題進行嚴肅的對待。」[41]

沃格林所描述的這種「間際」狀態就是聖經神學家霍志恒所強調的「已然」與「未然」的關係，是指我們已經在基督裡確定無疑地得救了，但這種得救還沒有達到完全的狀態；上帝的國度已經隨著耶穌基督的救贖而降臨，同時這種降臨還沒有達到完全。作為一個深刻的基督徒思想家，沃格林不僅沒有把人看作是歷史的主角，並且始終清醒地強調歷史的問題就是人對上帝及其秩序的背離，當然，與此相應，醫治或解決之道就是靠著上帝的恩典重新歸回上帝及其秩序。[42]

在無神論和反律主義的陰影下，基督徒還有這樣的常識和智慧嗎？阿克頓應用約翰·西利爵士的話來說明政治學和史學的關係，非常精闢：「政治學若不以史學來開闊視野，便是粗俗的；史學若看不到它與實際政治的關係，便退化為純粹的文學。」[43] 沃格林的天才之處就是把史學的功夫和政治學的洞見結合在一起，從而不僅為人指明了歷史的秩序和意義，也為人在現實生活中的行動提供了指南。

[41] Eric Voegelin, *Autobiographical Reflections*, revised edition (Columbia and London: University of Missouri Press, 2006), p. 147.
[42] 參考許應許，「政治真相：初讀沃格林和桑多茲」http://blog.sina.com.cn/s/blog_6484aa 7801019i8n.html。
[43] 約翰·阿克頓，《自由與權力》，侯建、範亞峰譯（南京：譯林，2011年），3頁。

6、為人提供了一套意識哲學。要改變人的意志，就必須改變人的意識；要改變人的意識，就需要改變人的靈魂。要消除「人的非人化」，要消除「文明的解體」，我們既需要從歷史經驗中尋求文明的精義，更需要在靈魂深處與上帝相遇，從而使我們個人的靈魂的內在渴慕得到滿足，內在秩序得到重建，然後個人才會成為真正的人，社會秩序才得以重建。

因此，沃格林在其前期作品中重點考察的是社會與歷史秩序，在後期更加成熟和深刻的作品中，特別是在其五卷性巨著《秩序與歷史》後兩卷《普世性時代》和《追求秩序》中，沃格林轉向對人之意識的哲學性思考。他在《普世性時代》的簡介中強調說，西方文明的核心問題就是那些代表超驗性的經歷的符號已經喪失了他們的意義，必須重新在人的意識中予以恢復。沃格林強調：「歷史不是一個人類及其行動的潮流，而是人參與神聖臨在之流的過程，而這一神聖臨在之流有其末世性的方向。」[44] 這種「末世性」指向上帝的對於整個世界歷史的旨意的成全。在這種參與的過程中，人的意識逐漸分化、成熟，從其原來的緊縮性走向殊顯性。這種人的意識逐漸分化與成熟的過程，也就是人走向分化和成熟的過程。

人心並不是人軀體內部物質性、肉體性的心臟部分，而是指人心靈的「意識」。這種意識是由人的靈魂發出的，唯獨個人才具有。正是因為意識的存在，我們才能自覺地追問

---

[44] Eric Voegelin, *The Ecumenic Age* ((Baton and London: Louisiana State University Press, 1987), p. 50.

人生的本源和意義。沃格林指出：「只有經過意識我們才能經歷到我們的意識，也只有內在的經歷的過程中我們才能經歷到意識。我們對意識的經歷既不是身體性的，也不是物質性的。……作為過程，我們無法描述性地抓住『純粹的』意識，只能從解釋的角度抓住在身體和世界中的『人』的意識。」[45] 促使人不斷追求真理和秩序的，也是人所具有的這種意識。在談及意識的時候，沃格林強調意識不僅是存在於人的身體之中對周圍的實體進行觀察的某種主體，同時意識本身也是實體的一個部分。因此，在後一種意義上，「實體不是意識的一個客體，而是意識在存有的群體夥伴中作為參與性事件而發生在其間的東西」。[46] 因此，人的意識不僅具有「意願性」，也具有「彰顯性」。這種「意願性」就是我們在此所強調的目的性，而「彰顯性」就是人的意願在參與世界和歷史事件的過程中顯明出來。人及其意識從來都不是獨立的，始終是出現在世界和歷史過程的「間際」，也是上帝與人之間的「間際」。這種「間際」就是我們所面對的現實生活。[47] 我們混淆這種「間際」，就面臨兩大危險，一是把人予以神化，二是把上帝予以人化。[48]

　　因此，對於人的意識而言，最重要的就是自覺、清醒地掌握這兩大「間際」。明確上帝與人之間的「間際」，就是不斷向上帝開放，不斷領受上帝的啓示和拯救。相反，人的

[45]　Eric Voegelin, *Anamnesis*, translated and edited by Gerhart Niemeyer Columbia and London: University of Missouri Press, 1990), p. 31.

[46]　Eric Voegelin, *In Search of Order* (Baton and London: Louisiana State University Press, 1987), p. 15.

[47]　Eric Voegelin, *Anamnesis*, translated and edited by Gerhart Niemeyer Columbia and London: University of Missouri Press, 1990), p. 103.

[48]　Eric Voegelin, *Anamnesis*, p. 141.

意識的悖逆就是向超驗者上帝的封閉，這種封閉性乃是造成人的各種靈魂或精神疾病的淵藪。其次，就是明確人在世界和歷史中間的「間際」，就是不斷地參與世界和歷史，在世界和歷史過程中認識自己，豐富自己，完成上帝賜予自己在這個世界上的托付。相反，人的意識的悖逆就是對世界和歷史的逃避，不願意面對這個世界和歷史中的苦難與挑戰，從而走向各種形式的神祕主義和虛無主義。第三，在我們參與世界和歷史的過程中，必須自覺地遵守上帝的聖約和律法，這樣我們主觀性的意識才會有一種客觀性的依歸。沃格林強調：上帝的律法「不是人為的法律，而是實在的神聖法。」[49] 是否向超驗性的上帝及其啟示敞開，這是沃格林所強調的「開放的靈魂」與「封閉的靈魂」之間的主要標記。

7、為人提供了向超驗保持開放的哲學框架，用於復興西方文明。當然，沃格林的哲學既不是一般意義上的政治哲學，也不是一般意義上的歷史哲學，他是一位綜合性的真正探求真理、秩序以及意義的哲學家。

這一哲學體系看起來非常複雜，因為沃格林不僅使用了很多古奧的哲學術語，他自己更是直接用希臘文引入了很多新的術語。沃格林在思想界的難於解讀，正如范泰爾在神學界的難於解讀一樣。其實，沃格林的哲學框架，尤其是歷史哲學框架，非常簡單，正如他自己所表述的那樣：「只有人向其存在所自己參與其中的奧秘敞開，容許過程的真相在他

---

[49] 沃格林，《希臘化、羅馬和早期基督教》，謝華育譯（上海：華東師範大學出版社，2007年），142-143 頁。

們的意識中顯明出來，」歷史過程的「意義才會揭示出來。因著存在的封閉，真理和真相已經不斷萎縮。此後，哲學家的任務就是打開人的存在，使其向實體的神聖根基敞開，從而使這種封閉症得到醫治，使人得以復原。」[50]

要理解沃格林的哲學框架，關鍵是理解他所注重的「神人兩極」，一極就是超驗的上帝，一極就是上帝所造的人。人在歷史過程中對於秩序和意義的尋求就是向上帝不斷開放和靠近的過程。對於沃格林而言，歷史就是上帝的歷史，也是上帝透過耶穌基督拯救世界的歷史。歷史的過程就是人之存在與經歷的過程，這一過程也是人的意識不斷走向顯明的過程。人始終不是孤立性的存在，不是茫茫大海中的孤島，而是處於「神人兩極」的「間際」。人的墮落和犯罪就是向超驗者上帝的封閉和叛逆，人的醫治和救贖就是向超驗者上帝的敞開和順服。不管是在東方，還是在西方，個人以及人類文明的出路就是在基督裡重新歸向上帝，歸向上帝所啓示的愛的律法和秩序，再也沒有其它的出路。

由此觀之，神學和社會科學，特別是沃格林所從事的政治哲學與歷史哲學的研究，並沒有根本性的區別，都是人對於存在秩序及其意義的探索。神學家更多地直接引證聖經，直接談及上帝，而各門社會科學都有自己獨特的術語和方法，但在根本上則有其關聯性和一致性。

50　Eric Voegelin, *The Ecumenic Age*, p. 243.

八、拉塞爾・柯克（1918-1994 年）

美國基督徒政治理論家、社會與文學批評家、小說家、公共知識分子，是美國「文化保守主義」的代表人物。他用大量的著述深刻地闡明了基督教文明與歐美保守主義思想傳統的關係，成為美國新保守主義之中堅性代表人物。柯克認為歐美保守主義思想就是「基督教文明」，[51] 貫穿這一思想和文明體系有以下十大基本原則。

1、**強調道德秩序**。保守主義者信仰一個超自然、持久性的道德秩序的存在。這個秩序包括靈魂內在的秩序和社會外在的秩序。這一道德秩序以上帝的啟示為根基，以上帝的律法為規範，體現在長期形成的社會傳統和人人可知的自然法或本性法中。因此，歐美保守主義反對各種形式的褻瀆上帝的世俗主義，也反對在價值與道德上無法無天的相對主義。一個人如果不信上帝，人間有什麼權威能夠使他信服呢？一個沒有明確的信仰的人，本身就是不值得他人信任的。因此，在傳統的歐美文化中，一個不敬畏上帝、不順服上帝的律法的人，在本質上就是一個無法無天的流氓。所以，那些不明白基督教和上帝的律法的人，根本無法觸及歐美保守主義的精粹。

2、**強調風俗習慣**。保守主義者持守社會中存在的各種風俗和習慣，注重社會發展的連續性。古老的風俗能夠使得

51　Russell Kirk, *The Politics of Prudence* (Wilmington, Delaware: ISI Books, [1993], 1998), p. 194.

人民和睦相處，而已經形成的習慣則使得人民在權利和責任的分配上避免持續不斷的爭議。家庭、教會等社會組織上的連續性使得美好的文化能夠代代相傳，持續建造，可謂「前人栽樹，後人乘涼」。更重要的是，人類社會是由活生生的人組成的，不是可以隨意調整、廢棄、替換的機器。因此，歐美保守主義者反對用激進的方式改變社會與文化，反對盲目的移風易俗，也就是反對任何勢力肆意用激進或暴力的方式摧毀已經成型的民間社會。保守主義對於各種形式的群眾運動和街頭運動都保持冷靜的心態，認為最重要的文化改良的方式還是持之以恆的教育方式，社會的進步不是來自轟轟烈烈的群眾運動，而是每個人在日常生活中在美德和善行上的修養。

3、**強調道德規範**。保守主義者相信規範性的原則，就是注重上帝的律法，注重社會中長期以來已經形成的各種規範。國有國法，家有家規，凡事都當規規矩矩地按照次序進行，這是上帝在聖經中的吩咐。同時，必須認識到，這些規範是古老的智慧的結晶，不能隨意變來變去。要判斷事情的正誤，僅僅根據私人一時的判斷和推論是危險的。個人往往是愚蠢的，而種族則是智慧的；一時的主張是短暫易逝的，而習慣則是來自漫長的歷史的積累。所以，我們當尊重先例和已有的規範，哪怕其中的偏見也有其一定的道理，因為那種偉大的神祕的人類整體所獲得的規範性智慧遠遠超過任何個人一時的小聰明。因此，保守主義對於個人在道德規範上的創新始終保持冷靜觀察的心態，絕不隨意苟同。

4、強調智慧明智。保守主義強調智慧的重要性。智慧包括兩大方面，一是爲求眞而求眞的形而上的純理性的「認知性智慧」，二是用於製作或活動的「實踐性智慧」。

這種實踐性智慧在社會與公共生活中也可以稱之爲「明智」。在明智、公義、勇敢和節制這四大傳統美德中，明智是最重要的。沒有明智這一美德，我們就無法斷定何謂公義；沒有明智這一美德，所謂的勇敢也就成了魯莽；沒有明智這一美德，所謂的節制也往往成了怯懦的藉口。牧師和政治家都是公共人物，最需要的就是智慧。智慧要求牧師和政治家深謀遠慮，高瞻遠矚。

自由派和激進派往往缺乏智慧，急功近利，不計後果。人類社會是複雜的，要解決任何問題都不可頭痛醫頭，腳痛醫腳，尋找方便法門，幻想立竿見影，勞民傷財，搞一些自欺欺人的「形像工程」，必須從長遠的角度來考慮國家與社會的發展。西方有一句經常引用的格言：「一個人二十歲的時候不是社會主義者，他實在沒有良心；如果四十歲的時候不是保守主義者，他就沒有大腦了」。

教會和社會生活中的各種極端或狂熱的主張和舉動，都是因爲缺乏眞正的智慧的緣故。這種實踐性、實用性的智慧既需要繼承前人的教訓，也需要個人的磨練。這種美德是需要一定的時間和經驗才能逐漸養成的，絕不是任何形式的群衆運動能夠馬上促成的，更不是由國家透過政治宣傳就能夠製造出來的。

5、反對平等主義。保守主義者熱愛人類存在的「多樣性和奧秘性」，反對以任何法律或行政手段達成人爲的統

一性或一致性。保守主義者認爲，這些秩序和階層的存在是「自然」就有的，因此他們反對各種形式的人爲的平等主義，尤其是透過國家暴力沒收或高稅收進行的社會財富再分配。真正的平等始終是在上帝最終審判面前的平等，也是在法庭面前接受公義的審判的平等。如果以人爲的方式來平均財富，平均收入，刻意地製造平等，那些掌握這種權力的人很快就會利用這種權力爲自己謀取利益，造成另外一種形式的不平等出現。社會的存在和發展要求承認恩賜的不同、報酬的不同，甚至個人面對的教育、就業、成家的機會也不相同。人爲地製造平等，尤其是透過沒收私人財產、徵收高額賦稅的方式，最終不僅造成社會的僵化、專橫和虛僞，也會人爲地造成更大的不平等，那些掌握了製造社會平等的權力的人肯定會凌駕於衆人之上，邪惡的共產主義在蘇聯、中國和柬埔寨的實踐充分證明了這樣的眞理。

6、持守不完美原則。在人墮落之後，所有人都是不完美的，有史以來人類所創建的任何社會秩序或制度也都是不完美的。所以，我們所能期望的就是能夠互相容忍的相對公義和自由的社會，其中必然不斷出現某些邪惡、失調和痛苦。只有透過審慎的不斷進行的改良，我們才能保守並促進這一可容忍的社會秩序的存在。一旦忽略古老的制度和道德上的保障，人性中所具有的無政府主義衝動就會爆發出來，暴民、愚民就會趁機而動，使社會陷入混亂之中。因爲人心的躁動不安，貧困的人不滿現狀，富裕的人厭倦現實，各種烏托邦式的幻想就會趁機虜獲人心，使得社會變成人間地獄。因此，保守主義者必須時刻警惕人心中無政府主義的傾

向，也要小心社會上時常出現的那些以各種形式的烏托邦夢想來蠱惑人心的野心家。

7、**保護私人財產**。保守主義者堅信自由和財產之間有著密切聯繫。把財產與私人所有者分開，國家這一「利維坦」怪獸就會成爲掌管一切的主宰。人類歷史上所有偉大的文明，都是建立在財產私有就這一根基上的。私有財產的占有越是廣泛，國家就越穩定，越有生產力。試圖用法律或政治、暴力的手段來均貧富，並不能夠帶來經濟上的進步。財產的獲得和花費並不是人生的首要目的，但是，對於個人、家庭和國家而言，合理的經濟基礎都是值得追求的。沒有恒產，就沒有恒心，唯有各種放縱私欲的巧取豪奪與窮奢極欲。私有財產是強大的教育工具，教育人們對自己的行爲負責任，扶助文化事業的發展，使人擺脫各種形式的苦役，促進個人的誠實守信，並且使人有閑暇進行自由思考和行動。因此，保守主義反對各種形式的社會主義或邪惡的共產主義對個人財產權的粗暴踐踏和剝奪，認爲任何對私有財產的攻擊都是直接攻擊人類文明的根本。

8、**提倡自願結社**。保守主義者反對違背人民意願而強制推行的集體主義。雖然美國人注重私人空間和權利，但也同樣喜歡自願建立各種社團或群體。這種透過自願結社組成的民間群體越是強大，國家就越是強大。同時，只有這種自願結社組成的民間群體，才能在互相尊重、彼此相愛的基礎上，最大程度地滿足成員之間彼此的需要，解決地方所面對的具體事務。在抽象的民主中，個人的權利和責任集中在各

種層次的官僚機構裡面，不僅大量地耗費納稅人的金錢，並且在很大程度上剝奪了人與人之間瞭解、感恩、互助的關係，使得人與人之間越來越隔絕和冷漠。因此，保守主義一向提倡自願結社和民間自治，堅決反對國家政府在權力上越來越集中，在功用上越來越擴大。「小政府，低稅收」，這樣的主張始終是保守主義的原則。

9、**強調限制國家權力**。保守主義者強調需要對國家的權力和個人的貪欲進行明確的約束。憲政民主之所以對權力加以約束，就是因為人性中為善為惡的傾向同時存在，因此權力隨時都有被濫用的可能性，必須在制度上予以一定的防範和限制，這就是憲政的精神，憲政就是「限政」，就是把掌權者關在法治的籠子內，使其不得胡作非為。如果掌權者不守法，整個法律秩序就會很快被顛覆，人們的守法只能使得他們受到掌權者更大的羞辱和長期的奴役。因此，保守主義者不會把信任寄托在掌權者個人的品德和仁慈上，而是透過憲法和制度予以規限，從而保持權威與自由之間的平衡。保守主義者既反對無政府狀態，也反對各種形式的專制與暴政。他們不認為民主是最好的制度，民主制度一旦喪失了宗教與道德的制衡，就會走向暴民統治。因此，民主制度本身必須得到三權分立等制度的制衡。

10、**強調永久與改變的平衡**。保守主義者承認永久與改變的存在，尋求二者之間的平衡。保守主義者不會一味反對改變的必要性，但絕不會盲目追求革新，因為改變不一定就是進步！事實證明，不審慎的改變往往使得處境更加艱難。

因此，任何社會性的革新都當與現存的傳統和習慣聯繫在一起，慎之又慎，在已有的基礎上審慎地做出有限的改良，因為政治與社會上的很多革新並不能夠保證達到更好的效果。因此，在進行任何變革之前，都要分清何謂永久性的東西，何謂能夠改進的東西，然後才能量力而行，絕不能為變革而變革，更不能動搖國家與文化的根本。[52]

另外，柯克深信基督教和西方文明是密切並存、不可分割的。他明確地指出：「道德秩序出於宗教信仰，沒有宗教信仰，即使最簡單的文化也無法繁榮起來。」因此，宗教是文化的根基，文化是宗教的果實；那些想要消滅宗教的人，終將迎來文化的衰亡。「所有文化都起源於宗教。當宗教信仰消退的時候，文化也必然衰亡，儘管在滋養這種文化的宗教信仰沉淪在不信之後仍然會繁榮一段時期。」[53] 柯克非常注重教會在塑造文明方面所發揮的作用，他強調說：「文明，我們所知道的文明，是教會文化所生的孩子。」在本質上，文化使命就是「道德使命」，這個使命的核心就是耶穌基督所強調的愛主愛人。

研讀、寫作到此，筆者感到非常沉重。在美國，很多教會逐漸喪失了文化方面的先進性和領導權，只能用各種煽情式的垃圾故事和庸俗歌曲來填補人們空虛的心靈，對於社會文化的導向無能為力，致使廢除死刑和公開承認同性戀這樣的大惡成為所謂「民權」運動、政治政權與宗教正確的一部分；在中國，大多數教會所傳講的基督教基本上還停留在民

52　Russell Kirk, *The Politics of Prudence*, pp. 15-19.
53　Russell Kirk, *The Politics of Prudence*, p. 202.

間宗教的地步，注重的是實用性的靈驗和效果，而不是真理上的挑戰，根本沒有力量為中國社會和文化的轉型提供強有力的思想和人才支持。唯求上帝憐憫，不斷復興美國教會；唯求上帝憐憫，使中國教會得到更新和重建。柯克的代表作有：《智慧政治學》、《保守主義思想家：從柏克到艾略特》和《美國秩序的根本》。[54] 這些書籍都應當翻譯成中文，供基督徒反復閱讀，必然能夠明白基督教文明的基本原則。

九、當今歐美保守主義的根本問題

即使我們注重歐美保守主義的價值，我們也當清醒地認識到當今歐美保守主義存在的問題。這種問題體現在兩大方面。首先是歐美保守主義本身的世俗化。英國保守主義代表性人物斯克拉頓竟然如此聲稱：「儘管事實上保守主義的社會觀總是受益於宗教信仰，但即使在缺乏明確宗教信仰的情況下，保守主義的社會觀也能夠倖存下去。」[55]

斯克拉頓不僅沒有把宗教信仰具體到基督教信仰上，甚至認為保守主義的社會觀完全可以脫離基督教信仰而獨立存在，這當然是離經叛道、數典忘祖的行徑。克拉斯頓的思想非常深刻，他對現代歐美保守主義的界定非常精到：「現代

---

[54] 英文重要著作有：*The Conservative Mind: From Burke to Eliot* (Washington, D. C.: Regnery Publishing, [1953], 2001)；*The American Cause*(Wilmington, Delaware: ISI Books, [1957], 2002)；*The Roots of American Order*(Wilmington, Delaware: ISI Books, [1974], 2003)；*Economics: Work and Prosperity* (1988)；*Rights and Duties: Reflections on Our Conservative Constitution* (Dallas: Spence Publishing Company, 1997).

[55] 斯克拉頓，《保守主義的含義》，153 頁。

保守主義始於對傳統的捍衛，反對的是各種主張大眾主權的呼求。在其演變的過程中，這種保守主義訴諸宗教和高尚文化，反對唯物主義者的進步觀，與古典的自由派人士一同反對社會主義者。在其最近的嘗試中，現代保守主義把自己界定爲西方文明的倡導者，反對各種抵擋西方文明的仇敵，其中兩大特別的仇敵就是：政治正確（限制言論自由，在各種事情上都強調西方的罪惡），宗教極端主義，特別是瓦哈比派所推動的戰鬥性的伊斯蘭教。在這一切轉化中，不變的確信就是：美好的東西不容易建造，很容易摧毀；面對各種形式的政治操縱所推動的變革，我們必須具有持守這些美好東西的決心。」[56] 像斯克拉頓之流的人，雖然仍然被算作是歐美保守主義的思想家，他們實際上已經喪失了對基督教文明的自覺認同，也在本質和本源上背叛了歐美保守主義的傳統。因此，我們在本書中強調的不是一般意義上的歐美或英美保守主義，而是以基督教及其正統神學爲根基的基督教文明保守主義。一旦喪失基督教信仰，喪失對基督教文明的確信，所謂的英美或歐美保守主義只能成爲無源之水，無根之木。在不斷發動超限戰的社會主義和伊斯蘭教勢力面前，這樣的保守主義是絲毫沒有戰鬥力的。

其次是保守主義本身的「反動性」，正如亨廷頓在一篇名爲《作爲意識形態的保守主義》所指出的那樣，保守主義首先是一種捍衛現狀的意識形態，明確、系統地從理論上抵制變化。保守主義隨所處的不同地位而變化，總是與對立的

---

[56] Roger Scruton, *Conservatism: An Invitation to the Great Tradition* (New York: All Points Books, 2017), p. 127.

意識形態唱反調，卻沒有提供關於社會應該改如何組織的系統思想。[57] 1991 年普林斯頓高等研究院終身教授艾爾伯特‧赫希曼出版《反動的修辭——保守主義三個命題》，[58] 指出柏克以來歐美保守主義歷史演變的主線。從 1789 年法國大革命以來，西方政治思想史上出現了三次大的反動，興起了三次大規模的反對變革的保守主義浪潮。第一次浪潮針對法國大革命以及《人權宣言》帶來的法律面前人人平等的公民權思想。第二次針對普選權和大眾政治的一場思想反動運動。最後一次是當代針對福利國家所作出的批判和改革嘗試。

從當今中國的問題和需要來看，這三種反動乃是背道而行的，我們恰恰需要法律面前人人平等的公民權思想，我們也同樣需要爭取最基本的公民普選權，當然我們也需要在社會福利上，從共產黨高級幹部的特權特供的福利制度，轉向為民眾建立基本的福利保障制度。因此，在目前中國急需要「改革開放」的年代，這種以「反對變革」而著稱的歐美保守主義是有其局限性的。正是因為這樣，保守主義一直處於被動挨打的狀態，並不能夠成為強有力的具有戰鬥性和建造性的力量。保守主義可以喊出強有力的反對的聲音，但保守主義本身並不能夠進行系統的建造。因此，針對各種形態的保守主義，我們必須清楚自身作為基督徒的身份和呼召，自覺地從聖經啟示的真理體系出發，在歐美捍衛已有的基督教國家和文明，在其他地方建立基督教國家和文明。其中，教

---

57 S. Hunbtington, Conservatism as Ideology, in *American Political Science Review*, 1957, vol. LI, pp. 454-473.
58 Albert O. Hirschman, *The Rhetoric of Reaction: Perversity, Futility, Jeopardy* (Harvard University Press, 1991).

會本身乃是基督教文明的柱石和堡壘。脫離教會的建造，離開強有力的基督徒社群，所謂的英美或歐美保守主義只能流於空談，保守主義人士只能扼腕嘆息、孤掌難鳴。

十、保守主義與自由主義異同辨析

我們必須認識到歐洲和美國所指的「自由派」與「保守派」的不同含義，正如哈耶克所指出的那樣：「歐洲人稱為或習慣上稱為『自由派』的，在今天的美國被不無道理地稱為『保守派』，而最近『自由派』這個稱呼，在美國則是用來指那些在歐洲會被稱為社會主義的現象。不過同樣真實的是，即使目前採用『liberal』這個稱呼的歐洲政黨，也沒有一個是服膺於十九世紀自由主義原則的。」[59] 阿倫特在談及歐美「古典自由」時強調：「法律的功能首先不是保障自由，而是保護財產；保障自由的是財產，而不是法律本身。……在十八世紀，財產與自由還是一致的，說財產就是說自由，恢復、維護一個人的財產，就相當於為自由而戰。」[60]

十九世紀歐洲古典的自由主義崇尚的是個人自由的理想，這種個人自由觀源自希臘和羅馬文化，被基督教思想吸收並轉化，從而形成歐洲的基督教文明。在希臘人看來自由始終是法治的自由觀，是一種尊法律為王的狀態，不管是柏拉圖還是亞里斯多德，都一致強調法治的重要性，一致強調

59　弗里德里希・馮・哈耶克，《哈耶克文選》，馮克利譯（南京：江蘇人民出版社，2007 年），288 頁。
60　阿倫特，《論革命》，166 頁。

法律面前人人平等。這種法律首先保護的不是極少數統治階級的利益，而是確保公民的私人領域不受國家侵害，公民的私有財產得到保障。希臘人的這種自由觀和法律觀經過西塞羅等人傳遞到羅馬，羅馬法的特徵就是以十分嚴格地私有財產觀念爲核心。在羅馬法中，法律更多地被看作是對政府權力的限制，而不是首先保障政府權力的行使。中世紀阿奎那以聖經啓示爲根本，綜合希臘哲學和羅馬法思想，以經院主義的方法建構了系統的以法律至上爲特徵的政治與法律體系，他把上帝的律法上升到「永恆法」的地步，然後強調這種「永恆法」在歷史中的體現：上帝刻在人心中的「自然法」、上帝透過特殊啓示賜給人的「啓示法」以及人按照自然法和啓示法而制定的「人定法」。在清教徒神學中，上帝所啓示的律法更是成爲人順服上帝當遵守的標準，是人間一切立法都當依據的「高級法」、「更高法律」。亞當‧斯密在《國富論》中強調，如果個人只受恰當的法律規則的約束，社會就會形成一種自發的秩序，並不需要國家特別干預。因此，亞當‧斯密所提倡的自由市場經濟是以大家共同遵守上帝設立的道德法則爲前提的。因此，亞當‧斯密還著有《道德情感論》，強調眞正的市場經濟首先是一個講道德的經濟。沒有誠信和同情，市場經濟只能引發各種災難。法國的孟德斯鳩、托克維爾等等，都是這種古典的歐洲自由主義的代表。

在這種古典自由主義中，共同的特徵是強調上帝的存在，強調律法之下的有序自由，而此種律法不管是上帝直接啓示的律法，還是上帝刻在人心中的自然法，都具有絕對性和普世性。在個人和國家的關係上，古典自由主義強

調「將強制性權力限制在實施公正行為制普遍規則的範圍之內」，[61]「就國家決定著個人行動的條件而言，它在這樣做時，必須遵守適用於一切人的、相同的形式化規則。自由主義反對任何法律特權，反對政府給予某些人而非所有人特殊好處的任何行為。」[62] 因此，古典自由主義必然強調信靠上帝、憲政法治、三權分立和市場經濟。但是，連哈耶克也不得不承認，歐洲的自由主義者大多數轉向社會主義甚至共產主義，直接否認市場經濟，走向由國家主導的計劃經濟，主要原因就是他們追求「分配公正的理想」。但是，我們必須承認兩個方面：「根本就不存在公認的分配公正的普遍性原則，也找不到這樣的原則，二是即使能夠在這樣的原則上取得共識，在一個生產力取決於個人能夠自由利用自己知識和能力追求各自目標的社會裡，也不能採用這樣的原則。」[63]

任何人都願意強調個人自由和自我實現，但同樣的強調可以使人走向米爾頓‧弗里德曼式的對私有財產和自發秩序的強調，也可以使人走向卡爾‧馬克思所強調的財產公有、計劃經濟式的共產主義。到底這樣的自由主義的根本問題何在？斯克拉頓在分析自由主義的時候把它分為兩類：「欲望型」自由主義和「自法型」自由主義。對於頭腦比較簡單的人而言，他們主張的是隨心所欲式的自由主義，他們所關注的就是滿足自己的欲望。對於頭腦比較複雜的人而言，比如康德之流，他們強調個人的行為並非出於欲望或衝動，而

61　《哈耶克文選》，303 頁。
62　《哈耶克文選》，306 頁。
63　《哈耶克文選》，306 頁。

是源於自我理性上的抉擇，也就是：「第一人稱視角至高無上，足以產生出衡量政治秩序的尺度和評價公平社會的標準。」[64] 這種罪人所主張的「自法論」乃是筆者在本書中反復批判的。首先，人的本性並不是「自法性」的，我們在受造之時就由上帝將「自然法」刻在人性之中，理性的功用不過是認識這樣的法則，但理性絕沒有自己立法的功用，康德所說的這種理性的自負和僭越乃是極其荒謬的。我們不排除個人的主體性，不排除這種主體性在認知、情感和抉擇上的自由性，但個人絕不是世界、社會和自身的立法者，唯獨上帝才是這樣的立法者。

因此，我們贊同古典的自由主義，反對以法國大革命為代表的無神論、敵基督、反律法的自由主義。這種個人至上的自由主義，正如諾曼所分析的那樣，「儘管有著諸多的抽象形式與成就，但也有著某些深刻的內在的缺陷。它低估或忽視了人作為社會存在的基本屬性；它錯誤地宣稱了個人相對於社會的有限性；它威脅去損害那些賦予人們生活有意義的習慣和制度。還不儘然，因為它還自帶著種種內在的風險：同時在個人與世代層面鼓勵社會中自私自利的風險；鼓勵政治家與官員作出信息不完備與傲慢自大之決策的風險；在極端意義上，刺激帶有潛在毀滅性後果之革命的危險。」[65] 這種個人至上的自由主義，最後導致的就是對個人自由的徹底毀滅。

64　斯克拉頓，《保守主義的含義》，177 頁。
65　諾曼，《埃德蒙・柏克：現代保守政治之父》，289 頁。

我們在原則上贊同以柏克、柯克、沃格林等爲代表的歐美保守主義。但不管我們對古典自由主義的贊同，還是對當今歐美保守主義的贊同，都不是絕對的，因爲從本質上來說，這兩種主義都是以人的理性或意見爲本的意識形態，這兩類思潮時分時合，不斷改變，但上帝所啓示的眞理是不變的，上帝透過聖經啓示和大公教會傳遞給我們的眞理體系是比世界上任何人的意識形態都更明確、更穩定，當然也更具有造就性和建設性。基督徒不當捨棄大公教會的傳承這自家寶藏，沉浸在自由主義與保守主義等不斷變化的意識形態之中。當然，不管是自由主義還是保守主義，其中都當本著上帝百般恩賜的好管家的心態予以觀察、借鑒甚至引領。另外，正如泰勒所警戒的那樣，不管是自由主義還是保守主義，面對各種政治與社會問題，他們不想仰賴上帝的主權和耶穌基督的救贖，而是仰賴所謂的科學與國家。更重要的是，他們在思想前提上都是如出一轍，最終所高舉的都是個人的理性，而不是上帝所啓示的眞理與律法。這種傾向來自歐美十八世紀浪漫主義對人性尤其是理性的樂觀看法，他們認爲人性本身是善的，問題在於社會環境，只要透過科學的進步和國家的干預就可以更加充分地使人性本有的善更加自由美好的展現出來。自由主義強調自由和進步，但他們卻把自由視爲脫離上帝及其道德法則的自由；保守主義強調秩序和傳統，卻常常假借基督教的名義把現實社會中的權威與組織神聖化。因此，泰勒強調：「不管是在政治生活中，還是在人生的其他領域中，最大的選擇不是在自由主義或保守主義、社會主義或個人主義之間二者取一，而是在上帝的國度

和撒但的國度之間、在善與惡之間、在愛心與自私之間。」[66]

在西方社會中，不管是自由主義還是保守主義，他們越來越想用人民的主權取代上帝的主權，用所謂的自然法取代上帝的律法，用人與人之間的契約取代上帝設立的聖約，用各種物質的福利取代以上帝爲樂，最終就是用各種形式的人本主義的世界觀取代聖經中啓示的神本主義的世界觀。因此，泰勒警告說：「不管別人如何借助理性、功利或方便來尋求社群的建立，基督徒必須毫不猶豫地指出：人與人之間真正的合一與和平只有在上帝的祝福下才能達到，這種合一與和平來自耶穌基督的救贖之工，耶穌基督透過救贖之工勝過了造成人與人之間不和與紛爭的最深層的原因，即人的罪。對於人而言，罪就是不順服上帝的律法，這種罪乃是造成當今社會中一切破壞與衝突的元凶。要想在人群、階級、種族和列國之中建立真正的社群，卻不考慮聖經中啓示的這一真理，就永遠不會取得真正的成功，不管有多少主教、大主教支持這種人本主義的自由觀，都是如此。」[67]

因此，我們在本書中所提倡的不是一般意義上的歐美或英美保守主義，而是基督教文明保守主義。這種基督教文明保守主義在本質上也是古典的基督教自由主義，共同的強調就是上帝的主權與約法、耶穌基督的救贖與王權、個人的自由和責任。在基督教文明已經建立的社會或國家中，最重要的是提倡基督教文明保守主義，強調捍衛已經存在的基督教傳統和文化，防範伊斯蘭教、社會主義等異質性的宗教與意

66　Taylor, *The Christian Philosophy*, pp. 611-613.
67　Taylor, *The Christian Philosophy*, p. 615.

識形態的顛覆，在現有的基礎上不斷改革；在基督教文明尚未建立的社會或國家中，最重要的則是提倡基督教自由主義，強調以基督教傳統和文化轉化周圍的異教傳統與文化，使人擺脫專制暴政的荼毒，最終建立基督教國家與文明。不管是自由主義還是保守主義，都當歸回上帝透過聖經啟示的真理體系。這一真理體系不僅關涉到罪人在耶穌基督裡賴恩得救的真理，也直接關涉到家庭、教會與國家的治理。

第八章

美國南方農耕傳統與自然文學

歐美保守主義不僅僅是一套政治哲學，更是一套文化理念。這種文化理念特別注重土地與自然的保護，注重社區建造和公民自助，這就是歐美文化中的重農主義與環境保護的傳統。哈普明確指出，美南以達伯奈（Robert L. Dabney, 1820-1898）為代表的傳統人士抗議大公司的擴張，認為此類公司出於人為的設計，使得人與人之間位格性的關係越來越淡薄，造成了人性的扭曲，甚至把人變成了盈利的工具，直接帶來大規模的對人性的侮辱。[1] 達伯奈直截了當地提醒說：「相比於私人冒險而言，公司總是更傾向於使用更腐敗的手段……我不得不提醒有腦筋的讀者注意股票市場和華爾街盛行的眾多的詭計。」[2]

　　當今華人對改革宗神學和保守主義一致忽略的是對於美國南方農耕傳統的研究，主要原因可能在於我們都受中國近現代文化潮流的影響。這種文化潮流把現代化與工業化和城市化等同起來，認為農村、農業、農民這「三農現象」是落後與愚昧的標記。正如于哥在其研究中所指出的那樣：「很長一段時間以來，在西方的社會學界，現代化被當作是『產業化』、『城市化』，一個國家或者社會的現代化如何，主要看它的產業化和城市化水準。在這樣的現代化理論裡，巨

---

[1] Gillis J. Harp, *Protestants and American Conservatism: A Short History* (New York: Oxford University Press, 2019), pp. 125-128.

[2] Robert L. Dabney, "Philosophy Regulating,"in *Discussions by Robert L. Dabney*, ed. C. R. Vanghan (Richmond: Presbyterian Committee of publication, 1892), pp. 342, 346.

大的城市、轟鳴的機器被當作了現代化的標誌。」[3] 美國保守主義者對於田園情有獨鍾，反共勇士錢伯斯在其巨著《見證》最後一章「明天，明天，明天」中充滿深情地說：「我有時想，在這即將到來的春天裡，如果我和自己的兒子在田裡耕作播種，觀看種籽發芽成長，絕對能夠得到醫治。」[4] 田園和農耕不僅為人提供最基本的飲食，還能給人傷痕累累的心靈帶來醫治和恢復，這種療癒的效果是非常奇妙的。

　　事實並非如此，對於田園和自然的注重始終是基督教文明的一大特色，這種對於田園風光和自然景致的親近，始終是聖經啟示中所強調的，也是人性中固有的傾向。當聖經中講到彌賽亞到來所帶來的幸福生活的時候，沒有排斥城市生活，但田園始終是強調的重點。布坎南強調，在美國有兩大劇烈衝突的力量：一方是熱愛田園的、基督徒的、宗教性的保守主義者；另一方則是主張社會寬容、自由選擇、世俗化的人，他們生活在新英格蘭地區和太平洋海岸。[5] 在美國，相比而言，大多數保守主義者願意生活在郊區、中小城鎮和鄉村地區，而自由主義者則更喜歡生活在大城市和海邊。因此，要認識美國的保守主義我們不能不注重美國南方的農耕傳統與自然文學。

3　于哥，《現代化的本質》（南昌：江西人民出版社，2009 年），1 頁。

4　Whttaker Chambers, *Witness: A True Story of Soviet Spies in America and the Trial That Captivated the Nation* (Washington, DC: Regnery History, [1952] 1980), p. 705.

5　Patrick J. Buchanan, The Death of the West: How Dying Populations and Immigrant Invasions Imperil Our COntry and Civilization (New York: Thoma Dunne Books, 2002), p. 2.

一、農耕傳統與鄉鎮生活

對美麗的鄉村風光和鄉村生活的嚮往，這種田園牧歌的傳統和情懷在古今中外的文學作品中都流露出來。中國魏晉南北朝時期陶淵明所寫的《桃花源記》，古希臘忒奧克里托斯所著的《田園詩》，中世紀桑納扎羅所寫的田園浪漫傳奇《阿卡迪亞》等等，都以田園生活的淳樸與德性反襯宮廷與城市生活的墮落。[6] 真正陶造人的品格的是與大自然的貼近，在於日月星辰、花草樹木、飛鳥走獸、山山水水的接觸中，人就學會了從大自然中領受來自上帝的天籟之音，那種對於上帝的敬畏和感恩深深刻進人的骨髓之中。

美國保守主義之父柯克在蘇格蘭上大學時喜歡的就是蘇格蘭的高原、荒野、古堡、老宅以及那荒蕪人影的山嶺，他自己和全家選擇生活在密西根州的一個小鎮，過著簡樸的田園生活，與先輩和土地保持著密切的關係。因此，柯克本人強調：「保守主義最忠誠的跟隨者永遠都在鄉村，鄉下人不急於擺脫舊有的方式，正是這些舊方式讓他們與其頭頂上無垠星空中的上帝以及腳下墳墓中的父輩緊密相連。」[7] 美國的保守主義始終有兩大方面，一是以美國北方為主的注重國家統一和工業化的保守主義，一是美國南方注重州權和農業利益群體的保守主義。[8]

---

[6] 參考尚曉進，《原罪與狂歡：霍桑保守主義研究》（上海：上海大學出版社，2015 年），55-64 頁。

[7] 柯克，《保守主義思想》，20 頁。

[8] 柯克，《保守主義思想》，108 頁。

托克維爾在觀察和分析民主在美國的實踐的時候，明確指出「自由人民的力量所在正是鄉鎮。」「你不讓鄉鎮獨立和強大，你從那裡就決不會得到公民，而只會得到順民。」「美國人的愛國心是透過實踐而仰成的一種依戀家鄉的感情。」「鄉鎮生活無時無刻不再使人改到於自己息息相關，無時無刻不再透過履行一項義務或行使一項權利去實現。這樣的鄉鎮生活，讓社會產生了一種不致打亂秩序而又勇敢之前的穩步運動。美國人眷戀鄉鎮的原因，跟山區居民熱愛山山水水相同。他們覺得故鄉有一種明顯的和獨一無二的特色，有一種在其他地方都無法看到的特徵。」[9] 維沃強調：「生活在鄉下的人對於事物的秩序擁有一種更好的哲學上的順從意識。他不那麼容易因生與死的循環而感到不安，他煩躁的時候更少，在危機時期他表現得更加鎮定。與他的城市親戚相比，他擁有更加完整的人格。」[10] 由此可見，不管是來自法國的托克維爾，還是美國本土的柯克和維沃，對鄉鎮生活的一往情深乃是共同的特徵。

當然，美國的鄉鎮不僅在景色上非常美麗，土地非常豐饒，更是強大的和獨立的。熱愛自由和自然的美國人，在鄉鎮生活中得到了極大的滿足。托克維爾總結說：「他們關注自己的鄉鎮，原因是他們參與鄉鎮的管理；他們熱愛自己的鄉鎮，原因是他們必須珍惜自己的命運。他們在鄉鎮上投放了自己所有的包袱和未來，還讓鄉鎮發生的每一件事情於自己緊密相連。他們在有限的力所能及的範圍裡，嘗試著去管

9　托克維爾，《論美國的民主》，上卷第一部分第五章，42-47 頁。
10　維沃，《思想的後果》（江西人民出版社，2015），178 頁。

理社會，讓自己習慣於自由賴以實現的組織形式，若沒有這種形式，自由就只能依靠革命來實現。他們體會到這種組織形式的益處，產生了遵守秩序的志趣，明白了權力和諧的好處，最終對他們的義務的屬性和權利範圍形成了明確的和合乎實際的概念。」[11]

二、關愛地球與生態意識

高度技術化和商業化的社會，使得人越來越脫離自然和心靈，人與人之間的關係也變得越來越虛擬和膚淺。殷海光在其晚年轉向中國傳統文化，他在病逝之前強調：「回味以前的鄉居生活，才是人所應過的生活，這種生活給人帶來清新、寧靜、幽美、安然、自在──這才是人的生活，才是人所應過的生活，這種生活是產生中國文化的根源。」[12]

這種對於鄉土生活的留戀，乃是人心中不可遏制的傾向。此處，我們把超驗主義與自然主義結合在一起，強調在上帝所創造和保守的自然世界中尋求心靈的感應和升華，從而達到認識上帝、認識自己和認識自然之間優美的和諧。這樣就達到一種良性的愛的循環：「由人間的親情延伸到對大地的熱愛，大自然中的寧靜與定力又作為一種心靈的慰藉反饋於人間。」[13]

---

[11] 托克維爾，《論美國的民主》，上卷第一部分第五章，47-48 頁。
[12] 陳鼓應，《殷海光最後的話：春蠶吐絲》（臺北：環宇，1971 年），56 頁。
[13] 程虹，《尋歸荒野》，增訂版（北京：三聯書店，2014 年），19 頁。

三、治理全地與環保問題

在二十一世紀的今天，脫離土地和環保的神學，不僅僅是沒有任何價值的神學，更是對上帝所賜予我們的治理全地的管家使命的公開漠視和背叛。國家的首要關注就是「土地政策」。[14]

可惜，在基督教系統神學或教義神學中一直缺乏有關土地的教誨，唯獨當今美國重建神學巨擘魯斯德尼在其兩卷本的《系統神學》中用 61 頁的篇幅集中闡述了上帝關於土地的律法和旨意。[15] 可見，長期以來，基督教神學對於土地與環保問題是何等地無知和冷漠，對於農民、農村、農業這「三農」問題更是沒有任何特別的關注和思考。

自由派神學家嘲笑基要主義神學家幾百年來爲了一些聖經啓示中並不清晰的細枝末節之事在教會內部鬥來鬥去，相互吞咬，對於當今世界所面對的各種迫切問題卻是漠然置之，不知不覺在社會上喪失了基本的發言權。這是我們自以爲信仰比較保守的基督徒當深深地爲之悔改的。

美國南方注重土地、社群與敬虔的重農主義思想，反對極端的工業化和城市化對土地和生態環境的破壞，強調社群意識、有機農業、生態平衡、物種保護和健康飲食。其中的代表人物就是維沃（Richard Malcolm Weaver, Jr., 1910-1963）、[16]

---

14 艾爾伯特・杰伊・諾克，《我們的敵人：國家》，彭芬譯（南昌：江西人民出版社，2015年），64 頁。

15 R. J. Rushdoony, *Systematic Theology* (Vallecito, CA.: Ross House Books, 1994), pp. 957-1018.

16 主要英文著作有：*The Southern Tradition at Bay: A History of Postbellum Thought* (Washington, D. C.: Regenery Books, 1989)；*Ideas Have Consequences* (Chicago: The University of Chicago Press, [1948] 1984).

伯瑞（Wendell Berry, 1934-）。[17]

四、杰弗遜與重農主義

杰弗遜在《維州筆記》中明確了重農主義的主張。

杰斐遜反對發展大規模的國內製造業，認為只有農村生活才會有助於培養公民德行，使其適合自我治理。他寫到：「在土地上勞動的人們是上帝的選民——他們是『真正美德』的體現。」大規模的商業活動會造成無產階級的出現，這些人缺乏共和政體的公民所需的獨立性：「依賴性會誘使人們諂媚奉承、惟利是圖，扼殺美德之芽，並且供予人們滿足野心的合適工具。」「大城市的烏合之眾對於清廉政府的支持程度，和創痛對於人類體能的提升幅度一樣多，」他寫道，「一個人的舉止和心智是一個共和國家的活力泉源。任何這方面的墮落都是一種弊病，會很快地吞噬掉其法律與憲政的核心。」

[17] 作者主要英文著作有：*The Unsettling of America: Culture and Agriculture, Recollected Essays (San Francisco: Sierra Clun Books, 1977); Sex, Economy, Freedom, and Community: Eight Essays (New York and San Francisco: Pantheon Books, 1992); Life Is a Miracle: An Essay against Modern Superstition ? (Berkeley, CA: Counter Point, 2000); Citizenship Papers (Berkeley, CA: Counter Point, 2003); The way of Ignorance (Shoemaker & Hoard, 2005); Bring It to the Table: On Farming and Food (Berkeley, CA: Counter Point, 2009); What Are People For? (Berkeley, CA: Counter Point, 2010).* 研究伯瑞之思想的專著和文集有：Jason Peters, ed., Wendell Berry: *Life and Work* (The University of Kentucky, 2007); Fritz Oehlschlaeger, *The Achievement of Wendell Berry: The Hard History of Love* (Lexington, Kentucky: The University of Kentucky, 2011); Joel James Shuman & L. Roger Owens, eds., Wendell Berry and Religion: *Heaven's Earthly Life* (Lexington, Kentucky: The University of Kentucky, 2009); Kimberly K. Smith, *Wendell Berry and the Agrarian Tradition: A Common Grace* (Lawrence, Kansas: University Press of Kansas, 2003).

因此，是鼓勵國內大規模的工業生產，還是保持美國農耕生活的特質，這是美國剛剛創立時期前幾十年最密集討論的主題。雖然杰弗遜的農耕願景並沒有完全被採納，但是共和黨仍然是以他的經濟思想為基礎，其最基本的假設是：公共政策應當培養出自我治理所需的特質。[18]

五、維沃與美國南方文化

美國學者維沃，長期在芝加哥大學教授英語，是著名的思想史專家，也是美國著名的保守主義政治哲學家。維沃年輕時曾經傾向於社會主義，後來幡然醒悟，回歸文化保守主義的懷抱，後被稱為「美國南方文化博士」。維沃堅定不移地捍衛美國南方的精神傳統，特別是反對消費主義，提倡基督徒的騎士精神。在《困境中的美國南方傳統》一書中，維沃認為美國南方傳統有四大特徵：

1、**封建觀**。這種封建制是指美國南方以家庭為中心的土地所有制，維沃認為這種所有制為個人提供了人性所需要的穩定、責任、尊嚴和情感。有史以來，私有制通常都不是以個人所有制這種極端形式出現的，大多數時候私產私有尤其是土地是以家庭為基本單位的。聖經中以色列人在迦南地的分地是以家庭為單位的，在中國和西方歷史上也多是如此。這種以家庭為基本單位的土地私有制確保了家庭的穩定

18　邁克·桑德爾，《為什麼我們需要公共哲學：政治中的道德問題》，蔡惠仔、林詠心譯（臺北：麥田，2014 年），頁 24-25。

和繁衍，使得家庭本身成爲社會發展與文明進步的堡壘。

2、**騎士觀**。這種騎士精神來自歐洲中世紀的騎士制度，強調榮譽、忠誠、勇敢和禮貌，尤其是要保護那些不能保護自己的人，如寡婦、孩童、年長者等等。一個眞正的騎士絕不會誇誇其談，而是嚴格地要求自己，訓練自己，使自己確實有能力捍衛崇高的眞理和事業。眞正的騎士是爲名譽而活，爲榮耀而戰，敬畏上帝，保護教會。因此，眞正的騎士精神就是眞正的英雄精神，眞正的騎士就是那些勇於追求思想和道德領域中美麗、崇高事物的人。[19] 騎士精神的核心是美德，這種美德尤其體現在對他人的尊重上。因此，維沃分析說：「騎士精神的輝煌傳統所推崇的美德，就是要鄭重其事地承認其他存在物的權利，不管他們說地位低下者還是敵人。而現代的無條件投降規則既有違自然，頁有違人性，它要求一種對他人生命的無限處置的權利，從而驕橫地把人置於上帝的位置。騎士精神是人類基本的手足之情在現實中最典型的表現。建立人類共同體的前提條件，就是要求人們具有足夠的想像力去理解他者的生活，並具有足夠的虔敬心把他者也視作慈愛的造物的一部分。」[20]

3、**紳士觀**。眞正的紳士就是從不把痛苦加在別人身上的人。眞正的紳士總是關心別人，體貼別人的感受。他對局

19　See Jhan Huizinga, *The Autumn of the Middle Ages* (Chicago: University of Chicago Press, 1997)).
20　維沃，《思想的後果》，180 頁。

促不安的人溫柔相待，對孤僻古怪之人尊重憐憫。他在談話中始終不會唯我獨尊，獨占鰲頭，更不會對自己大談特談，除非是不得不然。他能夠以寬廣、仁厚之心去忍受別人的攻擊、誤解，不聽那些毀謗之語，更不會隨波逐流，背後議論他人的是非。他總是與人為善，以最大的善意來理解別人的言行。在與別人爭論的時候，他始終是彬彬有禮，不會說出尖酸刻薄之話，更不會對別人進行人身攻擊。他深思明辨，注意學習先聖先賢的教訓，對於宗教、哲學和藝術有著極大的興趣和追求。他既能堅持自己的原則，也能真誠地理解、甚至欣賞敵對方的立場和優勢。這樣的紳士精神集中體現在對女性的尊重上，並且這種尊重是發自內心，自然而然。

當然，對於維沃而言，理想的人格並不是紳士，而是哲學家，哲學家的特徵就是「處於事物的中心位置，因為他掌握了基本原理。而那些只掌握事實和技巧的人們則處於較低的層次」。[21] 可惜，隨著對形而上學和神學的拋棄，這樣的哲學家在社會中喪失了「哲學王」的地位。在宗教和神學喪失了權威之後，紳士成為其次好的人格類型：「他是一名理想主義者，儘管他的理想主義缺乏最深層的基礎。他被培養成一種遵循自我克制原則的人，他接受的教育讓他能夠抵制利益誘惑。他絕對是一個有情操的人，他拒絕以物質為根基的唯物主義，拒絕自我膨脹。」[22] 這種紳士具有高度的道德自律，但他的自律是「一種喪失了精神源泉的自律」。[23] 無論如

21　維沃，《思想的後果》，55 頁。
22　維沃，《思想的後果》，56 頁。
23　維沃，《思想的後果》，57 頁。

何，哲學家和紳士都注重最高的知識，就是人與上帝、人於人之間的關係的知識。

令人遺憾的是，隨著以唯物主義為核心特徵的現代主義的盛行，在歐美各國，特別是第一次和第二次世界大戰之後，紳士型的人格紛紛被政客們、企業家和專家型的知識分子取代。政客們對於上帝缺乏哲學家當有的敬畏之心，也沒有紳士具有的崇高的道德的自律，他們不過是興風作浪、爭權奪利的歹徒而已。企業家之所以在社會中取得越來約顯赫的地位，無非是因為他們獲得了物質上的成功，也能夠把他們用各種手段賺取的錢財施捨給他們所喜歡的個人和事業。現代的知識分子喪失了哲學思考的能力，維沃說他們「就像是一個醉漢，他感到自己失去了平衡，所以努力想抓住一些堅實可靠的細節來站穩腳跟，於是就表現出一種實證性和武斷性。由於他身邊的世界變得起伏不定，這時候他只能抓住任何出現在他眼前的東西。所以，科學家失去了對於終極實在的信念，更加執迷於他所發現的事實，希望能從那些客觀可證實的事情上獲得救贖。」[24]

這些知識分子沉迷於所謂的「事實性細節」，拜倒在「外在現實」面前，卻遠離了那些「基本原理」，最後陷入各種形式的「沉迷」之中：「用一種無關疼癢的掛念代替了一種令人感到痛苦的觀念。沉迷者一味地迴避那些會導致傷痛的事物。⋯⋯對於現代的自我中心主義者而言，讓他承認存在一種責任的中心，這是最令他痛苦的事情。他拒不正視

---

[24] 維沃，《思想的後果》，60頁。

這個問題，把自己的注意力轉向那些最瑣碎的事物上。經驗主義者看似有說服力，因為他假設對於細微事物的準確描述可以為對於較大事物的有效判斷提供基礎，然而事實上，人們沒能作出任何判斷，那些一身學究氣的經驗主義者為自己劃定了一塊小地盤，把自己淹沒在瑣碎的現象中，幻想著只要保持對現象的真實描述，他就不去研究更寬廣的實在的特徵了（就科學領域而言），就不必去思考是否存在不同於物質的實在了。」[25] 這些知識分子成為各個方面的技術專家，他們狂妄地否定上帝的存在，當然也不承認任何上帝設立的具有絕對性、普遍性和永恆性的道德與價值法則的存在，他們與那些唯利是圖的工商業組織互相利用，再配備上現代政治官僚制度，「在這樣的制度安排下，國家不僅僅將它的公民去人性化，還將他們都轉變成了罪犯。」[26]

維沃指出，要重建西方文明，首先必須認識到專業工作者的醜陋，然後轉向具有使命感和責任感的紳士人格類型，最後轉向注重基本原理和整全思想的哲學家人格類型，這就是他所說的三個階段的發現：「我們發現專業工作者在我們眼中已經變成了擁有哲學靈魂的人。然後我們發現自己開始欣賞紳士所具有的那種沉穩內斂，這是第二個階段。藉著我們思考紳士的本性，這樣一來我們的目光馬上會投到哲學博士的方向，因為後者具有更深刻的人格整全性。」[27]

25 維沃，《思想的後果》，61-62 頁。
26 維沃，《思想的後果》，66 頁。
27 維沃，《思想的後果》，70 頁。

4、信仰觀。維沃認爲美國南方的宗教信仰有其自己的特色，就是尊重傳統和自然，認爲外在的科學和技術的進步並不能拯救任何人，因爲人生來就是罪人，需要的是上帝的救贖。維沃自己在信仰上並沒有嚴格地按照聖經中的吩咐去行，但他對基督教傳統表示敬佩和欽慕，認爲敬畏上帝、尊重聖經乃是社會穩定的根基。[28] 中世紀的騎士理想衍生出紳士觀念，柯克認同柏克的說法，而歐洲文明就是由兩大力量來維繫的，一是基督教信仰，二是紳士精神。[29] 眞正的「紳士」關鍵不是憑家庭出身和財富狀況，當然也不是排除出身和財富，而是「憑出身、風尚、成就、品格和社會條件超越於大衆之上」。[30]

維沃最深刻的著述是《思想的後果》。作者強調這本書寫於第二次世界大戰之後，有意識地對於戰爭所造成的巨大破壞作出了深刻的反思，從哲學的角度指出了西方文明危機與解體的原因就在於「對標準和價值的信念的衰微」。[31] 現代人所崇拜的是大衆和速度，道德與價值標準不斷下降，文明的品質也在不斷下降，人們甚至成了「道德上的白痴」。[32] 在這本書中，維沃分析、批判了十四世紀開始盛行、以奧卡姆爲代表的唯名論哲學。簡言之，唯名論認爲共相是不眞實的，不存在的，就是有名無實，唯獨殊相才眞實存在。唯名

---

[28] See Richard M. Weaver, *The Southern Tradition at Bay: A History of Postbellum Thought* (Washington, D. C.: Regenery Books, 1989).

[29] 柯克，《美國秩序的根基》，211 頁。

[30] 柯克，《美國秩序的根基》，331 頁。

[31] Richard M. Weaver, *Ideas Have Consequences* (Chicago: The University of Chicago Press, [1948] 1984), Foreword, v.

[32] Richard M. Weaver, *Ideas Have Consequences*, p. 1.

論哲學造成對普遍性眞理的否定，人人都成爲「自己的祭司和倫理學教授，結果就是無政府狀態，這種無政府狀態甚至威脅到政治共同體存在必不可少的最基本的價值共識」。[33] 更進一步的謊言就是許多人開始提倡，「如果人放棄對超驗者的信仰，就能夠更完全地實現自己。」[34] 問題的根本就在於「到底是否存在一個比人更高級、並且獨立於人之外的眞理的泉源？對於這一問題的回答，決定了人對於自然和人的命運的看法。」[35]

值得深思的是，唯名論者實際上拋棄了人的理性或心智所能感受到的超驗性的實體，使人轉向感官所能感覺到的實體，使整個人類文化轉向經驗論之路，徹底否定了超驗者的存在，最終也否定了眞理的存在，所導致的結論自然就是本源與權威上的理性主義、標準與價值上的相對主義。維沃甚至認爲這種價值上的紊亂和失序幾乎就是《馬太福音》中所說的空前絕後的「大災難」。這是值得我們深思的。因此，我們在哲學導向上採取批判性唯實論的立場，強調世界上不僅存在著感官去感知的實體，也存在著用理智去感受的實體。在基督教信仰上，我們不僅強調經歷性的體驗和滿足，也強調理智性的沉思和喜樂。

33 Richard M. Weaver, *Ideas Have Consequences*, p. 2.
34 Richard M. Weaver, *Ideas Have Consequences*, p. 3.
35 Richard M. Weaver, *Ideas Have Consequences*, p. 3.

六、農民先知伯瑞

伯瑞被稱為「農民先知」，他不僅撰寫了大量的著作，是著名的「環保作家」，也是嚴肅的文化批評者，反對現代化農業，強調環保危機在本質上就是農業危機。他堅持親自務農，認為田園生活乃是世界文明的根基和精髓。[36]

伯瑞竭力關注和闡釋他所珍惜的美好生活，這種生活包括可持續發展的農業、適宜的技術、健康的鄉村社區、鄉土的連接、以有機食物為主的美食、地方經濟的發展、人與人之間彼此的忠誠、生活的簡樸、對生命的敬畏等。他認為對這種美好生活造成威脅的是工業化的農業以及生活的工業化、無知、貪婪、傲慢、對他人和自然界施暴、土壤表層的侵蝕、環境的破壞等等。他強調對於當今社會的問題應當進行「範式性解決」，應竭力尋找解決多重問題的方案，同時儘量避免引發新的問題。

伯瑞認為自己嚴肅地對待福音，堅持良心的立場，他批評基督徒組織在環保問題上沒有挑戰流行的文化，指責某些基督徒的傲慢與狹窄，主張基督徒和平主義，反對戰爭。[37]

---

[36] See Wendell Berry, *The Unsettling of America: Culture & Agriculture* (San Francisco: Sierra Club Books, 1977); *Sex, Economy, Freedom & Community* (New York and San Francisco: Panrhon Books, 1992); T*he Way of Ignorance* (Shoemaker & Hoard, 2005); *Bring It to the Table: On Farming and Food* (Berkeley, CA: Counterpoint, 2009); *What Matters? Ecomics for a Renewed Commonwealth* (Berkeley, CA: Counterpoint, 2010).

[37] See Joel James Shuman and L. Roger Owens, eds. *Wendell Berry and Religion: Heaven's Earthly Life* (Lexington, Kentucky: The University Press of Kentucky, 2009); Kimberly K. Smith, *Wendell Berry and the Agrarian Tradition: A Common Grace* (Lawrence, Kansas: The University Press of Kansas, 2003); J. Matthew Nozo and Michael R. Stevens, *Wendell Berry and the Cultivation of Life*（Grand Rapids: Brazos Press, 2008）.

七、重農主義與清教徒神學

美國重農主義的發展直接受到美國清教徒神學的影響。首先，清教徒神學注重上帝的創造，強調受造界在本質上是美好的，是上帝手中的傑作。

雖然清教徒神學強調人性的敗壞，但是也同時強調上帝在耶穌基督裡的救贖大恩和聖靈的大能大力。尤其重要的是，美國清教徒深信北美殖民地就是上帝賜予他們的應許之地，他們離開英國就像當初的以色列人出埃及一樣，上帝的旨意就是讓他們在北美這片肥沃的土地上建造「發光的山巔之城」。清教徒神學家溫洛普明確地說：「整個大地就是上帝的花園。」[38]

因此，當初移民北美的清教徒們具有強烈的明確的治理全地的使命感，定志要在北美這塊蠻荒之地上建立敬畏上帝的聖約共同體，使每個人都能夠得享造物主賜予的生命、自由和追求幸福的權利。《美麗的阿美利加》，或稱《美麗的美利堅》、《美哉美國》，這首美國傳統的愛國歌曲所抒發的就是清教徒對於北美大地的一往情深以及對於上帝恩眷的無限感恩。第一段及其合唱的歌詞如下：「啊！美麗的遼闊山川，一片金色麥浪。在富饒的平原之上，聳立莊嚴山崗。阿美利加！阿美利加！上帝施恩於你，弟兄情誼，高貴無比，橫貫東西海洋！」此處首先強調的是田園風光，而這種田園風光來自上帝的賜福，並由弟兄情誼來捍衛。

---

[38]　See Paul B. Thompson and Thomas C. Hilde, eds., *The Agrarian Roots of Pragmatism* (Nashville: Vanderbilt University Press, 2000), p. 82.

八、環保倫理與自然文學

人類發展史上最荒誕的一個現象就是：我們越來越不注重食物和食物的生產！不管我們的技術如何發達，我們的食物卻越來越不安全，充滿了各種添加劑、激素、重金屬等損壞身體健康的成分。

中國幾十年的重工業發展，更是使得大部分地區看不到清澈的河流！空氣的污染、土地的污染、水資源的污染愈演愈烈，「癌症村」到處出現！我們為了獲取更多的貨幣符號不惜毀壞、污染了我們周圍的環境。對於這種喪心病狂的現象，基督徒身為上帝的管家、大地的主人卻毫不關注，這難道不是我們的無知和羞辱嗎？我們必須在文化使命的根基上發展環保倫理，增進環保意識，防範人心的敗壞，遏制貪欲的放縱，欣賞大自然的美麗，保護自然環境，使得上帝托付我們管理的世界更加美麗宜人。

這種對於自然、土地和荒野的一往情深，在文學上就是自然或荒野文學，在美國尤其盛行，被稱之為「美國自然文學」。[39] 其中，中國讀者比較熟悉的作者乃是愛默生和梭羅，尤其是後者所著的《瓦爾登湖》，其中所描述的那種自然的情趣、獨居的閑逸、生活的簡樸為許多中國人所熟悉和喜愛。[40] 災難深重的中國教會習慣了受苦和殉道，我們確實很

39　參考程虹，《尋歸荒野》（北京：三聯，2014 年）；孟憲平，《荒野圖景與美國文明》（杭州：浙江大學出版社，2013 年）。

40　愛默生，《論自然．美國學者》。趙一凡譯（北京：三聯，2015 年）；《愛默生的極簡智慧》，哲空空編譯（北京：時代華文書局，2015 年）。梭羅，《瓦爾登湖》，王光林譯（武漢：長江文藝出版社，2011 年）；《種子的信仰：梭羅獻給自然的生命詩歌》，陳義仁譯（臺北：果力文化，2017 年）。

難體會到基督教文明之下那種在流奶與蜜之地自由生活的安逸和甜美，懇求上帝特別憐憫引領，使得中國教會早日脫離幾千年來偶像崇拜所導致的專制與貧窮之苦。

第九章

社群主義與基督徒生命共同體

人是位格性的存有，具有來自上帝賜給的不可剝奪生命、自由與追求幸福的權利。但是，我們必須清醒地認識到，不管是生命的存續、自由和發揮，還是幸福的追求，都離不開一定的群體。

一、保守主義與社群主義

　　斯克魯頓在談及美國保守主義的時候甚至強調：「對保守主義思想最重要的促動就是維持熟人圈、信靠社群長期依賴的東西的那種渴慕。正如其名，保守主義努力要保守的就是我們所擁有的社群……確保我們所在的社群的長期生存。」[1] 尼布爾指出：「對於人的社會生活的各種需求而言，不管是個人主義還是集體主義，都是不公正的。這種一半真理與一半真理之間的衝突使得文明社會四分五裂，以致於野蠻人能夠在這種社會內部的衝突中或是與個人主義結盟，或是與集體主義臨時結盟。」[2]

　　極端個人主義導致的是那種拔一毛利天下卻不作為，極端集體主義導致的就是史達林、毛澤東式的極端專制。社群主義就是在個人主義和集體主義、個人利益與公共利益之間

---

[1]　Roger Scruton, *Conservatism: An Invitation to the Great Tradition* (New York: Horsell's Morsels Lit., 2017), p. 12.

[2]　Reinhold Niebuhr, *The Children of Light and the Children of Darkness*, p. 6.

的一種平衡，既充分尊重人的個體性，也充分顧及到人的社會性。泰勒分析說，集體主義接受人的社會性關係這一現實，因此，集體主義比個人主義更加接近真理。但是，集體主義把人的社會性予以神化，誤解了社會關係的內在框架。個人主義強調的是個體之人的主體性，卻否認了人的社會性。[3] 從杜伊維爾所提倡的人生十五大方面來看，這種社會性與個體性是人生經歷中不可缺少的兩個方面，不可片面強調。我們既需要重視人的社會性，也需要始終保持人的個體性，歷史的發展就是人的這種社會性與個人性的更大程度的和諧與成全。

此處我們強調合乎聖經的社群主義，這種社群主義把教會本身視爲「教會共同體」，強調《使徒信經》所認信的「我信聖靈，我信聖而公之教會，我信聖徒相通」。根據沃格林的考察，在羅馬帝國時期，在異教的汪洋大海之中，各個地方教會形成了「由基督教民族構成的一個個孤島式組織」。[4] 這些孤島爲分散的基督徒提供了群體生活。當然，非常重要的是，不管我們如何強調社群或生命共同體，我們必須時時牢記，從本體的角度而言，個人始終首先是個體性的存有，而不是社會性的存有，個人先於群體，而不是群體先於個人。在這一點上，馬克思所提倡的集體主義與亞里斯多德對城邦的強調是一致的，但聖經啟示和西方基督教文明的正傳則是更加強調個人作爲主體的優先性，[5] 也是我們在本書中反

---

[3] Taylor, *The Christian Philosophy*, p. 328.

[4] 沃格林，《中世紀（致阿奎那）》，150-150 頁。

[5] See Aristotle, *Politics*, trans. Ernest Barker, revised with an Introduction and Notes by R. F. Stalley (Oxford University Press, 2009), xxx-xxxi.

復強調的。

　　社群主義是個人本位與社會本位或共同體本位的和諧。

二、個人位格的尊嚴

　　上帝是完全的上帝，上帝對於我們的旨意也是希望我們
達到完全。這種完全是具有獨立的位格之個人的完全，當然
這種完全是在上帝之下、在社會之中，但其主體仍然是獨立
的個體之人。我們始終強調個人具有不可取代、不可化約的
尊嚴和價值。

　　人的這種位格性在於三大方面：（1）個人受造具有上
帝的形像，他們在上帝面前人人平等，每個人都具有獨立思
考和抉擇的能力，都當為自己的言行承擔責任；（2）人人
都從上帝領受了生命、自由與追求幸福的權利，都有來自上
帝賜給的榮耀尊貴為冠冕，人不能總是以被動的受害者的形
像出現，必須主動地承擔起自己的責任，為真理和自由而爭
戰；（3）人人都在身體和靈魂兩大方面具有成長的潛質，
家庭、教會、國家等社群應當致力於幫助每個人得到最大程
度的發展和實現，成為更優秀的人。個人的這種「位格」也
常常被稱為「人格」，即人之所以為人必有的尊嚴、權利和
機會，當然這種「位格性」的根基在於人受造有上帝的形
像，尤其是具有理性，能夠獨立進行思考和判斷。我們必須
承認，「社會生存的源初以及本質之目的，是為了保存、發
展及完善人之位格。」[6] 因此，從邏輯秩序上來看，個人不是

6　吳經雄，《正義之源泉》，211 頁。

爲群體存在的，群體是爲個人存在的，而群體的功用就是使個人得到最大程度的實現和幸福。

約翰·麥科姆利在 1953 年蘇格蘭格拉斯哥大學吉福德講座中指出，「把國家神化的傾向」導致的就是「位格的危機」：「我們時代的文化危機是位格的危機。爲了說明我所說的這種位格危機到底是什麼意思，我只需要談及目前處境的兩大方面……一個方面是神化國家的傾向，另外一個方面是宗教的衰微。這兩大方面是密切聯繫在一起的，因爲兩者表達的都是一種日益增長的傾向，就是向政治權威而不是向宗教權威尋求拯救。日益增長的訴諸權威這種傾向本身就反映了一種日益增長的無能或不願意承擔個人性的責任。政治權威的神化涉及到的是把人生的位格性方面降伏在功能性方面之下。我們時代的主要革命都佩戴著這樣的塗裝，不管是法西斯主義者的塗裝，還是共產主義者的塗裝，在類型上都是如此。要抵擋法西斯主義者和共產主義者造成的死亡，各種類型的民主所提出的理論都是同出一徹，就是都以犧牲個人價值的哲學爲理據，這樣就爲了政治上的緊急狀況和經濟上的臨時方便而犧牲了個人的自由。在這個層次上，位格的危機就是自由主義的危機，自由主義致力於把社會中功能性的組織降伏在其成員的個人的生活之下，儘管他們的努力常常是模糊不清。……共產主義批判自由民主，認爲自由主義自我矛盾。自由主義在理論上強調人的自由，而在行動上所捍衛的則是人對人的剝削。共產主義要解決這一矛盾，方式就是廢除剝削，在社會實踐中實現人的自由。共產主義者聲稱要建立這種形式的社會：要以對物的管理取代對人的統治。但是，我們看到，共產主義本身的實踐打敗了其所聲稱

的意圖，導致的就是國家的神化，以及對其公民進行的有組織的高效率的剝削。在共產主義者的實踐中，人的位格性都降伏在功能性之下，以致於對人之位格的捍衛變成了刑事犯罪活動。」[7]

聖經啓示與改革宗神學不僅強調上帝的主權，也旗幟鮮明地強調個人作爲位格性的存有所具有的人權。因此，根據吳經熊的考察，根植於基督教的普通法明確強調：「有一個對人之高貴理念即認知位格觀，將人之生命與自由、理性與社會性設定爲最高價值觀。」[8]吳經熊在分析現代哲學與法理學之問題的時候強調，「未將人格與人性之整全作爲其之理想，只是將抽象個體作爲其規範對象；而這種最爲單薄的人之『一副皮囊』，最易爲『經濟人』這種模式所塑造。這種『經濟人』模式，一方面使工業成爲龍頭，另一方面則僅僅是社會機器之齒輪罷了。這個世界已被劃分爲以個體至上之功利主義與以社會公益爲上的功利主義者了——而這兩者的核心都是以物質主義爲人生哲學，這種法理學在實證主義那裡找到了其自身之表達。」[9]這種「經濟人」也是杜伊維爾所批判的，不受任何限制的資本主義最終所造成的，就是對於數字化的利潤之無限追求，他稱之爲「絕對的個人主義式的『經濟人』偶像崇拜」。[10]

社會本身並不是一個具有實質性的整體，除了個體命運（destiny of individuals），並沒有一個總體的命運。上帝並沒

<hr>

[7] John Macmurray, *The Self as Agent*, trans. Stanley M. Harrison (New Jersey and London: Humanities Press International, Inc., 1957), p. 29.

[8] 吳經熊，《正義之源泉》，154 頁。

[9] 吳經熊，《正義之源泉》，287 頁。

[10] Dooyeweerd, *The New Critique of Theoretical Thought*, Vol. II, p. 361.

有給國家或者其他的社會團體指派任何獨立與個人之外的目的，它們存在的目的就是要服務個體之人。社會並不是一個有機體，也沒有在實質上構成一個整體；一個民族或一個國家也不擁有自己獨立存在的靈魂，吳經熊強調：「終極的本體，乃是人、單個之位格。」[11]「社會是一個組織而非一個有機體，且這個組織是爲了活生生的人而存在，而非人爲這個集體而生。」[12]

目前西方社會中盛行的極端個人主義並不合乎上帝的旨意。當然邪惡的共產主義和社會主義所主張的則是消除個人主體性的集體主義。這種集體主義最後導致的就是權力逐漸向國家集中，造成各種形式的威權主義與極權主義。合乎聖經的對於個人的界定是位格主義與社群主義，就是強調個人與群體之權益與發展的平衡。只有在共同合作的社會和群體中，個人的才能逐得以發揮和成全，個人的幸福才能得到達成和保障。

彼得‧杜拉克在分析第一次與第二次世界大戰期間歐洲教會困境時強調，教會的失敗之處就是針對資本主義與社會主義的雙重挑戰，教會「無法發展出任何與個人信仰相對應的社會或政治信條」。[13] 教會關注的只是個人性的救贖，對於社會問題雖有批判，卻拿不出替代性的方案：「人沒有替代的辦法，你拿什麼跟人對抗？」在這種情況下，哪怕信徒的人數上在社會中仍然占有優勢，也不再能夠發揮中流砥柱、力挽狂瀾的作用。彼得‧杜拉克直接指出：「一個儘管在信

11　吳經熊，《正義之源泉》，67頁。
12　吳經熊，《正義之源泉》，289頁。
13　彼得‧杜拉克，《經濟人的末日》，52頁。

徒的質量上均占優勢卻只能帶給他們個人信仰和個人滿足的基督教教會，就不再是完整的教會了——至少就歐洲人對『教會』一詞的認知來看是如此。她已經失去作爲宇宙理性秩序的基礎所必需的特質，也無法承認：過去曾驅逐許多惡魔或將之理性化的基督教，對於這個時代、這個社會爲之苦惱萬分的惡魔，卻是無能爲力。」

目前改革宗神學的問題在於：許多人用救恩論取代了教會論！結果，「信耶穌，升天堂」這樣的宗教口號喊得震天響，而教會本身作爲一個信仰群體的建造及其作用則是越來越缺乏重視，在華人基督徒中更是如此。用史密斯的話來說就是：「如果我們只用加爾文主義來指著以 TULIP 爲架構的救恩論——即只關注個人靈魂（『選民』）的得救——那麼我們承認，連浸信會也會採用這種救恩論立場就沒有什麼可奇怪的了。」[14] 改革宗的救恩論絕不能偏離教會論，更不能離開文化使命：「從一開始，改革宗傳統就強調，上帝解決人類問題的基本單元，不是單個的人，而是一群人。上帝（這位聖父、聖子、聖靈的三一眞神本身就是一種愛的團契）創造世界，不是爲要產生一批孤立的個體，或者一些自我封閉、各自分離的社會原子，只是各自在垂直方向上與上帝建立關係。從萬物受造之始，上帝就創造了一個族群，這一點從上帝創造兩性這一事實即可反映出來。上帝創造人類之初，即是創造了亞當和夏娃這對夫妻。」[15] 上帝的救贖也是以社群爲導向的，可以說福音一直是社群性的福音。因此，史

---

[14] 史密斯，《致年輕加爾文主義者的信》，李晉、馬麗譯（上海：三聯書店，2014 年），79 頁。
[15] 史密斯，《致年輕加爾文主義者的信》，83-84 頁。

密斯強調：「上帝不僅僅關係個人靈魂的得救，祂更關係一個國度的建造，祂呼召和新造一群百姓，使這些子民脫離個體性的存在，因為那樣的存在不是一個族群。上帝關注個人靈魂得救的唯一原因，是祂要建立天國的子民。」我們甚至可以說，上帝透過救贖所要建立的就是「一群新的子民」，而改革宗傳統所強調的就是上帝與受造物的關係是「以族群為中心」的。「選民」本身就不是一個個體性的概念，而是「被揀選的民族」。

我們在雅和博經學中不僅提供了重建社會和秩序的根基與藍圖，也明確強調建立以上帝為中心、以耶穌基督為救主、以上帝所啟示的約法為藍圖的基督徒社群。但是，我們一定要明確，任何時候我們都不可強調個人無條件地順服社會或群體，因為唯獨上帝才配得這樣的順服，而社會和群體存在的目的在於促進和保障每個個人的權益和幸福，因此社會與群體的「善」建立在個人的「善」的基礎上，社會與群體的秩序也建立在個人靈魂的秩序的基礎上。這種個人與社會、群體、國家的融合乃是聖經啟示合乎「中道」的真理。

三、三大生命性的社群

極端個人自由主義片面強調個人的權利和幸福，逐漸偏離上帝為人設置的三大生命性的社群：首先偏離以上帝為中心的教會，其次偏離以婚姻為基本的家庭，第三是偏離以國家為疆界的社會。我們強調重新建造家庭、教會和國家這三大生命性的聖約共同體。

當然，這三大群體並不是「自在之物」，更不是「有機

組織」，我們不能用這些法律上虛擬的「集體人格」來吞噬似乎不那麼重要的個人。[16] 但是，我們必須承認，正如加拿大管理學大師亨利‧明茨伯格所強調的那樣：「如果沒有一個更廣闊的社會系統，人們就無法施展自己的才能。」社群「就像一種社會粘合劑，把我們凝聚在一起，共同追求更大的利益。」[17] 沃格林強調，完整的「存在共同體」是由上帝、個人、世界和社會四大部分組成的，他們之間具有不可分割的夥伴關係，成為一種「四元結構的共同體」。[18] 因此，我們稱其為「生命性的共同體」。在一個充滿活力的社群中，大家彼此之間相互信任、彼此忠誠、精誠合作，每個人都覺得自己在參與一種非凡的神聖的事業，彼此之間能夠彼此相愛，互相成全，發揮一種整體遠遠大於部分之綜合的作用。他們的工作熱情和巨大成就也會使這個社群成為一塊磁石，深深地吸引更多參與這樣的社群。

在本書第四卷第七頌，我們用十六個字來集中概括聖經中所啟示的這種敬虔生活的特徵，也就是我們在第七頌所說的「聖經總綱要」：「敬畏上帝，信靠基督；愛主愛人，守約守法。」這十六個字不僅強調上帝所啟示的「聖約」與「律法」，更重要的是，透過在基督裡「愛主」與「愛人」，我們突顯在愛中上帝與個人的合一、個人與群體的合一、信仰與制度的合一。這就使得我們能夠擺脫啟蒙運動以來極端

---

[16] Thomas Gilby, *Between Community and Society* (London: Longmans, 1953), p. 114.

[17] 轉引自勞倫斯‧弗里德曼，《戰略：一部歷史》，王堅、馬娟娟譯（北京：社會科學文獻出版社，2016 年），下冊，741 頁。

[18] 沃格林，《秩序與歷史‧以色列與啟示》，卷一，霍偉岸、葉穎譯（南京：譯林出版社，2010 年），40 頁。

的個人主義所造成的那種使人彼此隔絕、互不連結的「原子化」的人生，建立在基督裡彼此相愛的聖約共同體（家庭、教會、學校等），這是雅和博經學所特別強調的。[19] 正如中國大陸學者崇明所言：「加爾文主義強調個體與上帝的聖約；在這個聖約基礎上，每個人都要參與秩序的建構，每個人都是平等的。在這個平等的基礎之上去建構新的秩序，這是現代民主的基礎。」[20]

因此，我們需要的並不是自上而下的國家以暴力或法律手段推動的政治改革，甚至也不需要自下而上的轟轟烈烈的群眾運動，關鍵還是來自個人的自願性的參與、來自社會的自發性的行動。要建立基督教國家和文明，我們必須擺脫被動性、依靠性的奴才心理，要自覺地發揮主人公和管家意識，建立以上帝所啟示的超越性的天國秩序為藍圖的新型社群，最起碼每個人都可以從自己開始，從自己的家庭開始，這是人人都能做到的。

四、地方性與自發性社群的重要性

基督教所提倡的這種注重聖約群體的「社群主義」，不同於中國傳統文化所強調的國家、民族與家族至上的集體主義，更不同於邪惡的共產主義所強制推行的那種無法無天、政黨專制的集體主義，而是在上帝及其約法之下，信靠基

---

19 Rusas John Rushdoony, *The Institutes of Biblical Law* (Philipsburg, New Jersey: The Presbyterian and Reformed Publishing Company, 1983), p. 250.
20 崇明，「基督教與現代政治」，微信芥菜種 mustard，2018 年 4 月 9 日。

督、彼此相愛的「社群主義」：首先要敬畏上帝的主權，其次是尊重個人的尊嚴和責任，然後在自願原則下結合爲家庭、教會、國家等自願性、制度性的社群，透過這些地方性、自發性的社群進一步促進個人的尊嚴和幸福。

透過強調這種地方性與制度性的聖約共同體的建造，雅和博經學繼承歐美保守主義文化傳統的精髓，就是「只有在地方性的群體中，人才能養成愛的習慣。」[21] 牧師和哲學家的工作就是塑造人的靈魂，使其「在經驗上透過靈魂的習慣形成」使其理論理性從潛在經過活動而走向成熟與實現，[22]形成聖徒的品格。只有這種聖徒的卓越的品格才能抵擋大眾的平庸，建立或更新周圍的生命共同體，使得社會和文化避免走向解體與崩潰。羅伯特・尼斯百特（Robert Alexander Nisbet, 1913-1996）在第二次世界大戰之後就指出，以工業化和高科技爲特徵的現代社會的一大問題，就是傳統社群與社區的破碎，極端個人主義否定人對社群的需要，使得社會中的中間組織不斷萎縮，個人根本無法抗衡國家權利的不斷集中和擴大。[23]

因此，「社群主義重新成爲一種值得深思和強調的選項。」[24] 針對個人主義和物質主義造成的自我中心主義，維沃分析說：「一個人想要過某種程度上的美好生活，就必須

---

[21] Bruce Frohnen, *Virtue and the Promise of Conservatism* (Lawrence, Kansas: University Press of Kansas, 1993), P. 36.

[22] 埃里克・沃格林，《秩序與歷史》，卷三，《柏拉圖與亞里斯多德》，劉曙輝譯（南京：譯林出版社，2014 年），400 頁。

[23] Robert Nisbet, *The Quest for Community* (New York: Oxford University Press, [1953] 1969).

[24] See Robert Nisbet, *The Quest for Community* (Willmington, Delware: ISI Books, 2010). 俞可平，《社群主義》（北京：東方出版社，2015 年）。

依賴某種組織，而自我中心主義的盛行使得這樣的組織難以維繫。當它把自我擺在第一位的時候，他將得到一次戴甲參眾的勝利。唯一可以讓他持續受益的方法，就是要把他放到一個社會體系中，讓他從中獲得機會和能力。如果把自我中心的欲求放在第一位，這種體系就是不可能存在的。鼠目寸光只能摧毀這個體系的支撐架構。所以，那種不關係根本性實在、只關心滿足預言的濫情的人道主義是在破壞這個社會。」[25] 要解決民族矛盾和種族歧視，僅僅靠經濟補償和政治儀式並不能化解人內心的怨恨，只有訴諸在基督裡的認罪悔改才能有真正的內心的平安。因此，泰勒指出：「種族事務無法透過立法或槍矛解決。只有時間、忍耐和基督般的饒恕以及直接捲入之人的彼此理解才能解決。軍事力量無法取代說服。」[26] 泰勒呼籲：「義不容辭的是，全世界的基督徒都當設立他們自己的全日制學校、報紙、商業和勞工組織、銀行與政黨，從中嚴肅地對待基督的王權問題。」[27]

這種社群主義強調三大方面：社會中存在著不受國家權力支配的、民間社團自由活動的空間，這是公民社會的最低要求；整個社會可以透過民間社團自我組織、自我協調，不需要借助國家權力的干預；民間社團能夠影響和參與決定國家的政策。在這種公民社會中，社會是外在於政治而存在的，政治只不過是社會生活的一個方面，但絕不是壓倒性、轄制性的方面，而是服務性、保護性的層面。社會具有極大

25 維沃，《思想的後果》，79 頁。
26 Taylor, *The Christian Philosophy*, p. 307.
27 Taylor, *The Christian Philosophy*, p. 309.

的複雜性，人生價值也具有多元性，我們不能透過國家來滿足個人與社會各個方面的需要。公民爲了實現自己的「美好人生」，可以自發地建立或參與各式各樣的社團、組織、企業和機構，爲實現不同的目的而自發自由地結合起來，實現人生本有的社會性，同時學習參與公共事務。

這些團體在國家之中，但不屬國家，各有它們獨立的地位和功能。[28] 這種對制度性和地方性群體的強調，也使得雅和博經學從根本上擺脫了中國儒道釋和西方人本主義的抽象，使人把注意力集中到具體的對個人美德的培養和公共利益的關懷上。正如易中天在其講學中所強調的那樣，中國目前所需要的不是轟轟烈烈的「運動」，而是踏踏實實的「養成」，就是良習與美德的培養！不管我們怎樣強調教義和律法，不管我們怎樣注重傳福音和各樣事工，如果沒有促進基督徒在各樣屬靈的美德上有長進，那麼我們所做的一切就都是草木禾稭的工程，經受不住烈火的考驗。

五、個人的實現與群體的建造

我們既要注重個人的實現，就是使每個人都能實現上帝賜給他的潛能和權利，享受上帝賜給每個人的那種榮耀和尊貴；也要注重群體的建造，就是基督徒生命共同體的發展。

作爲社會性的動物，人類的繁衍需要一個由他人組成的社會，個人的實現和意義也是在這樣的社會中才能達到的。

---

[28]　參考陳弘毅，《中國傳統文化與現代民主憲政》（香港：商務印書館，2013 年），270-273 頁。

尤其是在人類的最早期，個人對他人，特別是對父母維繫著一種強烈而安全的依附感。各種實驗和調查也表明，有安全依賴感的孩子在學校表現得更好，能夠更好地承受壓力，在人生中取得更大的成功，也能與他人形成比較良好的關係。在《社會動物》一書中，作者布魯克斯談及一名奧地利醫生的故事。這位醫生在 1945 年拜訪過一所美國孤兒院。那所孤兒院一塵不染，護理人員齊備，孤兒們得到了很好的照顧。但是，該孤兒院有一項政策，即整天將孤兒們隔離安置，不去接觸他們，以便減少感染疾病的風險。床單懸掛於嬰兒們之間以阻止細菌傳播，也進一步阻止了眼睛受感染和刺激。結果呢？近百分之四十的嬰孩在不到兩歲時就已夭折，他們死於缺乏接觸和同情。[29]

在成人生活中，社會生活與個人的快樂或幸福有著密切的關係。日常生活中與快樂聯繫最密切的是社會性活動，如全家團聚、參加教會、同學相聚、探望朋友等，而那些對於快樂而言最糟糕的活動就是孤獨的活動，比如獨自一個人執勤等。人類對於社會性的需要深深植根於個人的潛意識中。要滿足人性中這種與生俱來、根深蒂固的對於群體生活的需要，就必須珍惜生命共同體的建造。當然，這種生命共同體必須是榮辱與共、生死與共的緊密型團契，比如婚姻、密友，甚至就像耶穌基督當初所揀選和凝聚的十二個使徒的群體一樣。聖經中所說的與基督同死同活，與祂一同受苦，也必與祂一同得榮耀，就是這樣的精義。可惜，撒但在很多教

29　See David Brooks, *The Social Animal* (Random House, 2011).

會內部散布紛爭，撕裂教會，使得這些教會不再是一個榮辱與共、生死與共的共同體，這是非常令人感到悲哀的。

但這樣的生命共同體也必須以互相理解為前提，要用生命一同守護那份情誼和真理。沃格林指出希臘哲人和希伯來先知的困境，不管是透過上帝的話語的啟示，還是透過哲學家對智慧的愛慕和洞見，他們試圖用自己在生存中所經歷的真理來塑造社會秩序，但都在周圍宇宙論帝國秩序的打壓下失敗了。古希臘社會經受住了來自波斯人的第一波帝國攻擊，但最後臣服於馬其頓人和羅馬人。以色列國和猶大國也先後淪陷在亞述人和巴比倫人之手。柏克所闡明的一些列論題都是與人的社會性有關的，諾曼總結如下：「人有著一種屬自身的獨特社會屬性；情緒是知道人之理性的事物；理性本身是有限且易錯的；忠誠於認同以社會制度為基礎；社會制度是人類幸福的來源；絕對的自由或『許可『對個人於社會秩序均是災難性的；溫和的宗教是重大社會價值的一種來源；對人類而言最為要緊的是，根據某個道德共同體中的共享規則與規範而和他人和諧相處。」[30]

因此，沃格林在考察歷史的秩序時明確強調：「無論是啟示的言語，還是對智慧的愛，儘管已經出現在以色列和希臘，但都不曾真正滲透到各自的社會之中；這種狀況遠非外部的攪擾所致，而是由於內在的抵制。而且，在持續不斷的抵制壓力下，這種言語和智慧的代表者儘管不情願，但也不得不承認，啟示和哲學的秩序永遠不會真正塑造他們所生活

30　諾曼，《埃德蒙‧柏克：現代保守政治之父》，295 頁。

於其中的那些社會。必須建立由追隨者所組成的共同體，作為未來真正有秩序的社會的核心。因此，先知以賽亞及其追隨者們從政治生活中撤出，以形成新以色列核心的餘民；至於哲學家們，他們開始是城邦的批評者，最終成為學園的創立者。更有甚者，如下洞見開始成型：為了在現實層面的歷史中採取行動而組織起來的各個具體社會，根本就不是實現超越秩序的恰當載體。這是因為，經由第二以賽亞中介的言語，要求以色列超越自己，成為各民族之光；晚年柏拉圖則變身為雅典陌生人，在《法篇》序言中，將由他現場發表、但已被雅典人拒絕的口頭言語轉變成書面言語，並說給所有想要創造新秩序的人聽。那些已經體驗到超越秩序之普遍性的人，是在他們原有的有限社會之外尋求秩序的社會承載者，因為這種有限社會的成員資格似乎不再能窮盡人的生存意義。」[31]

最終的秩序的重建來自新型生命共同體的建造。新的使命、新的真理需要新的載體。這種新型生命共同體的建立來自聖靈在人心中的工作，聖靈感動人，使人的自由意志發出的堅定不移的信念，從而使得個人的意識從定志建構這種生命共同體，到切實參與進來，最後在一同成長的過程中使得我們個人的意識和人生得到充分的實現與照亮。

---

31 埃里克・沃格林，《秩序與歷史》，卷四，《天下時代》，葉穎譯（南京：譯林出版社，2018年），84頁。

六、友愛、和諧與生命共同體

柏拉圖在其《第六封信》中督促他的三位朋友「要團結一致，結成牢固的友誼」。[32] 共同體的生命就在於成員之間彼此相愛、共同承擔的友誼，這種友誼使得共同體能夠延續。一滴水只有在大江大海中才能存續，才能成為力量和運動的一部分。同樣，單個的人也只有在一定的社群中才能夠得到最大程度的滿足和實現。

當然，我們既要注重使命性、生命性群體的建造，也要始終強調個人的責任、精英的作用，小心群體本身所形成的「大眾心理」的危險，也就是勒龐在《烏合之眾》中所揭示的道理：人一旦成為全體的一員，將不再為其所作所為承擔責任，這時每個人都會隱藏在人群中，暴露出最真實的一面。勒龐指出：「在各民族的生活中，有組織的群體歷來起著重要的作用，然而這種作用從來沒有像現在這樣重要。群體的無意識行為代替了個人的有意識行為，是目前這個時代的主要特徵之一。」[33] 因此，我們在強調群體的重要性的時候，首先還是要強調個人位格的尊嚴和責任，強調每個人都當對於個人的意識具有清楚的意識。

沃格林強調，「和諧一致」是希臘化世界和羅馬世界的基本社群概念，而且透過保羅的書信，這個觀念也成為基督徒社群的基本概念。[34] 這個詞指向秩序與統一，特別是在心意上的

32　柏拉圖，《第六封信》，323b，引自王曉朝《柏拉圖全集》，第四卷，77 頁。
33　吉斯塔夫・勒龐，《烏合之眾：大眾心理研究》，馮克利譯（桂林：廣西師範大學出版社，2015 年），41 頁。
34　沃格林，《希臘化、羅馬和早期基督教》，謝華育譯（上海：華東師範大學出版社，2007 年），118 頁。

一致，就是同心合意。基督徒社群的特徵是以信心為本的。沃格林分析說：「信心並不是個人的主觀性的態度，不是一種信念，而是社群的實質本身，是藉著『為我們信心創始成終的耶穌』的出現而被造的。」[35] 這種信心是由聖靈在人心中創造的，「復活的基督的靈取代了活著的耶穌的大能，成為社群的實質。這個由信徒與永活的上帝所組成的社群，之所以存在的先決條件就是對於祂位格性臨在的異象性的確知。」[36] 因此，教會存在的使命不僅是傳福音，更是塑造這樣的生命共同體，傳福音不過是呼召人加入這樣的共同體。如果我們不把教會本身作為一個社群來建造，那麼每個基督徒的生活仍然是分散和破碎的，並不能夠成為激勵基督教文明的新民族。

非常重要的是，在主流基督教中，比如在清教徒制定的《威斯敏斯德信條》中，首先的、首要的關注並不是末世論的問題，而是基督徒社群的建造和治理。因此，沃格林強調：「無論如何，終末論的情懷並沒有完全消失，但不斷增長的是對得蒙上帝啟示的社群的信念。在基督教不斷演變的過程中，最終是這種對於社群的信念蓋過了對於末日的期盼。」[37] 那些糾纏於末世論的預言，甚至對於所謂的世界末日大劫難特別關注、大肆宣講甚至有著一種病態的期盼的人，並不瞭解基督教的精義，當然也不瞭解世界歷史的進程，更不瞭解基督徒首要的關注和責任。整個聖經所啟示的真道是裝備我們完成治理全地的使命，不管是透過與挪亞立約、與摩西立約，還是最終透過耶穌基督與教會立新約，上帝的目

35 Voegelin, *Hellenism, Rome, and Early Church*, p. 167.
36 Voegelin, *Hellenism, Rome, and Early Church*, p. 165.
37 Voegelin, *Hellenism, Rome, and Early Church*, p. 165.

的都是在地上建立一群眞正敬畏上帝、愛主愛人的人，他們本身就是上帝的聖殿，是聖城新耶路撒冷。中國教會必須從對劫難式的末世論的強調轉向強調教會本身，強調把教會本身視爲新民族、新社群來建造。

不管是在摩西五經中，還是在福音書和教牧書信中，先知和使徒們首要關注的都是基督徒生命共同體的建造，因爲「永生」的精義不是時間和空間的無限延長，而是上帝的子民在彼此相愛上的完全。

七、基督徒社群與新民族的塑造

當今基督教注重的是個人性的歸正，但在初期教會甚至直到中世紀，基督徒的歸正都是社群性的，是以家庭和民族爲單位的。教會史學家拉圖瑞特（K. S. Latourette, 1884-1968）明確指出：「那時候歸正與其說是個人性的確信，不如說是群體性的行動。當然，對個人性的歸正的強調代表了歸正模式已經離開了原初性質的基督教，當然也離開了早期前三個世界的擴展過程。直到基督出現，群體性的歸正都是當時盛行的宗教模式。那時，宗教被認爲是部落或國家的事務。當然，宗教也會用到個人身上，但個人是沒有權利排斥的。離開自己的族群的宗教信仰，就是犯了不忠之罪。正是基於這種宗教觀，數千年來大多數歸向基督教的人都是以這種模式接納基督教信仰的。正是透過這一程序，基督教成爲修和北歐的信仰。」[38] 雖然我們仍然強調個人的歸正，但毫

---

[38] K. S. Latourette, *A history of the expansion of Christianity* (New York: Harper, 1939), Vol. II, p. 16.

無疑問，基督徒在靈命上的出生和成長都是在基督徒社群中展開的，群體甚至是國家的歸正也在聖經中所啓示的上帝的計劃之內。

沃格林所強調的「基督徒社群論」就是基督教社群主義。這種社群主義在保羅書信中達到巔峰。沃格林分析說：「卡利斯馬理論闡明在基督唯一的身體中卻有不同的屬靈恩賜，這就使得基督教具有的廣泛的群眾基礎，避免成爲宗教上的貴族制。從潛能的角度言之，作爲一個整體的人類能夠在新社群中組織起來。另外，承認既存的社會框架，就使得基督徒社群能夠融入其所傳播到的每一個社會。透過那種漸進的弟兄之愛所生髮的轉化性力量影響社會的關係。最後，管理性的權柄出自上帝的命定，與社群自然相融，這就使得基督徒社群與任何形式的政府都能相容。上帝賜下這一切，目的就在於由基督的靈創造一個新民族，這個新民族在既存的世界中越來越深入地扎根成長，逐漸地將各個國家和文明轉化爲上帝的國度。」[39] 雅斯貝斯強調：「從國家和社會生活的政治原則出發，若干自然民族聯合而成的這一國家共同體又可在政治意義上成爲民族。」[40] 既然在國家和社會生活方面可以透過國家這一形式塑造新的民族，不同的民族在上帝的國度中更是能夠被塑造爲同一個民族，這個民族就是作爲立約群體而存在的上帝的教會本身。

這種基督徒新民族就是基督徒新人。此處的「人」不僅指向個體性的人，更是指向群體性的人，即基督徒社群本身

39　Voegelin, *Hellenism, Rome, and Early Christiniaty*, p. 173.
40　雅斯貝斯，《歷史的起源與目標》，275 頁。

是出於上帝的新創造，不僅在其生命的本質尤其是理性上「與上帝的性情有份」，更是在生命的地位和使命上有了新的界定。靠著耶穌基督的救贖，基督徒已經與上帝和好，並且領受了勸人與上帝「和好的職分」。因此，基督徒在社會中不是匕首投槍，到處批評定罪，更不是發動革命，挑戰、推翻既存政權，而是透過自身的建造發揮榜樣性的感化作用，這就是耶穌基督所強調的基督徒在社會中當有的「**地上的鹽**」、「**世上的光**」、「**山上的城**」和「**燈檯上的燈**」的職分和功用。

其實，奧古斯丁早在《上帝之城》中就已經揭示，一個民族「是一個由理性的存在者組成的群體，透過和諧一致地共同擁有他們所愛的事物而聯繫在一起。」[41] 沃格林分析說：「從根本上說，民族不是一個法律單位，而是一個文明的單位，這個單位的特質是透過『他們所愛的事物』來衡量的，也就是透過盛行於他們中間的文明的價值觀來衡量的。」[42] 當我們闡明以上帝的大愛爲根本的聖約文明論的時候，基督徒在中國就開始走向眞正的成爲基督徒民族！從此以後，基督徒就不再孤立作戰，也不再認賊作父，而是在基督裡成爲眞正的敬畏上帝、彼此相愛的生命共同體。

基督教打破唯獨皇帝才能祭天的壟斷，強調在上帝面前人人平等，人人都能因著耶穌基督的救贖而成爲上帝的兒女，彼此之間都是弟兄姊妹的關係，從而眞正實現了子夏所提倡的「四海之內皆兄弟」的理想。當然，這種理想的兄弟

---

41 奧古斯丁，《上帝之城》，19 卷 24 章。
42 沃格林，《希臘化、羅馬和早期基督教》，280 頁。

關係絕不僅僅停留在感性的層面，而是提升成爲一個普世性的生命共同體。因此，在趙天恩牧師提出的「民族福音化」的基礎上，我們更深入一步，強調基督教的眞理體系能夠創造一個新的民族。我們每個人在基督裡都是「**新造的人**」。當我們眞正自覺地按照上帝的旨意連接在一起的時候，當然在群體上就成爲一個「新民族」！正如沃格林所揭示的那樣，世界歷史的巨變就是「一個基於新的民族基礎的新世界」的出現。西方民族意識的覺醒和民族國家的建立是發生在文藝復興時期，正如沃格林在《希臘化、羅馬和早期基督教》最後部分所總結的那樣：「只是到了文藝復興時期，民族的崛起喚醒了種族的、文明的意識，人們在批判中理解到，舊有的世界結束了，新的西方世界開始了。」[43]

對於今日中國基督徒而言，我們要效法我們的救主耶穌基督，成爲甘心樂意、無怨無悔的「受苦的僕人」，願意爲這個世界的和平與悔改承擔責任和苦難。具體而言，我們必須在基督裡成爲一個眞正的「新民族」！眞正的教會就是這樣的生命共同體，上帝在耶穌基督裡召聚我們，使我們一同成爲基督的精兵，一同爲眞理打那美好的仗。基督徒不能無限擴大民族之間的差異，關鍵是在基督裡眞正成爲一體。是否有這種建立新民族、塑造新文明的意識，乃是今日基督徒是否具有國度眼光的試金石。

43　沃格林，《希臘化、羅馬和早期基督教》，286 頁。

LOGOS 系列 12

基督教文明保守主義

作　　者：王志勇
社　　長：鄭超睿
發 行 人：鄭惠文
編　　輯：余杰、李怡樺
封面設計：海流設計
排　　版：旭豐數位排版有限公司

出版發行：主流出版有限公司 Lordway Publishing Co. Ltd.
出 版 部：臺北市南京東路五段 389 巷 5 弄 5 號 1 樓
電　　話：(02) 2766-5440
傳　　眞：(02) 2761-3113
電子信箱：lord.way@msa.hinet.net
劃撥帳號：50027271
網　　址：www.lordway.com.tw

經　　銷：
紅螞蟻圖書有限公司
臺北市內湖區舊宗路二段 121 巷 19 號
電話：(02) 2795-3656　　傳眞：(02) 2795-4100

華宣出版有限公司
新北市中和區連城路 236 號 3 樓
電話：(02) 8228-1318　　傳眞：(02) 2221-9445

初版 1 刷：2022 年 9 月
書號：L2204
ISBN：978-626-96350-2-3（平裝）
Printed in Taiwan

國家圖書館出版品預行編目資料

基督教文明保守主義 / 王志勇作 . -- 初版 . -- 臺北市
: 主流出版有限公司 , 2022.09

面；　公分 . -- (LOGOS 系列 ; 12)

ISBN 978-626-96350-2-3　（平裝）

1.CST: 基督教　2.CST: 神學　3.CST: 保守主義

242　　　　　　　　　　　　　　　　111014323